빠르게
S

531
PROJECT

효과 빠른 **약점 처방전**

과탐 **화학 I** S

구성과 특징 Structure

>> 전체 교과 내용을 **11강**으로 분류하여 효율적 학습이 가능하도록 구성하였습니다.

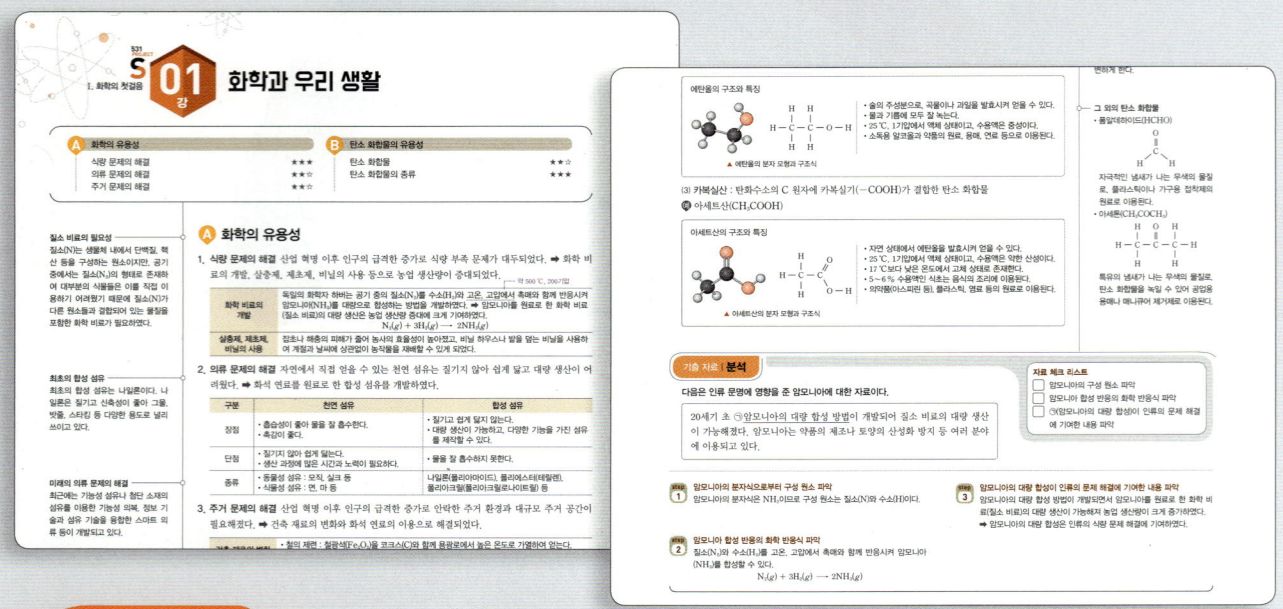

내용 정리

▶ 이 단원에서 반드시 알아야 할 개념을 체계적으로 정리하였습니다.

▶ 해당 개념에 대한 출제 빈도를 한눈에 파악할 수 있도록 제시하였습니다.

▶ **기출 자료 분석** : 수능이나 평가원 기출 문제에 제시된 자료를 단계별로 상세하게 분석하였습니다.

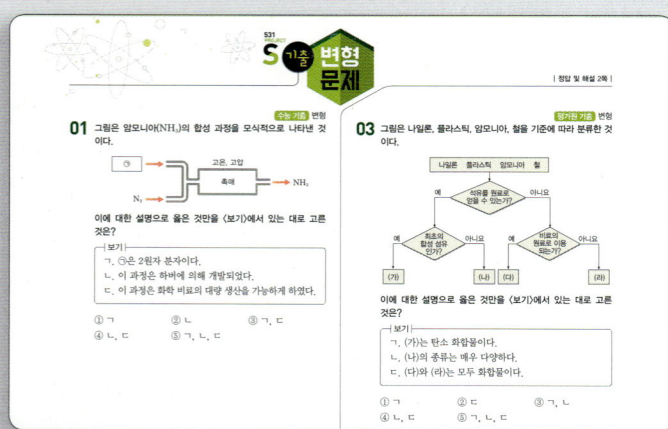

기출 변형 문제

▶ 수능, 평가원, 교육청 기출 문제를 변형하여 구성하였습니다.

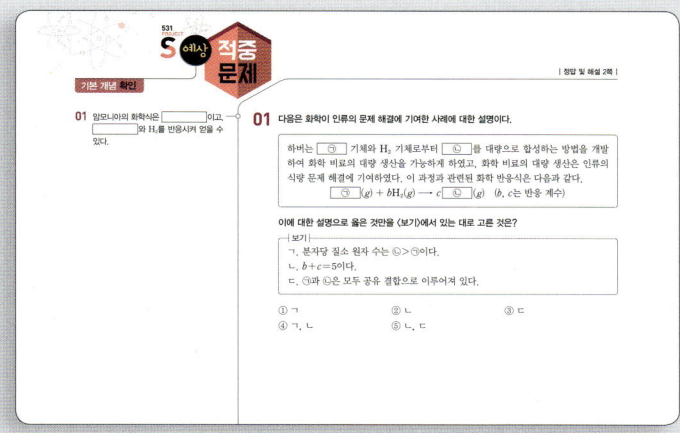

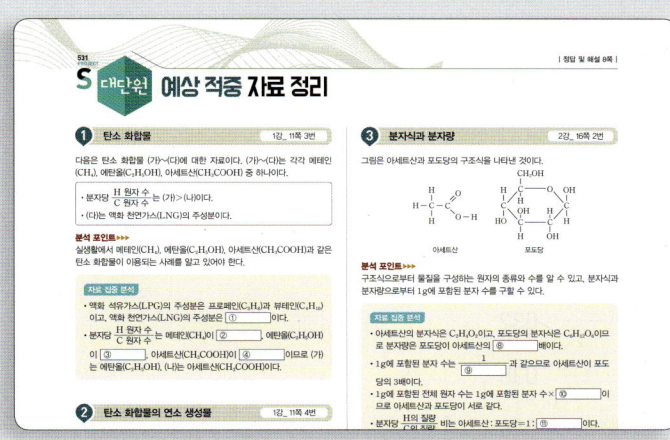

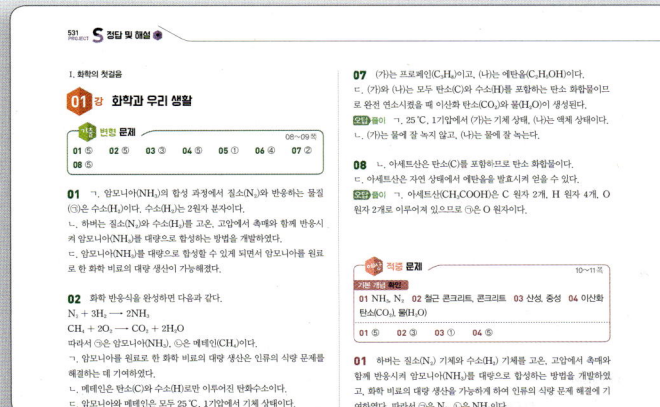

차례 Contents

I 화학의 첫걸음

531 PROJECT S

S 01 강 화학과 우리 생활

A 화학의 유용성		B 탄소 화합물의 유용성	
식량 문제의 해결	★★★	탄소 화합물	★★☆
의류 문제의 해결	★★☆	탄소 화합물의 종류	★★★
주거 문제의 해결	★★☆		

질소 비료의 필요성
질소(N)는 생물체 내에서 단백질, 핵산 등을 구성하는 원소이지만, 공기 중에서는 질소(N_2)의 형태로 존재하여 대부분의 식물들은 이를 직접 이용하기 어려웠기 때문에 질소(N)가 다른 원소들과 결합되어 있는 물질을 포함한 화학 비료가 필요하였다.

최초의 합성 섬유
최초의 합성 섬유는 나일론이다. 나일론은 질기고 신축성이 좋아 그물, 밧줄, 스타킹 등 다양한 용도로 널리 쓰이고 있다.

미래의 의류 문제의 해결
최근에는 기능성 섬유나 첨단 소재의 섬유를 이용한 기능성 의복, 정보 기술과 섬유 기술을 융합한 스마트 의류 등이 개발되고 있다.

건축 재료의 종류
• 시멘트 : 석회석을 가열하여 생석회로 만든 후 점토와 섞은 것
• 콘크리트 : 시멘트에 모래, 물, 자갈 등을 섞은 것
• 철근 콘크리트 : 콘크리트 속에 철근을 넣어 콘크리트의 강도를 높인 것

미래의 주거 문제의 해결
건축 재료의 성능이 점차 향상되고, 새로운 소재를 이용한 단열재, 바닥재, 창틀 등이 개발되고 있다.

A 화학의 유용성

1. **식량 문제의 해결** 산업 혁명 이후 인구의 급격한 증가로 식량 부족 문제가 대두되었다. ➡ 화학 비료의 개발, 살충제, 제초제, 비닐의 사용 등으로 농업 생산량이 증대되었다.

화학 비료의 개발	독일의 화학자 하버는 공기 중의 질소(N_2)를 수소(H_2)와 고온, 고압에서 촉매와 함께 반응시켜 약 500 ℃, 200기압 암모니아(NH_3)를 대량으로 합성하는 방법을 개발하였다. ➡ 암모니아를 원료로 한 화학 비료 (질소 비료)의 대량 생산은 농업 생산량 증대에 크게 기여하였다. $N_2(g) + 3H_2(g) \longrightarrow 2NH_3(g)$
살충제, 제초제, 비닐의 사용	잡초나 해충의 피해가 줄어 농사의 효율성이 높아졌고, 비닐 하우스나 밭을 덮는 비닐을 사용하여 계절과 날씨에 상관없이 농작물을 재배할 수 있게 되었다.

2. **의류 문제의 해결** 자연에서 직접 얻을 수 있는 천연 섬유는 질기지 않아 쉽게 닳고 대량 생산이 어려웠다. ➡ 화석 연료를 원료로 한 합성 섬유를 개발하였다.

구분	천연 섬유	합성 섬유
장점	• 흡습성이 좋아 물을 잘 흡수한다. • 촉감이 좋다.	• 질기고 쉽게 닳지 않는다. • 대량 생산이 가능하고, 다양한 기능을 가진 섬유를 제작할 수 있다.
단점	• 질기지 않아 쉽게 닳는다. • 생산 과정에 많은 시간과 노력이 필요하다.	• 물을 잘 흡수하지 못한다.
종류	• 동물성 섬유 : 모직, 실크 등 • 식물성 섬유 : 면, 마 등	나일론(폴리아마이드), 폴리에스터(테릴렌), 폴리아크릴(폴리아크릴로나이트릴) 등

3. **주거 문제의 해결** 산업 혁명 이후 인구의 급격한 증가로 안락한 주거 환경과 대규모 주거 공간이 필요해졌다. ➡ 건축 재료의 변화와 화석 연료의 이용으로 해결되었다.

건축 재료의 변화	• 철의 제련 : 철광석(Fe_2O_3)을 코크스(C)와 함께 용광로에서 높은 온도로 가열하여 얻는다. • 시멘트, 콘크리트, 철근 콘크리트, 알루미늄, 유리, 페인트 등이 개발되었다.
화석 연료의 이용	• 가정에서 난방과 조리 등의 연료로 이용된다. • 합성 섬유, 플라스틱, 합성 고무 등 다양한 생활용품의 원료로 이용된다.

└ 건축 재료가 바뀌면서 대규모 건설이 가능해졌고, 화석 연료의 이용으로 안락한 주거 환경이 조성되었다.

B 탄소 화합물의 유용성

1. **탄소 화합물** 탄소(C) 원자에 수소(H), 산소(O), 질소(N), 황(S), 할로젠(F, Cl, Br, I) 등의 원자가 결합하여 이루어진 화합물

   (1) **탄소 화합물의 다양성** : 탄소(C)는 원자가 전자 수가 4이므로 최대 4개의 다른 원자와 공유 결합할 수 있으며, 탄소 원자끼리 다양한 방법으로 결합하여 여러 가지 구조의 탄소 화합물을 만들 수 있다.

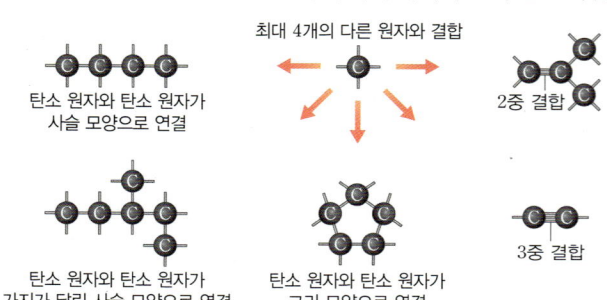

탄소 원자와 탄소 원자가 사슬 모양으로 연결

최대 4개의 다른 원자와 결합

2중 결합

탄소 원자와 탄소 원자가 가지가 달린 사슬 모양으로 연결

탄소 원자와 탄소 원자가 고리 모양으로 연결

3중 결합

2. 탄소 화합물의 종류

(1) **탄화수소** : 탄소(C) 원자와 수소(H) 원자로만 이루어진 탄소 화합물
예 메테인(CH_4), 프로페인(C_3H_8), 뷰테인(C_4H_{10}) 등

탄화수소	메테인(CH_4)	프로페인(C_3H_8)	뷰테인(C_4H_{10})
분자 모형	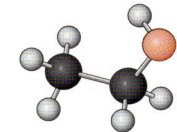		
특징	• 액화 천연가스(LNG)의 주성분이다. • 25℃, 1기압에서 기체 상태이다. • 완전 연소시켰을 때 이산화 탄소(CO_2)와 물(H_2O)이 생성되며, 많은 열이 발생하여 연료로 주로 이용된다.	• 액화 석유가스(LPG)의 주성분이다. • 25℃, 1기압에서 기체 상태이다. • 완전 연소시켰을 때 이산화 탄소(CO_2)와 물(H_2O)이 생성되며, 많은 열이 발생하여 연료로 주로 이용된다.	• 액화 석유가스(LPG)의 주성분이다. • 25℃, 1기압에서 기체 상태이다. • 완전 연소시켰을 때 이산화 탄소(CO_2)와 물(H_2O)이 생성되며, 많은 열이 발생하여 연료로 주로 이용된다.

(2) **알코올** : 탄화수소의 C 원자에 하이드록시기($-OH$)가 결합한 탄소 화합물
예 메탄올(CH_3OH), 에탄올(C_2H_5OH) 등

> **에탄올의 구조와 특징**
>
>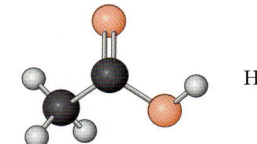
>
> $$H-\overset{\overset{\displaystyle H}{|}}{\underset{\underset{\displaystyle H}{|}}{C}}-\overset{\overset{\displaystyle H}{|}}{\underset{\underset{\displaystyle H}{|}}{C}}-O-H$$
>
> • 술의 주성분으로, 곡물이나 과일을 발효시켜 얻을 수 있다.
> • 물과 기름에 모두 잘 녹는다.
> • 25℃, 1기압에서 액체 상태이고, 수용액은 중성이다.
> • 소독용 알코올과 약품의 원료, 용매, 연료 등으로 이용된다.
>
> ▲ 에탄올의 분자 모형과 구조식

(3) **카복실산** : 탄화수소의 C 원자에 카복실기($-COOH$)가 결합한 탄소 화합물
예 아세트산(CH_3COOH)

> **아세트산의 구조와 특징**
>
>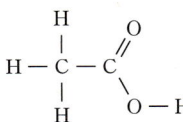
>
> $$H-\overset{\overset{\displaystyle H}{|}}{\underset{\underset{\displaystyle H}{|}}{C}}-C\overset{\displaystyle O}{\underset{\displaystyle O-H}{}}$$
>
> • 자연 상태에서 에탄올을 발효시켜 얻을 수 있다.
> • 25℃, 1기압에서 액체 상태이고, 수용액은 약한 산성이다.
> • 17℃보다 낮은 온도에서 고체 상태로 존재한다.
> • 5~6% 수용액인 식초는 음식의 조리에 이용된다.
> • 의약품(아스피린 등), 플라스틱, 염료 등의 원료로 이용된다.
>
> ▲ 아세트산의 분자 모형과 구조식

메테인의 분자 구조

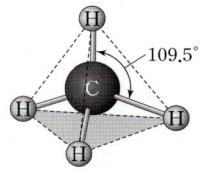

메테인은 C 원자 1개를 중심으로 H 원자 4개가 결합하고 있는 정사면체 구조를 이루고 있다.

탄소 화합물의 완전 연소 생성물

탄소 화합물을 완전 연소시키면 이산화 탄소(CO_2)와 물(H_2O)이 생성된다. 이산화 탄소(CO_2)는 석회수를 뿌옇게 흐리게 하고, 물(H_2O)은 푸른색 염화 코발트 종이를 붉은색으로 변하게 한다.

그 외의 탄소 화합물
• 폼알데하이드(HCHO)

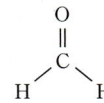

자극적인 냄새가 나는 무색의 물질로, 플라스틱이나 가구용 접착제의 원료로 이용된다.
• 아세톤(CH_3COCH_3)

$$H-\overset{\overset{\displaystyle H}{|}}{\underset{\underset{\displaystyle H}{|}}{C}}-\overset{\overset{\displaystyle O}{\|}}{C}-\overset{\overset{\displaystyle H}{|}}{\underset{\underset{\displaystyle H}{|}}{C}}-H$$

특유의 냄새가 나는 무색의 물질로, 탄소 화합물을 녹일 수 있어 공업용 용매나 매니큐어 제거제로 이용된다.

기출 자료 | 분석

다음은 인류 문명에 영향을 준 암모니아에 대한 자료이다.

> 20세기 초 ㉠암모니아의 대량 합성 방법이 개발되어 질소 비료의 대량 생산이 가능해졌다. 암모니아는 약품의 제조나 토양의 산성화 방지 등 여러 분야에 이용되고 있다.

자료 체크 리스트
☐ 암모니아의 구성 원소 파악
☐ 암모니아 합성 반응의 화학 반응식 파악
☐ ㉠(암모니아의 대량 합성)이 인류의 문제 해결에 기여한 내용 파악

---

step 1 **암모니아의 분자식으로부터 구성 원소 파악**
암모니아의 분자식은 NH_3이므로 구성 원소는 질소(N)와 수소(H)이다.

step 2 **암모니아 합성 반응의 화학 반응식 파악**
질소(N_2)와 수소(H_2)를 고온, 고압에서 촉매와 함께 반응시켜 암모니아(NH_3)를 합성할 수 있다.
$$N_2(g) + 3H_2(g) \longrightarrow 2NH_3(g)$$

step 3 **암모니아의 대량 합성이 인류의 문제 해결에 기여한 내용 파악**
암모니아의 대량 합성 방법이 개발되면서 암모니아를 원료로 한 화학 비료(질소 비료)의 대량 생산이 가능해져 농업 생산량이 크게 증가하였다.
➡ 암모니아의 대량 합성은 인류의 식량 문제 해결에 기여하였다.

01
그림은 암모니아(NH_3)의 합성 과정을 모식적으로 나타낸 것이다.

고온, 고압
촉매

이에 대한 설명으로 옳은 것만을 〈보기〉에서 있는 대로 고른 것은?

| 보기 |
ㄱ. ㉠은 2원자 분자이다.
ㄴ. 이 과정은 하버에 의해 개발되었다.
ㄷ. 이 과정은 화학 비료의 대량 생산을 가능하게 하였다.

① ㄱ
② ㄴ
③ ㄱ, ㄷ
④ ㄴ, ㄷ
⑤ ㄱ, ㄴ, ㄷ

02
다음은 인류의 문제 해결에 기여한 2가지 반응의 화학 반응식이다.

- $N_2 + 3H_2 \longrightarrow 2\ \boxed{㉠}$
- $\boxed{㉡} + 2O_2 \longrightarrow CO_2 + 2H_2O$

이에 대한 설명으로 옳은 것만을 〈보기〉에서 있는 대로 고른 것은?

| 보기 |
ㄱ. ㉠은 인류의 식량 문제 해결에 기여하였다.
ㄴ. ㉡은 탄화수소이다.
ㄷ. ㉠과 ㉡은 모두 25 ℃, 1기압에서 기체 상태이다.

① ㄱ
② ㄴ
③ ㄱ, ㄷ
④ ㄴ, ㄷ
⑤ ㄱ, ㄴ, ㄷ

03
그림은 나일론, 플라스틱, 암모니아, 철을 기준에 따라 분류한 것이다.

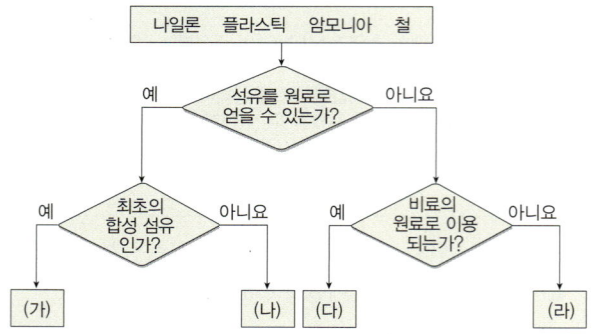

이에 대한 설명으로 옳은 것만을 〈보기〉에서 있는 대로 고른 것은?

| 보기 |
ㄱ. (가)는 탄소 화합물이다.
ㄴ. (나)의 종류는 매우 다양하다.
ㄷ. (다)와 (라)는 모두 화합물이다.

① ㄱ
② ㄷ
③ ㄱ, ㄴ
④ ㄴ, ㄷ
⑤ ㄱ, ㄴ, ㄷ

04
다음은 인류의 문제 해결에 기여한 물질 ㉠~㉢에 대한 설명이다. ㉠~㉢은 각각 나일론, 철, 철근 콘크리트 중 하나이다.

- ㉠은 콘크리트 속에 철근을 넣어 콘크리트의 강도를 높인 것이다.
- ㉡은 합성 섬유로 부드럽고 질기며, 값이 싸다.
- ㉢은 용광로 속에서 철광석을 코크스와 함께 넣고 가열하여 얻는다.

이에 대한 설명으로 옳은 것만을 〈보기〉에서 있는 대로 고른 것은?

| 보기 |
ㄱ. ㉠은 인류의 주거 문제 해결에 기여하였다.
ㄴ. ㉡은 나일론이다.
ㄷ. ㉢은 단단하여 건축 재료로 이용할 수 있다.

① ㄱ
② ㄴ
③ ㄱ, ㄷ
④ ㄴ, ㄷ
⑤ ㄱ, ㄴ, ㄷ

05 그림은 물질 (가)~(다)를 분자 모형으로 나타낸 것이다.

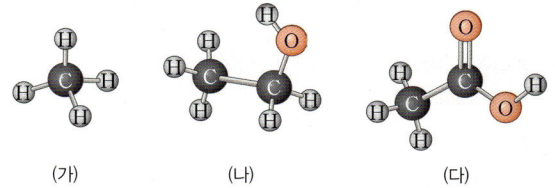

(가)   (나)   (다)

(가)~(다)에 대한 설명으로 옳은 것만을 〈보기〉에서 있는 대로 고른 것은?

┌─ 보기 ├─────────────────────────────
ㄱ. (가)의 분자 구조는 정사면체형이다.
ㄴ. (나)의 수용액은 산성이다.
ㄷ. (다)는 소독용 알코올의 원료로 이용된다.
└─────────────────────────────────────

① ㄱ   ② ㄴ   ③ ㄱ, ㄷ
④ ㄴ, ㄷ   ⑤ ㄱ, ㄴ, ㄷ

---

06 다음은 탄소 화합물 X에 대한 설명이다.

• 물에 녹아 약한 산성을 나타낸다.
• 탄소 원자 수가 2이다.
• 식초의 성분이다.

X의 구조식으로 옳은 것은?

①
```
    H
    |
H — C — H
    |
    H
```

②
```
    H   H
    |   |
H — C — C — H
    |   |
    H   H
```

③
```
    H   H
    |   |
H — C — C — OH
    |   |
    H   H
```

④
```
    H       O
    |      ⫽
H — C — C
    |      ＼
    H       OH
```

⑤
```
    H      O
    |     ⫽
H — C — C
    |     ＼
    H      H
```

---

07 그림은 물질 (가)와 (나)를 분자 모형으로 나타낸 것이다.

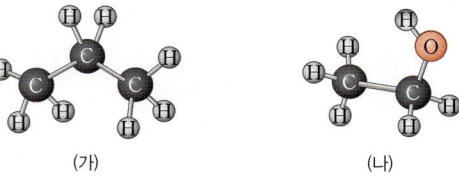

(가)   (나)

(가)와 (나)의 공통점으로 옳은 것만을 〈보기〉에서 있는 대로 고른 것은?

┌─ 보기 ├─────────────────────────────
ㄱ. 25 ℃, 1기압에서 기체 상태이다.
ㄴ. 물에 잘 녹는다.
ㄷ. 완전 연소시켰을 때 이산화 탄소(CO_2)와 물(H_2O) 이 생성된다.
└─────────────────────────────────────

① ㄴ   ② ㄷ   ③ ㄱ, ㄴ
④ ㄱ, ㄷ   ⑤ ㄴ, ㄷ

---

08 그림은 아세트산(CH_3COOH)을 분자 모형으로 나타낸 것이다.

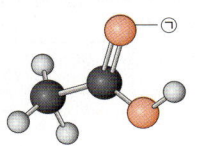

이에 대한 설명으로 옳은 것만을 〈보기〉에서 있는 대로 고른 것은?

┌─ 보기 ├─────────────────────────────
ㄱ. ㉠은 C 원자이다.
ㄴ. 아세트산은 탄소 화합물이다.
ㄷ. 아세트산은 자연 상태에서 에탄올을 발효시켜 얻을 수 있다.
└─────────────────────────────────────

① ㄱ   ② ㄴ   ③ ㄷ
④ ㄱ, ㄷ   ⑤ ㄴ, ㄷ

기본 개념 확인

01 암모니아의 화학식은 ⬜⬜⬜⬜⬜이고, ⬜⬜⬜⬜⬜와 H_2를 반응시켜 얻을 수 있다.

01 다음은 화학이 인류의 문제 해결에 기여한 사례에 대한 설명이다.

하버는 ⬜㉠⬜ 기체와 H_2 기체로부터 ⬜㉡⬜를 대량으로 합성하는 방법을 개발하여 화학 비료의 대량 생산을 가능하게 하였고, 화학 비료의 대량 생산은 인류의 식량 문제 해결에 기여하였다. 이 과정과 관련된 화학 반응식은 다음과 같다.

$$⬜㉠⬜(g) + bH_2(g) \longrightarrow c⬜㉡⬜(g) \quad (b, c는 반응 계수)$$

이에 대한 설명으로 옳은 것만을 〈보기〉에서 있는 대로 고른 것은?

┤보기├
ㄱ. 분자당 질소 원자 수는 ㉡>㉠이다.
ㄴ. $b+c=5$이다.
ㄷ. ㉠과 ㉡은 모두 공유 결합으로 이루어져 있다.

① ㄱ 　　　　② ㄴ 　　　　③ ㄷ
④ ㄱ, ㄴ 　　　⑤ ㄴ, ㄷ

02 ⬜⬜⬜⬜⬜는 시멘트에 모래, 물, 자갈 등을 섞어 만든 건축 재료인 ⬜⬜⬜⬜⬜ 속에 철근을 넣어 강도를 높인 것이다.

02 다음은 인류의 문제 해결에 기여한 3가지 물질과 관련된 화학 반응식이다. $a \sim c$는 반응 계수이다.

• 철의 제련 : $Fe_2O_3 + aCO \longrightarrow 2⬜㉠⬜ + aCO_2$
• 요소(CH_4N_2O)의 합성 : $2⬜㉡⬜ + CO_2 \longrightarrow CH_4N_2O + H_2O$
• 화석 연료의 연소 : $CH_4 + bO_2 \longrightarrow CO_2 + cH_2O$

이에 대한 설명으로 옳은 것만을 〈보기〉에서 있는 대로 고른 것은?

┤보기├
ㄱ. ㉠은 철근 콘크리트에 이용된다.
ㄴ. ㉡은 질소(N_2)와 수소(H_2)를 반응시켜 얻을 수 있다.
ㄷ. $a>b+c$이다.

① ㄱ 　　　　② ㄷ 　　　　③ ㄱ, ㄴ
④ ㄴ, ㄷ 　　　⑤ ㄱ, ㄴ, ㄷ

03 다음은 탄소 화합물 (가)~(다)에 대한 자료이다. (가)~(다)는 각각 메테인(CH_4), 에탄올
(C_2H_5OH), 아세트산(CH_3COOH) 중 하나이다.

> • 분자당 $\dfrac{H\ 원자\ 수}{C\ 원자\ 수}$ 는 (가)>(나)이다.
>
> • (다)는 액화 천연가스(LNG)의 주성분이다.

이에 대한 설명으로 옳은 것만을 〈보기〉에서 있는 대로 고른 것은?

┤보기├
ㄱ. 분자당 H 원자 수는 (가)>(다)이다.
ㄴ. (나)와 (다)는 모두 25 ℃, 1기압에서 기체 상태이다.
ㄷ. 수용액의 액성은 (가)가 산성, (나)가 중성이다.

① ㄱ   ② ㄴ   ③ ㄷ
④ ㄱ, ㄴ   ⑤ ㄱ, ㄷ

○── **03** 아세트산(CH_3COOH) 수용액의 액성은
[　　　　　]이고, 에탄올(C_2H_5OH) 수
용액의 액성은 [　　　　　]이다.

04 다음은 물질 X의 연소 생성물을 확인하기 위한 실험이다.

[실험 과정]
(가) 그림과 같이 X를 알코올램프에 넣고 연소시킨 후, 발생하는 기체를 석회수
($Ca(OH)_2(aq)$)에 통과시킨다.
(나) 깔때기에 액체 방울이 생기면 푸른색 염화 코발트 종이를 대어 본다.

깔때기
석회수
(가)
푸른색
염화 코발트 종이
(나)

[실험 결과]
• (가)에서 석회수가 뿌옇게 흐려졌다.
• (나)에서 푸른색 염화 코발트 종이가 붉은색으로 변하였다.

이에 대한 설명으로 옳은 것만을 〈보기〉에서 있는 대로 고른 것은?

┤보기├
ㄱ. 석회수가 뿌옇게 흐려진 까닭은 이산화 탄소(CO_2)가 생성되었기 때문이다.
ㄴ. 과정 (나)의 결과로부터 X에 수소(H)가 포함되어 있음을 알 수 있다.
ㄷ. 에탄올(C_2H_5OH)은 X로 적절하다.

① ㄱ   ② ㄴ   ③ ㄱ, ㄷ
④ ㄴ, ㄷ   ⑤ ㄱ, ㄴ, ㄷ

○── **04** 탄소 화합물을 완전 연소시키면
[　　　　　]와(과) [　　　　　]이(가)
생성된다.

화학식량과 몰

A	화학식량		B	몰	
	원자량	★★☆		몰과 입자 수	★★☆
	분자량	★★★		몰과 질량	★★★
	화학식량	★★☆		몰과 기체의 부피	★★★

A 화학식량

1. 원자량 질량수가 12인 탄소 원자(^{12}C)의 질량을 12로 정하고 이를 기준으로 하여 다른 원자들의 질량을 상대적으로 나타낸 값으로, 단위가 없다.

예 수소(H) 원자 12개의 질량은 탄소(C) 원자 1개의 질량과 같다. ➡ 수소(H)의 원자량은 1이다.

원자	수소(H)	탄소(C)	질소(N)	산소(O)	나트륨(Na)	염소(Cl)
원자량	1	12	14	16	23	35.5

2. 분자량 분자의 상대적인 질량을 나타낸 값으로, 분자를 구성하는 원자들의 원자량을 합한 값이다.

분자	산소(O_2)	물(H_2O)		암모니아(NH_3)	
분자 모형					
구성 원자의 종류	O	H	O	H	N
원자량	16	1	16	1	14
분자량	$16 \times 2 = 32$	$(1 \times 2) + 16 = 18$		$(1 \times 3) + 14 = 17$	

3. 화학식량 어떤 물질의 화학식을 이루는 각 원자들의 원자량을 합한 값이다.
- 화학식량을 사용하는 물질 : 염화 나트륨(NaCl), 흑연(C), 구리(Cu) 등 분자로 존재하지 않는 물질

B 몰

1. 몰(mol) 원자, 분자, 이온 등과 같은 입자의 수를 나타낼 때 사용하는 묶음 단위

2. 몰과 입자 수

(1) 1몰 : 1몰은 입자 6.02×10^{23}개를 뜻하며, 이때 6.02×10^{23}을 아보가드로수(N_A)라고 한다.

$$1몰(mol) = 입자\ 6.02 \times 10^{23}개$$

(2) 몰과 아보가드로수(N_A) : 물질의 종류와 관계없이 물질 1몰에는 6.02×10^{23}개의 입자가 들어 있다.

① 이산화 탄소(CO_2) 분자 1몰에는 탄소(C) 원자 1몰과 산소(O) 원자 2몰이 들어 있다.

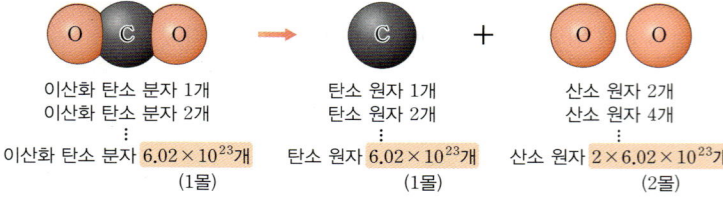

이산화 탄소 분자 1개   탄소 원자 1개   산소 원자 2개
이산화 탄소 분자 2개   탄소 원자 2개   산소 원자 4개
⋮   ⋮   ⋮
이산화 탄소 분자 6.02×10^{23}개   탄소 원자 6.02×10^{23}개   산소 원자 $2 \times 6.02 \times 10^{23}$개
(1몰)   (1몰)   (2몰)

② 염화 나트륨(NaCl) 1몰에는 Na^+ 1몰과 Cl^- 1몰이 들어 있다.

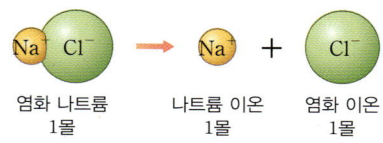

염화 나트륨   나트륨 이온   염화 이온
1몰   1몰   1몰

질량수
질량수는 원자핵을 구성하는 양성자 수와 중성자수의 합이다.

원자량을 사용하는 까닭
원자는 질량이 매우 작아서 실제의 값을 그대로 사용하는 것이 불편하므로 특정 원자와 비교한 상대적인 질량을 원자량으로 사용한다.

염화 나트륨(NaCl)의 화학식량

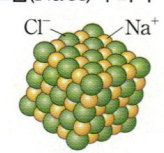

▲ 염화 나트륨(NaCl)

NaCl의 화학식량
= Na의 원자량 + Cl의 원자량
= 23 + 35.5
= 58.5

묶음 단위(몰)를 사용하는 까닭
원자, 분자와 같은 입자는 매우 작고 가벼워서 물질의 질량이 작아도 그 속에는 매우 많은 수의 입자가 포함되어 있으므로 묶음 단위를 사용한다.

3. 몰과 질량

(1) **1몰의 질량** : 물질의 화학식량에 그램(g) 단위를 붙인 값이다. ─ 몰 질량(g/mol)이라고도 한다.

구분	1몰의 질량	예
원자	원자량 g	C 원자 1몰의 질량 ➡ C의 원자량 + g = 12g
분자	분자량 g	이산화 탄소(CO_2) 분자 1몰의 질량 ➡ CO_2의 분자량 + g = 44g
이온 결합 물질	화학식량 g	탄산 칼슘($CaCO_3$) 1몰의 질량 ➡ $CaCO_3$의 화학식량 + g = 100g

(2) **물질의 양(mol)** : 물질의 질량을 물질 1몰의 질량으로 나누어 구한다.

$$물질의\ 양(mol) = \frac{물질의\ 질량(g)}{1몰의\ 질량(g/mol)}$$

예 1g에 포함된 물질의 양(mol) 구하기

분자	메테인(CH_4)	이산화 탄소(CO_2)
분자량	$12 + (1 \times 4) = 16$	$(12 \times 1) + (16 \times 2) = 44$
1g에 포함된 분자의 양(mol)	$\frac{1g}{16g/mol} = \frac{1}{16}$ mol	$\frac{1g}{44g/mol} = \frac{1}{44}$ mol
1g에 포함된 전체 원자의 양(mol)	$\frac{1}{16} \times (1+4) = \frac{5}{16}$ mol	$\frac{1}{44} \times (1+2) = \frac{3}{44}$ mol

4. 몰과 기체의 부피

(1) **아보가드로 법칙** : 같은 온도와 압력에서 모든 기체는 같은 부피 속에 같은 수의 분자를 포함한다.

(2) **기체 1몰의 부피** : 0 ℃, 1기압에서 모든 기체는 1몰의 부피가 22.4 L로 일정하며, 기체 22.4 L에는 6.02×10^{23}개의 기체 분자가 들어 있다.

(3) **기체 분자의 양(mol)** : 기체의 부피를 기체 1몰의 부피로 나누어 구한다.

$$기체\ 분자의\ 양(mol) = \frac{기체의\ 부피(L)}{기체\ 1몰의\ 부피(L/mol)}$$

5. 몰과 입자 수, 질량, 기체의 부피 사이의 관계

$$물질의\ 양(mol) = \frac{물질의\ 질량(g)}{1몰의\ 질량(g/mol)} = \frac{입자\ 수(개)}{6.02 \times 10^{23}(개/mol)} = \frac{기체의\ 부피(L)}{22.4(L/mol)} (0\ ℃,\ 1기압)$$

원자 1개의 질량

원자 1개의 질량은 원자 1몰의 질량을 1몰에 해당하는 입자 수로 나누어 구한다.

예 C 원자 1개의 질량

C 원자 1몰($= 6.02 \times 10^{23}$개)의 질량이 12g이므로 C 원자 1개의 질량은 $\frac{12g}{6.02 \times 10^{23}개} = 1.99 \times 10^{-23}$(g/개)이다.

물질의 양(mol)과 1몰의 질량(g/mol) 사이의 관계

$$1몰의\ 질량(g/mol) = \frac{물질의\ 질량(g)}{물질의\ 양(mol)}$$

기체의 밀도와 분자량 사이의 관계

밀도 $= \frac{질량}{부피}$ 이고, 같은 온도와 압력에서 모든 기체는 같은 부피 속에 같은 수의 분자를 포함하므로 기체의 밀도는 분자량에 비례한다.

몰과 입자 수, 질량, 기체의 부피 사이의 관계

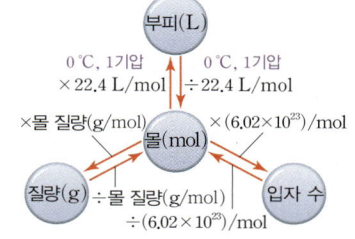

표는 같은 온도와 압력에서 질량이 같은 기체 (가)~(다)에 대한 자료이다.

기체	분자식	부피(L)
(가)	XY_4	22
(나)	Z_2	11
(다)	XZ_2	8

자료 체크 리스트
- ☐ (가)~(다)의 분자량 비교
- ☐ X~Z의 원자량 비교
- ☐ 1g에 포함된 원자 수 비교

step 1 밀도를 이용하여 (가)~(다)의 분자량 비교

같은 온도와 압력에서 모든 기체는 같은 부피 속에 같은 수의 분자를 포함하므로 기체의 부피비는 분자 수비와 같다.

➡ 밀도 $= \frac{질량}{부피}$ 이므로 (가)~(다)의 밀도비는 분자량 비와 같다. 따라서 분자량 비는 (가) : (나) : (다) $= \frac{1}{22} : \frac{1}{11} : \frac{1}{8} = 4 : 8 : 11$이다.

step 2 X~Z의 원자량 비교

분자량은 구성 원자들의 원자량 합과 같으므로 X~Z의 원자량을 각각 x, y, z라고 하면, $(x+4y) : 2z : (x+2z) = 4 : 8 : 11$에서 $x : y : z = 12 : 1 : 16$이다.

step 3 1g에 포함된 원자 수 비교

- (가)~(다)의 분자 수비는 부피비와 같고, (가)~(다)의 질량은 같으므로 1g에 포함된 분자 수비는 부피비와 같다.
- 1g에 포함된 원자 수비는 1g에 포함된 분자 수비에 분자당 원자 수를 곱하여 구한다.
- ➡ 분자당 원자 수는 (가)~(다)가 각각 5, 2, 3이므로 1g에 포함된 원자 수비는 (가) : (나) : (다) $= (22 \times 5) : (11 \times 2) : (8 \times 3) = 55 : 11 : 12$이다.

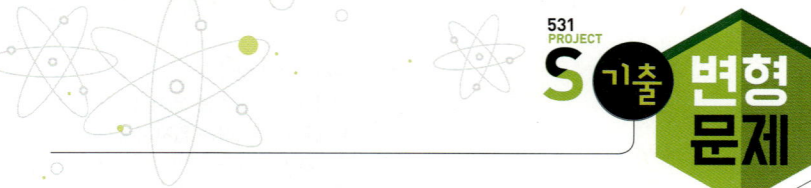

01 `교육청 기출` 변형

표는 기체 (가)~(다)에 대한 자료이다.

기체	(가)	(나)	(다)
분자식	XY	XY_2	ZY_2
부피(L)	V	$2V$	$4V$
질량(g)	1.5	4.6	12.8

이에 대한 설명으로 옳은 것만을 〈보기〉에서 있는 대로 고른 것은? (단, X~Z는 임의의 원소 기호이고, 기체의 온도와 압력은 일정하다.)

┤보기├
ㄱ. 분자 수비는 (가) : (다)=1 : 2이다.
ㄴ. 원자량 비는 X : Y : Z=7 : 8 : 16이다.
ㄷ. 1g에 포함된 원자 수비는 (나) : (다)=23 : 32이다.

① ㄱ   ② ㄴ   ③ ㄷ
④ ㄱ, ㄴ   ⑤ ㄴ, ㄷ

02 `교육청 기출` 변형

표는 기체 (가), (나)에 대한 자료이다. 분자량은 (가)와 (나)가 같다.

기체	분자식	질량(g)	B의 질량(g)	전체 원자 수
(가)	AB_2	x	16	$1.5N_A$
(나)	C_2B	22	8	y

이에 대한 설명으로 옳은 것만을 〈보기〉에서 있는 대로 고른 것은? (단, A~C는 임의의 원소 기호이고, N_A는 아보가드로수이다.)

┤보기├
ㄱ. $x=22$이다.
ㄴ. $y=3N_A$이다.
ㄷ. 원자량은 C가 B보다 크다.

① ㄱ   ② ㄴ   ③ ㄱ, ㄷ
④ ㄴ, ㄷ   ⑤ ㄱ, ㄴ, ㄷ

03 `수능 기출` 변형

표는 용기 (가)와 (나)에 들어 있는 화합물 XY_2와 X_2Y_4에 대한 자료이다.

용기	화합물의 질량(g)		용기 내 전체 원자 수
	XY_2	X_2Y_4	
(가)	1	w	$2N$
(나)	2	4	$3N$

w는? (단, X와 Y는 임의의 원소 기호이다.)

① 1   ② $\dfrac{3}{2}$ ③ 3

④ $\dfrac{7}{2}$ ⑤ 4

04 `평가원 기출` 변형

표는 $AB_2(g)$에 대한 자료이다. AB_2의 분자량은 M이다.

질량	부피	1g에 포함된 분자 수
wg	V L	N

$AB_2(g)$에 대한 설명으로 옳은 것만을 〈보기〉에서 있는 대로 고른 것은? (단, A와 B는 임의의 원소 기호이고, 기체의 온도와 압력은 일정하다.)

┤보기├
ㄱ. 1g에 포함된 B 원자 수는 $\dfrac{2N}{3w}$이다.
ㄴ. 1몰의 부피는 $\dfrac{MV}{w}$ L이다.
ㄷ. 1몰에 포함된 전체 원자 수는 $3MN$이다.

① ㄱ   ② ㄴ   ③ ㄱ, ㄷ
④ ㄴ, ㄷ   ⑤ ㄱ, ㄴ, ㄷ

05

표는 일정한 온도와 압력에서 기체 (가)~(다)에 대한 자료이다. (가)~(다)에 포함된 수소(H) 원자의 전체 질량은 같다.

기체	(가)	(나)	(다)
분자식	CH_4	C_3H_8	N_2H_2
기체의 양	x g	N_A개	V L

이에 대한 설명으로 옳은 것만을 〈보기〉에서 있는 대로 고른 것은? (단, H, C의 원자량은 각각 1, 12이고, N_A는 아보가드로수이다.)

보기
ㄱ. $x = 16$이다.
ㄴ. (나)의 부피는 $\dfrac{V}{4}$ L이다.
ㄷ. (다)에 포함된 질소(N) 원자 수는 $8N_A$개이다.

① ㄱ   ② ㄴ   ③ ㄷ
④ ㄱ, ㄴ   ⑤ ㄴ, ㄷ

07

표는 $t\,°C$, 1기압에서 기체 (가)~(다)에 대한 자료이다. (가)~(다)의 분자식은 각각 AB, A_2B, AB_2 중 하나이고, A, B의 원자량은 각각 14, 16이다.

기체	질량(g)	부피(L)	분자 수	전체 원자 수 (상댓값)
(가)	x	14		6
(나)	60		$2N_A$	y
(다)	11	7		3

이에 대한 설명으로 옳은 것만을 〈보기〉에서 있는 대로 고른 것은? (단, $t\,°C$, 1기압에서 기체 1몰의 부피는 28L이고, A와 B는 임의의 원소 기호이며, N_A는 아보가드로수이다.)

보기
ㄱ. $x = 22$이다.
ㄴ. $y = 16$이다.
ㄷ. 1g에 포함된 A 원자 수비는 (나) : (다) $= 22 : 15$이다.

① ㄱ   ② ㄴ   ③ ㄱ, ㄷ
④ ㄴ, ㄷ   ⑤ ㄱ, ㄴ, ㄷ

06

그림은 기체 (가)와 (나)의 1g당 전체 원자 수를 나타낸 것이다. (가)와 (나)는 각각 AB, AB_2 중 하나이고, 원자량은 B>A이다.

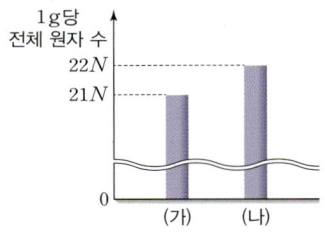

이에 대한 설명으로 옳은 것만을 〈보기〉에서 있는 대로 고른 것은? (단, A와 B는 임의의 원소 기호이다.)

보기
ㄱ. (가)는 AB이다.
ㄴ. 분자량 비는 (가) : (나) $= 11 : 7$이다.
ㄷ. 1g에 포함된 B 원자 수비는 (가) : (나) $= 14 : 11$이다.

① ㄱ   ② ㄴ   ③ ㄷ
④ ㄱ, ㄴ   ⑤ ㄴ, ㄷ

08

그림 (가)는 실린더에 $A_2B_4(g)$가 들어 있는 것을, (나)는 (가)의 실린더에 $A_nB_{2n}(g)$을 첨가한 것을 나타낸 것이다. 두 기체는 서로 반응하지 않는다.

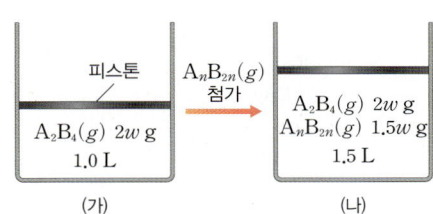

이에 대한 설명으로 옳은 것만을 〈보기〉에서 있는 대로 고른 것은? (단, A와 B는 임의의 원소 기호이고, 기체의 온도와 압력은 일정하다.)

보기
ㄱ. $n = 3$이다.
ㄴ. 1L에 포함된 B 원자 수비는 (가) : (나) $= 12 : 11$이다.
ㄷ. 1g에 포함된 전체 원자 수는 (가)>(나)이다.

① ㄱ   ② ㄴ   ③ ㄱ, ㄷ
④ ㄴ, ㄷ   ⑤ ㄱ, ㄴ, ㄷ

기본 개념 확인

01 1g에 포함된 전체 원자 수는

$$\dfrac{1}{\boxed{}} \times \boxed{}$$ 와 같다.

02 물질의 양(mol)

$$= \dfrac{\text{물질의 질량(g)}}{\boxed{} \text{의 질량(g/mol)}}$$ 이므로

같은 질량에 포함된 분자 수는

$\boxed{}$ 에 반비례한다.

---

01 그림은 원소 A와 B로 이루어진 기체 (가)~(라)의 분자당 A 원자 수와 B 원자 수를 나타낸 것이다. 원자량 비는 A : B = 3 : 4이다.

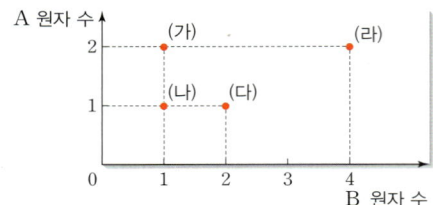

이에 대한 설명으로 옳은 것만을 〈보기〉에서 있는 대로 고른 것은? (단, A와 B는 임의의 원소 기호이다.)

┌ 보기 ┐
ㄱ. 분자량 비는 (나) : (라) = 1 : 2이다.
ㄴ. 1g에 포함된 전체 원자 수비는 (가) : (라) = 11 : 10이다.
ㄷ. (가)와 (다)를 같은 질량으로 혼합한 기체에서 질량비는 A : B = 32 : 31이다.
└─────┘

① ㄱ   ② ㄴ   ③ ㄷ
④ ㄱ, ㄴ   ⑤ ㄴ, ㄷ

02 그림은 아세트산과 포도당의 구조식을 나타낸 것이다.

아세트산

포도당

아세트산과 포도당이 같은 값을 갖는 것만을 〈보기〉에서 있는 대로 고른 것은?

┌ 보기 ┐
ㄱ. 1g에 포함된 분자 수
ㄴ. 1g에 포함된 전체 원자 수
ㄷ. 분자당 $\dfrac{\text{H의 질량}}{\text{C의 질량}}$
└─────┘

① ㄱ   ② ㄴ   ③ ㄷ
④ ㄱ, ㄴ   ⑤ ㄴ, ㄷ

03 그림은 부피가 xL로 같은 용기 (가)~(다)에 3가지 기체가 각각 들어 있는 것을 나타낸 것이다. 기체의 온도와 압력은 $t\,℃$, 1기압으로 같고, $t\,℃$, 1기압에서 기체 1몰의 부피는 25L이며, A의 원자량은 14이다.

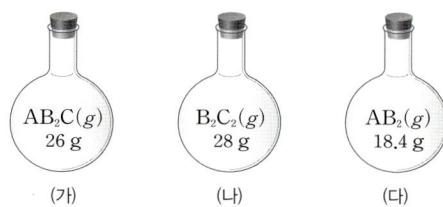

(가) $AB_2C(g)$ 26 g (나) $B_2C_2(g)$ 28 g (다) $AB_2(g)$ 18.4 g

이에 대한 설명으로 옳은 것만을 〈보기〉에서 있는 대로 고른 것은? (단, A~C는 임의의 원소 기호이다.)

┤보기├
ㄱ. B의 원자량은 16이다.
ㄴ. $x=10$이다.
ㄷ. 1g에 포함된 전체 원자 수비는 (가) : (나) $=14 : 13$이다.

① ㄴ ② ㄷ ③ ㄱ, ㄴ
④ ㄱ, ㄷ ⑤ ㄱ, ㄴ, ㄷ

03 ☐☐☐☐☐ 법칙에 따르면 같은 온도와 압력에서 모든 기체는 같은 부피에 포함된 분자 수가 ☐☐☐☐. 따라서 일정한 온도와 압력에서 기체의 ☐☐☐는 분자 수비와 같으므로 $t\,℃$, 1기압에서 기체 1몰의 부피가 25L일 때 기체 0.4몰의 부피는 ☐☐☐L이다.

04 표는 원자 A~C에 대한 자료이다.

원자	A	B	C
1g에 포함된 원자 수	$8a$	$2a$	x
1몰의 질량(g/mol)	y	w	$2w$

이에 대한 설명으로 옳은 것만을 〈보기〉에서 있는 대로 고른 것은? (단, A~C는 임의의 원소 기호이다.)

┤보기├
ㄱ. $x=a$이다.
ㄴ. $y=4w$이다.
ㄷ. CB_2 $2w\,$g에 포함된 B 원자 수는 $2aw$이다.

① ㄱ ② ㄴ ③ ㄱ, ㄷ
④ ㄴ, ㄷ ⑤ ㄱ, ㄴ, ㄷ

04 ☐☐☐☐는 1몰에 해당하는 입자 수이므로 1g에 포함된 원자 수×1몰의 질량=☐☐☐이다. 따라서 1g에 포함된 원자 수는 1몰의 질량에 ☐☐☐☐하므로 1몰의 질량은 ☐☐☐가 ☐☐☐의 4배이다.

기본 개념 확인

05 일정한 온도와 압력에서 기체의 밀도비는 [   ]비와 같다.

05 그림은 $t°C$, 1기압에서 $AB_2(g)$와 $B_3(g)$의 부피와 질량을 나타낸 것이다. 원자량 비는 A:B=3:4이다.

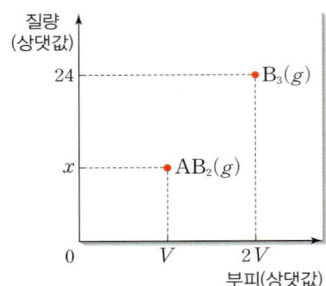

이에 대한 설명으로 옳은 것만을 〈보기〉에서 있는 대로 고른 것은? (단, A와 B는 임의의 원소 기호이다.)

┤보기├
ㄱ. 분자 수비는 $AB_2(g):B_3(g)$=1:2이다.
ㄴ. x=10이다.
ㄷ. 1g에 포함된 전체 원자 수비는 $AB_2(g):B_3(g)$=12:11이다.

① ㄱ 　　　 ② ㄷ 　　　 ③ ㄱ, ㄴ
④ ㄱ, ㄷ 　　 ⑤ ㄴ, ㄷ

06 $t°C$, 1기압에서 기체 1몰의 부피가 24L일 때, 부피가 6L인 기체의 양(mol)은 [   ]몰이다.

06 그림 (가)~(다)는 $t°C$, 1기압에서 $AB_4(g)$가 들어 있는 실린더에 $B_2(g)$와 $AB_4(g)$를 차례대로 첨가한 것을 나타낸 것이다. $t°C$, 1기압에서 기체 1몰의 부피는 24L이고, 두 기체는 서로 반응하지 않는다.

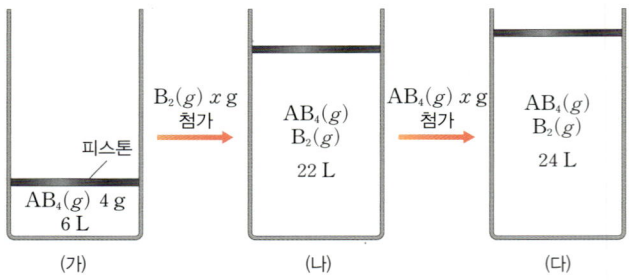

이에 대한 설명으로 옳은 것만을 〈보기〉에서 있는 대로 고른 것은? (단, A와 B는 임의의 원소 기호이고, 기체의 온도와 압력은 일정하다.)

┤보기├
ㄱ. 원자량 비는 A:B=6:1이다.
ㄴ. $x=\dfrac{4}{3}$이다.
ㄷ. 실린더에 들어 있는 전체 기체의 원자 수비는 (나):(다)=31:36이다.

① ㄱ 　　　 ② ㄴ 　　　 ③ ㄷ
④ ㄱ, ㄴ 　　 ⑤ ㄴ, ㄷ

07 그림은 질소(N)와 산소(O)로 이루어진 기체 (가)와 (나)에서 성분 원소들의 질량 관계를 나타낸 것이다. (가)와 (나)의 분자당 질소(N) 원자 수는 2로 같다.

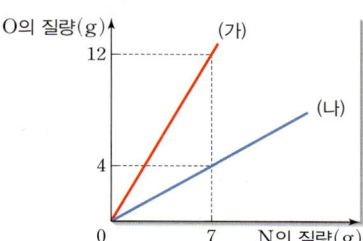

이에 대한 설명으로 옳은 것만을 〈보기〉에서 있는 대로 고른 것은? (단, N, O의 원자량은 각각 14, 16이다.)

┤보기├

ㄱ. (나)의 분자식은 N_2O이다.
ㄴ. 일정한 온도와 압력에서 1 L당 질량비는 (가) : (나) $=19 : 11$이다.
ㄷ. 1 g에 포함된 전체 원자 수는 (가) > (나)이다.

① ㄱ   ② ㄷ   ③ ㄱ, ㄴ
④ ㄴ, ㄷ   ⑤ ㄱ, ㄴ, ㄷ

07 N와 O의 원자량이 각각 14, 16이므로 분자를 구성하는 N와 O의 질량비가 N : O $=7 : 4$일 때 분자를 구성하는 원자 수비는 N : O $=$ ⬚ 이다.

08 표는 $t\,°C$, 1기압에서 3가지 기체에 대한 자료이다.

기체	분자량	단위 질량당 부피(L/g)	단위 질량당 원자 수(상댓값)
X_2	2	18	a
Y_2	b	$\dfrac{9}{8}$	1
ZX_n	c	$\dfrac{9}{4}$	5

이에 대한 설명으로 옳은 것만을 〈보기〉에서 있는 대로 고른 것은? (단, X∼Z는 임의의 원소 기호이다.)

┤보기├

ㄱ. $t\,°C$, 1기압에서 기체 1몰의 부피는 32 L이다.
ㄴ. $b=2a$이다.
ㄷ. $n+c=20$이다.

① ㄱ   ② ㄴ   ③ ㄷ
④ ㄱ, ㄴ   ⑤ ㄴ, ㄷ

08 $X_2(g)$ 1 g의 부피가 18 L이고 X_2의 분자량은 2이므로 $X_2(g)$ 1몰의 부피는 ⬚ L이다.

S 03강 화학 반응식과 용액의 농도

A	화학 반응식		B	용액의 농도	
	화학 반응식 나타내기	★★☆		퍼센트 농도	★★☆
	화학 반응에서의 양적 관계	★★★		몰 농도	★★☆
				혼합 용액과 묽힌 용액의 몰 농도	★★★

물질의 상태 표시
- 고체(solid) : s
- 액체(liquid) : l
- 기체(gas) : g
- 수용액(aqueous solution) : aq

계수비와 질량비
물질마다 1몰의 질량이 다르므로 계수비는 몰비(분자 수비)와 같지만 질량비와는 다르다.

화학 반응에서의 양적 관계
대부분의 화학 반응에서는 몰비를 구해야 반응의 양적 관계를 확인할 수 있으므로, 화학 반응식을 완성하여 계수비를 먼저 알아내야 한다.

화학 반응에서의 질량-부피 관계
반응물과 생성물 중 어느 한 물질의 질량 또는 부피를 알면, 이를 물질의 양(mol)으로 환산한 후 계수비(몰비)를 통해 다른 물질의 질량 또는 부피를 구할 수 있다.

예 0 ℃, 1기압에서
$N_2(g) + 3H_2(g) \longrightarrow 2NH_3(g)$ 반응이 일어날 때, $N_2(g)$ 11.2 L와 $H_2(g)$ 44.8 L가 반응하여 생성된 $NH_3(g)$의 질량
① 0 ℃, 1기압에서 기체 1몰의 부피는 22.4 L이므로 $N_2(g)$ 11.2 L의 양(mol)은 0.5몰이고, $H_2(g)$ 44.8 L의 양(mol)은 2몰이다.
② 계수비는 $N_2 : H_2 : NH_3 = 1 : 3 : 2$이므로 $N_2(g)$ 0.5몰과 $H_2(g)$ 1.5몰이 반응하여 $NH_3(g)$ 1몰이 생성된다.
➡ NH_3의 분자량은 17이므로 생성된 $NH_3(g)$의 질량은 17 g이다.

A 화학 반응식

1. **화학 반응식** 화학식과 기호를 이용하여 화학 반응을 나타낸 식이다.
2. **화학 반응식을 나타내는 방법**
   예 수소 기체와 산소 기체가 반응하여 물을 생성하는 반응의 화학 반응식

1단계	반응물과 생성물을 화학식으로 나타낸다.	• 반응물 : 수소 기체(H_2), 산소 기체(O_2) • 생성물 : 물(H_2O)
2단계	반응물은 왼쪽, 생성물은 오른쪽에 쓰고 '$\longrightarrow$'를 이용하여 연결한다. 반응물이나 생성물이 2가지 이상이면 '+'로 연결한다.	수소 + 산소 $\longrightarrow$ 물 $H_2 + O_2 \longrightarrow H_2O$
3단계	반응 전후 원자의 종류와 수가 같아지도록 계수를 맞춘다. 계수는 화학식 앞에 가장 간단한 정수로 나타내며, 1이면 생략한다.	$2H_2 + O_2 \longrightarrow 2H_2O$
4단계	물질의 상태를 ( ) 안에 기호로 써서 화학식 뒤에 나타낸다.	$2H_2(g) + O_2(g) \longrightarrow 2H_2O(l)$

3. **화학 반응식으로 알 수 있는 것** 반응물과 생성물의 종류, 반응하거나 생성되는 물질의 양(mol), 분자 수, 기체의 부피, 질량 등의 양적 관계를 알 수 있다.
   (1) 화학 반응식의 계수비는 분자 수비(몰비)와 같다.
   (2) 반응물과 생성물이 기체인 경우, 일정한 온도와 압력에서 계수비는 부피비와 같다.

> 계수비＝몰비＝분자 수비＝부피비(온도와 압력이 같은 기체의 경우)≠질량비

4. **화학 반응에서의 양적 관계** 화학 반응식에서 계수비는 몰비와 같다는 것을 이용하여 반응물과 생성물의 질량이나 부피를 구할 수 있다.

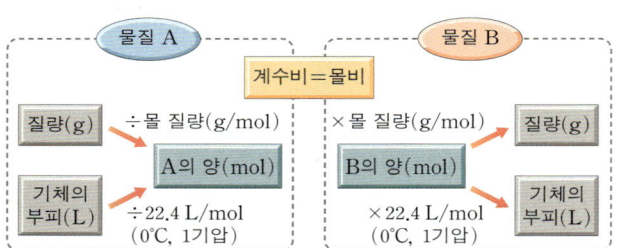

   (1) **화학 반응에서의 질량 관계** : 반응물과 생성물 중 어느 한 물질의 질량을 알면 다른 물질의 질량을 구할 수 있다.
   예 $2H_2(g) + O_2(g) \longrightarrow 2H_2O(l)$ 반응에서 H_2 2 g이 반응하였을 때 생성된 H_2O의 질량

① 질량을 물질의 양(mol)으로 환산한다.	반응한 H_2의 양(mol)＝$\dfrac{2\,g}{2\,g/mol}$＝1 mol
② 계수비(몰비)를 이용하여 생성된 H_2O의 양(mol)을 구한다.	계수비(몰비)는 $H_2 : H_2O = 1 : 1$이므로 생성된 H_2O의 양(mol)은 1 mol이다.
③ H_2O의 양(mol)을 질량(g)으로 환산한다.	H_2O의 질량(g)＝1 mol × 18 g/mol＝18 g

   (2) **화학 반응에서의 부피 관계** : 반응물과 생성물 중 어느 한 기체의 부피를 알면 다른 기체의 부피를 구할 수 있다.
   예 $N_2(g) + 3H_2(g) \longrightarrow 2NH_3(g)$ 반응에서 계수비(부피비)는 $N_2 : NH_3 = 1 : 2$이므로 N_2 10 L가 반응하였을 때 생성된 NH_3의 부피는 20 L이다.

B 용액의 농도

1. 퍼센트 농도 용액 100g에 녹아 있는 용질의 질량(g)을 나타낸 것이다. (단위 : %)

┌─ 용매와 용질의 질량(g)으로 나타내므로 온도의 영향을 받지 않는다.

$$\text{퍼센트 농도(\%)} = \frac{\text{용질의 질량(g)}}{\text{용액의 질량(g)}} \times 100 = \frac{\text{용질의 질량(g)}}{\text{용매의 질량(g)} + \text{용질의 질량(g)}} \times 100$$

- 용액의 퍼센트 농도가 같더라도 용질의 종류에 따라 일정한 질량의 용액에 녹아 있는 용질의 입자 수는 다를 수 있다.

2. 몰 농도 용액 1L에 녹아 있는 용질의 양(mol)을 나타낸 것이다. (단위: M 또는 mol/L)

(1) 온도에 따라 용액의 부피가 달라질 수 있으므로 온도의 영향을 받는다.

$$\text{몰 농도(M)} = \frac{\text{용질의 양(mol)}}{\text{용액의 부피(L)}}$$

(2) 용액의 몰 농도가 같으면 용질의 종류에 관계없이 일정한 부피의 용액에 녹아 있는 용질의 입자 수가 같다.

3. 혼합 용액과 묽힌 용액의 몰 농도

(1) 혼합 용액의 몰 농도 : 같은 종류의 용질이 녹아 있는 서로 다른 몰 농도의 두 용액을 혼합할 때, 혼합 전후 용질의 양(mol)은 일정하다는 것을 이용하여 혼합 용액의 몰 농도를 구할 수 있다.

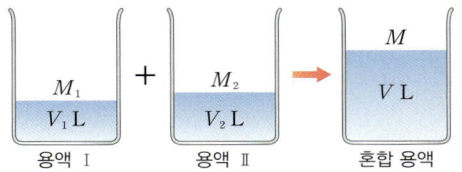

구분	용액 Ⅰ	용액 Ⅱ	혼합 용액
몰 농도(M)	M_1	M_2	M
용액의 부피(L)	V_1	V_2	V
용질의 양(mol)	$M_1 \times V_1$	$M_2 \times V_2$	$M \times V$

$$(M_1 \times V_1) + (M_2 \times V_2) = M \times V \implies M = \frac{M_1 V_1 + M_2 V_2}{V} \text{(mol/L)}$$

(2) 묽힌 용액의 몰 농도 : 어떤 용액에 증류수를 넣어 묽혔을 때, 용질의 양(mol)은 일정하다는 것을 이용하여 묽힌 용액의 몰 농도를 구할 수 있다.

> 예 0.3 M 포도당 수용액 200 mL에 증류수를 넣어 부피를 500 mL로 만든 용액의 몰 농도(M')
> $\implies 0.3 \text{M} \times 0.2 \text{L} = M' \times 0.5 \text{L}$이므로 $M' = \dfrac{0.06 \text{mol}}{0.5 \text{L}} = 0.12 \text{M}$이다.

용매와 용질
녹이는 물질을 용매, 녹는 물질을 용질이라고 한다.

몰 농도가 같은 용액에서 용질의 질량
용액의 몰 농도가 같더라도 용질의 종류에 따라 화학식량이 다르므로 일정한 부피의 용액에 녹아 있는 용질의 질량은 다를 수 있다.

몰 농도 용액 만들기
예 0.1M NaOH 수용액 만들기
① 전자 저울로 NaOH 4.0g(0.1몰)을 측정한다.
② NaOH 4.0g을 적당량의 증류수에 넣고 녹인 후, 1L 부피 플라스크에 넣는다.
③ 표시선까지 증류수를 넣어 전체 부피를 1L로 맞춘다.

기출 자료 | 분석

다음은 A(s)와 B(g)가 반응하여 C(g)를 생성하는 반응의 화학 반응식이다.

$$\text{A}(s) + b\text{B}(g) \longrightarrow \text{C}(g) \quad (b : \text{반응 계수})$$

표는 실린더에 A(s)와 B(g)의 양을 달리하여 넣고 반응을 완결시킨 실험 Ⅰ, Ⅱ에 대한 자료이다. $\dfrac{\text{B의 분자량}}{\text{C의 분자량}} = \dfrac{1}{16}$이다.

실험	넣어 준 물질의 양(mol)		실린더 속 기체의 밀도(상댓값)	
	A(s)	B(g)	반응 전	반응 후
Ⅰ	2	7	1	7
Ⅱ	3	8	1	x

자료 체크 리스트
- [ ] 모두 반응한 물질 찾기
- [ ] B의 반응 계수(b) 구하기
- [ ] 실험 Ⅱ에서 반응 후 기체의 밀도(x) 구하기

---

step 1 모두 반응한 물질 찾기
실험 Ⅰ에서 반응 후 기체의 밀도가 크게 증가하였으므로 A(s)가 모두 반응하였음을 알 수 있다.

step 2 실험 Ⅰ로부터 B의 반응 계수(b) 구하기
반응 몰비는 A:B:C=1:b:1이고, 분자량 비는 B:C=1:16이다.
- b=1이면 반응 후 기체의 양(mol)은 B(g)가 5몰, C(g)가 2몰이므로 반응 전후 기체의 밀도비는 $\dfrac{7M}{7} : \dfrac{5M+32M}{7} = 7 : 37$이다.

- b=2이면 반응 후 기체의 양(mol)은 B(g)가 3몰, C(g)가 2몰이므로 반응 전후 기체의 밀도비는 $\dfrac{7M}{7} : \dfrac{3M+32M}{5} = 1 : 7$이다.
  $\implies b$=2이다.

step 3 실험 Ⅱ에서 반응 후 기체의 밀도(x) 구하기
실험 Ⅱ에서 반응 후 기체의 양(mol)은 B(g)가 2몰, C(g)가 3몰이므로 반응 전후 기체의 밀도비는 $\dfrac{8M}{8} : \dfrac{2M+48M}{5} = 1 : 10$이고, x=10이다.

| 정답 및 해설 5쪽 |

01 평가원 기출 변형

다음은 2가지 화학 반응식이다.

> (가) $CaCO_3(s) + 2HCl(aq)$
> $\longrightarrow CaCl_2(aq) + \boxed{㉠}(l) + CO_2(g)$
> (나) $C_2H_4(g) + aO_2(g) \longrightarrow bCO_2(g) + c\boxed{㉠}(l)$
> ($a \sim c$는 반응 계수)

이에 대한 설명으로 옳은 것만을 〈보기〉에서 있는 대로 고른 것은?

> **보기**
> ㄱ. ㉠은 H_2O이다.
> ㄴ. $a+b+c=7$이다.
> ㄷ. (나)에서 물질의 양(mol)은 반응 후가 반응 전보다 크다.

① ㄱ   ② ㄷ   ③ ㄱ, ㄴ
④ ㄴ, ㄷ   ⑤ ㄱ, ㄴ, ㄷ

02 평가원 기출 변형

다음은 금속 M의 원자량을 구하는 실험이다.

> • 화학 반응식 : $2MX_2(s) \longrightarrow 2MX(s) + X_2(g)$
>
> [실험 과정]
> (가) MX_2 0.01몰을 반응 용기에 넣고 모두 반응시킨다.
> (나) 생성된 MX와 X_2의 질량을 측정한다.
>
> [실험 결과]
> • MX의 질량 : 0.65g
> • X_2의 질량 : wg

M의 원자량은? (단, M과 X는 임의의 원소 기호이다.)

① $15-100w$ ② $30-100w$ ③ $35-10w$
④ $65-10w$ ⑤ $65-100w$

03 교육청 기출 변형

다음은 기체 A와 B가 반응하여 기체 C를 생성하는 반응의 화학 반응식이다.

$$aA(g) + bB(g) \longrightarrow aC(g) \quad (a, b는 반응 계수)$$

표는 실린더 (가), (나)에 기체 A와 B를 넣고 각각 반응을 완결시켰을 때, 반응 전후 기체의 몰비를 나타낸 것이다.

실린더	반응 전	반응 후
(가)	A : B = 1 : 2	B : C = 3 : 2
(나)	A : B = x : y	A : C = 1 : 2

$\dfrac{x}{y}$는?

① $\dfrac{1}{3}$ ② $\dfrac{1}{2}$ ③ 1
④ 3   ⑤ 4

04 수능 기출 변형

다음은 $A(g)$가 분해되어 $B(g)$와 $C(g)$를 생성하는 반응의 화학 반응식이다. $\dfrac{C의\ 분자량}{A의\ 분자량} = \dfrac{8}{27}$이다.

$$2A(g) \longrightarrow bB(g) + C(g) \quad (b는 반응 계수)$$

그림 (가)는 실린더에 $A(g)$ wg을 넣었을 때를, (나)는 반응이 진행되어 $A(g)$와 $C(g)$의 양(mol)이 같아졌을 때를, (다)는 반응이 완결되었을 때를 나타낸 것이다.

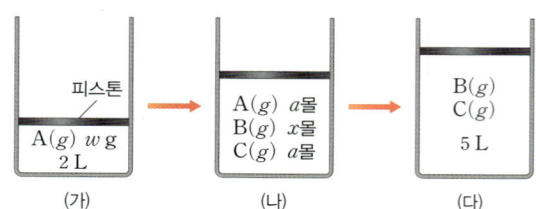

이에 대한 설명으로 옳은 것만을 〈보기〉에서 있는 대로 고른 것은? (단, 기체의 온도와 압력은 일정하다.)

> **보기**
> ㄱ. $b=4$이다.
> ㄴ. (나)에서 혼합 기체의 부피는 $\dfrac{10}{3}$ L이다.
> ㄷ. 분자량 비는 B : C = 23 : 16이다.

① ㄱ   ② ㄴ   ③ ㄱ, ㄷ
④ ㄴ, ㄷ   ⑤ ㄱ, ㄴ, ㄷ

교육청 기출 변형

05 다음은 0.1 M 포도당 수용액을 만드는 실험 과정이다.

> [실험 과정]
> (가) 포도당 x g을 적당량의 증류수가 들어 있는 비커에 넣어 녹인다.
> (나) (가)의 용액을 500 mL ㉠ 에 모두 넣는다.
> (다) (나)의 ㉠ 표시선을 넘지 않게 증류수를 넣고 용액을 잘 섞는다.
> (라) 표시선까지 증류수를 채운 후 ㉠ 의 마개를 막고 여러 번 흔들어 용액을 잘 섞는다.

이에 대한 설명으로 옳은 것만을 〈보기〉에서 있는 대로 고른 것은? (단, 포도당의 분자량은 180이다.)

> ┤보기├
> ㄱ. $x = 9$이다.
> ㄴ. '둥근바닥 플라스크'는 ㉠으로 적절하다.
> ㄷ. (라)에서 만든 수용액의 온도를 높여도 몰 농도는 변하지 않는다.

① ㄱ   ② ㄴ   ③ ㄷ
④ ㄱ, ㄴ   ⑤ ㄱ, ㄷ

수능 기출 변형

06 다음은 HCl(aq)에 대한 자료이다.

> • HCl의 분자량 : 36.5
> • 25 ℃에서 35 % HCl(aq)의 밀도 : d g/mL

25 ℃에서 35 % HCl(aq) x mL에 일정량의 증류수를 추가하여 0.7 M HCl(aq) 1 L를 만들었다.
x는?

① $\dfrac{36.5}{d}$ ② $\dfrac{70}{d}$ ③ $\dfrac{73}{d}$

④ $\dfrac{d}{73}$ ⑤ $\dfrac{d}{70}$

수능 기출 변형

07 그림은 서로 다른 농도의 A 수용액 (가), (다)와 이를 각각 묽혀 만든 수용액 (나), (라)를 나타낸 것이다.

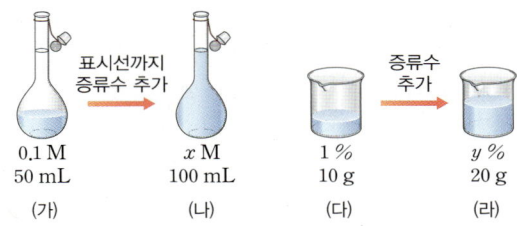

이에 대한 설명으로 옳은 것만을 〈보기〉에서 있는 대로 고른 것은? (단, 온도는 일정하고, A의 화학식량은 200이다.)

> ┤보기├
> ㄱ. 녹아 있는 A의 질량은 (가)가 (다)의 10배이다.
> ㄴ. $y = 10x$이다.
> ㄷ. (나)와 (다)를 혼합한 후 증류수를 추가하여 부피를 550 mL로 만든 혼합 용액의 몰 농도는 0.01 M이다.

① ㄴ   ② ㄷ   ③ ㄱ, ㄴ
④ ㄱ, ㄷ   ⑤ ㄱ, ㄴ, ㄷ

평가원 기출 변형

08 표는 t ℃에서 X(aq)에 대한 자료이다.

수용액	용액의 부피(mL)	용질		농도 (M)	밀도 (g/mL)
		질량(g)	화학식량		
X(aq)	500	x	60	a	1.01

t ℃에서 X(aq) 200 mL에 증류수 198 g을 추가하였더니 묽어진 수용액의 농도는 y %였다.

$\dfrac{y}{a}$는?

① $\dfrac{1}{2}$ ② 1   ③ 2

④ 3   ⑤ 5

기본 개념 확인

01 X_2 4몰과 Y_2 4몰이 반응하면 XY ☐ 몰이 생성되고, X_2 4몰과 Y_2 4몰이 반응하면 X_2Y ☐ 몰이 생성되고 ☐ 2몰이 남는다.

01 그림은 실린더에 들어 있는 기체 X_2와 Y_2가 반응 (가)와 (나)를 통해 각각 서로 다른 생성물을 만들 때, 각 반응의 생성물의 종류를 분자 모형으로 나타낸 것이다.

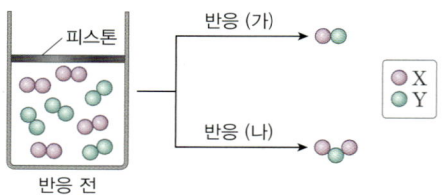

이에 대한 설명으로 옳은 것만을 〈보기〉에서 있는 대로 고른 것은? (단, 생성물은 모두 기체이고, 기체의 온도와 압력은 일정하다.)

┤보기├
ㄱ. (나)에서 남은 반응물은 Y_2이다.
ㄴ. 생성물의 양(mol)은 (가)에서가 (나)에서의 2배이다.
ㄷ. 반응 후 전체 기체의 밀도비는 (가) : (나)=3 : 4이다.

① ㄱ   ② ㄷ   ③ ㄱ, ㄴ
④ ㄴ, ㄷ   ⑤ ㄱ, ㄴ, ㄷ

02 반응 전후 ☐ 의 종류와 수는 달라지지 않으므로 C_2H_x 1몰을 완전 연소시키면 CO_2 ☐ 몰과 H_2O ☐ 몰이 생성된다.

02 다음은 $C_2H_x(g)$ 연소 반응의 화학 반응식이다.

$$C_2H_x(g) + 3O_2(g) \longrightarrow a\,CO_2(g) + b\,H_2O(l) \quad (a, b는 반응 계수)$$

그림은 실린더에 $C_2H_x(g)$ $7w$ g과 $O_2(g)$ $16w$ g이 들어 있는 모습을 나타낸 것이다.

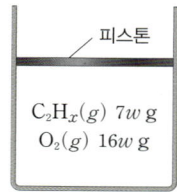

이에 대한 설명으로 옳은 것만을 〈보기〉에서 있는 대로 고른 것은? (단, H, C, O의 원자량은 각각 1, 12, 16이고, 기체의 온도와 압력은 일정하며, 액체의 부피는 무시한다.)

┤보기├
ㄱ. $2x=a+b$이다.
ㄴ. 반응 후 $C_2H_x(g)$ $\frac{7}{3}w$ g이 남는다.
ㄷ. 실린더 속 기체의 부피비는 반응 전 : 반응 후=9 : 4이다.

① ㄱ   ② ㄴ   ③ ㄷ
④ ㄱ, ㄴ   ⑤ ㄴ, ㄷ

03 다음은 기체 A와 B가 반응하여 기체 C를 생성하는 반응의 화학 반응식이다.

$$A(g) + bB(g) \longrightarrow 2C(g) \quad (b\text{는 반응 계수})$$

표는 실린더에 기체 A와 B를 넣고 반응시킨 실험 (가)와 (나)에 대한 자료이다. 분자량은 B가 A의 2배이다.

실험	반응 전 기체의 질량(g)		전체 기체의 부피(L)	
	A	B	반응 전	반응 후
(가)	w	$2w$	$4V$	$3V$
(나)	$2w$	$2w$	xV	yV

이에 대한 설명으로 옳은 것만을 〈보기〉에서 있는 대로 고른 것은? (단, 기체의 온도와 압력은 일정하다.)

┤ 보기 ├
ㄱ. $b=2$이다.
ㄴ. $\dfrac{y}{x}=\dfrac{5}{6}$이다.
ㄷ. 생성된 C의 질량은 (나)에서가 (가)에서의 2배이다.

① ㄱ   ② ㄷ   ③ ㄱ, ㄴ
④ ㄴ, ㄷ   ⑤ ㄱ, ㄴ, ㄷ

○─ **03** 기체 반응에서 반응물의 계수 합이 생성물의 계수 합보다 크면 반응 후 전체 기체의 부피는 □□□□□한다.

04 다음은 기체 A와 B가 반응하여 기체 C를 생성하는 반응의 화학 반응식이다.

$$2A(g) + B(g) \longrightarrow 2C(g)$$

표는 실린더에 기체 A와 B를 넣고 반응시킨 실험 (가)와 (나)에 대한 자료이다. (가)에서 A는 모두 반응하였다.

실험	반응 전		반응 후	
	A의 질량(g)	B의 질량(g)	C의 질량(g) 남은 반응물의 질량(g)	전체 기체의 부피(L)
(가)	8	4	5	V_1
(나)	20	4	x	V_2

이에 대한 설명으로 옳은 것만을 〈보기〉에서 있는 대로 고른 것은? (단, 기체의 온도와 압력은 일정하다.)

┤ 보기 ├
ㄱ. $x=10$이다.
ㄴ. 분자량 비는 A : C = 4 : 5이다.
ㄷ. $V_1 : V_2 = 4 : 5$이다.

① ㄱ   ② ㄴ   ③ ㄷ
④ ㄱ, ㄴ   ⑤ ㄴ, ㄷ

○─ **04** A와 B가 반응하여 C를 생성하는 반응에서 반응 전 A와 B의 질량이 각각 a g, b g이면 반응 후 남은 반응물과 생성된 C의 질량의 합은 □□□□□ g이다.

기본 개념 확인

05 화학 반응에서 반응 전 반응물의 질량이 달라져도 반응 질량비는 일정하므로 생성된 C의 질량이 2배가 되면 반응한 반응물의 질량도 [   ]배가 된다.

05 다음은 기체 A와 B가 반응하여 기체 C를 생성하는 반응의 화학 반응식이다.

$$2A(g) + B(g) \longrightarrow 2C(g)$$

표는 실린더에 기체 A와 B를 넣고 반응시킨 실험 (가)와 (나)에 대한 자료이다.

실험	반응 전	반응 후	
	질량비(A : B)	남은 반응물의 종류와 질량	생성된 C의 질량
(가)	2 : 1	A, wg	$11w$g
(나)	$x : y$	B, $2w$g	$22w$g

이에 대한 설명으로 옳은 것만을 〈보기〉에서 있는 대로 고른 것은? (단, 기체의 온도와 압력은 일정하다.)

┤보기├
ㄱ. 분자량 비는 B : C＝8 : 11이다.
ㄴ. $x : y$＝7 : 10이다.
ㄷ. 반응 후 전체 기체의 부피는 (나)에서가 (가)에서의 2배이다.

① ㄱ   ② ㄴ   ③ ㄷ
④ ㄱ, ㄴ   ⑤ ㄱ, ㄷ

06 일정량의 A(g)가 들어 있는 실린더에 B(g)를 넣어 반응시킬 때 [   ]가 모두 반응한 이후 전체 기체의 부피는 증가한 [   ]의 양(mol)에 따라 증가한다. 따라서 오른쪽 반응에서 B(g) wg에 해당하는 부피(상댓값)는 [   ]이다.

06 다음은 기체 A와 B가 반응하여 기체 C를 생성하는 반응의 화학 반응식이다.

$$A(g) + bB(g) \longrightarrow 2C(g) \quad (b는 반응 계수)$$

표는 wg의 기체 A가 들어 있는 실린더에 기체 B를 넣어 반응시켰을 때, 넣어 준 B의 질량에 따른 반응 후 전체 기체의 부피를 나타낸 것이다.

넣어 준 B의 질량(g)	w	$2w$	$3w$	$4w$
전체 기체의 부피(상댓값)	3	4	7	10

이에 대한 설명으로 옳은 것만을 〈보기〉에서 있는 대로 고른 것은? (단, 기체의 온도와 압력은 일정하다.)

┤보기├
ㄱ. b＝3이다.
ㄴ. 넣어 준 B의 질량이 $2w$g일 때 반응 후 실린더에 들어 있는 기체는 2가지이다.
ㄷ. $\dfrac{C의 분자량}{A의 분자량} = \dfrac{3}{2}$이다.

① ㄱ   ② ㄴ   ③ ㄱ, ㄷ
④ ㄴ, ㄷ   ⑤ ㄱ, ㄴ, ㄷ

07 다음은 25 ℃에서 0.5 M 탄산수소 칼륨(KHCO₃) 수용액 1 L를 만드는 실험 과정이다.

[실험 과정]
(가) KHCO₃ w g을 비커에 넣고, 적당량의 증류수로 완전히 녹인다.
(나) (가)의 수용액을 1 L 부피 플라스크에 넣고, 비커에 남은 용액을 증류수로 씻어서 부피 플라스크에 넣는다.
(다) [㉠]
(라) 부피 플라스크의 마개를 막고 잘 섞이도록 흔들어 준다.

이에 대한 설명으로 옳은 것만을 〈보기〉에서 있는 대로 고른 것은? (단, 25 ℃에서 0.5 M KHCO₃ 수용액의 밀도는 1 g/mL이고, KHCO₃의 화학식량은 100이다.)

┌ 보기 ┐
ㄱ. '표시선까지 증류수를 채운다.'는 ㉠으로 적절하다.
ㄴ. $w = 50$이다.
ㄷ. 이 실험에서 만든 0.5 M KHCO₃ 수용액 1 L의 퍼센트 농도는 5 %이다.

① ㄴ   ② ㄷ   ③ ㄱ, ㄴ
④ ㄱ, ㄷ   ⑤ ㄱ, ㄴ, ㄷ

07 퍼센트 농도는
$$\frac{용질의\ 질량(g)}{\boxed{}의\ 질량(g)} \times 100$$이다.

08 그림은 A(aq)이 들어 있는 시약병을 나타낸 것이다.

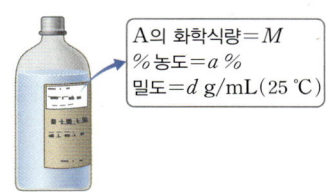

A의 화학식량=M
%농도=a %
밀도=d g/mL(25 ℃)

시약병에서 A(aq) x mL를 취한 후 증류수를 추가하여 1.0 M A(aq) 1 L를 만들었다. x는? (단, 온도는 25 ℃로 일정하다.)

① $\dfrac{M}{ad}$ ② $\dfrac{100M}{ad}$ ③ $\dfrac{100}{adM}$

④ $\dfrac{ad}{100M}$ ⑤ $\dfrac{10000M}{ad}$

08 용액에 증류수를 추가하여 용액을 묽혀도 [ ]의 양(mol)은 일정하며, 용액에 녹아 있는 용질의 양(mol)은 용액의 부피(L)× [ ] (mol/L)로 구할 수 있다.

기본 개념 확인

09 10% NaOH 수용액 20g에 녹아 있는 NaOH의 질량은 [　　　]g이고, 0.1M NaOH 수용액 50mL에 녹아 있는 NaOH의 양(mol)은 [　　　] 몰이다.

09 그림은 10% NaOH 수용액 (가)와 이를 각각 묽혀 만든 수용액 (나)와 (다)를 나타낸 것이다.

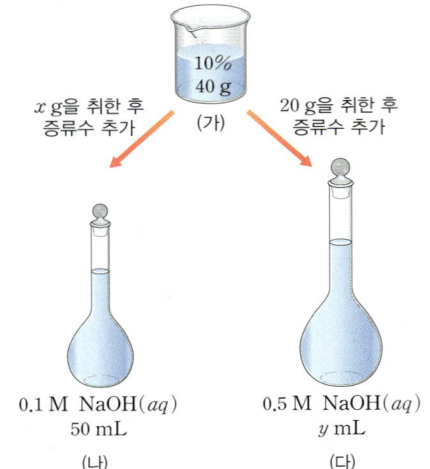

$\frac{y}{x}$ 는? (단, 온도는 일정하고, NaOH의 화학식량은 40이다.)

① 0.05　　　　　② 0.5　　　　　③ 5
④ 50　　　　　　⑤ 100

10 밀도가 1.2g/mL인 수용액 100mL의 질량은 [　　　]g이다.

10 그림은 $x\%$ NaOH 수용액 (가)를 묽혀 수용액 (나)를 만드는 과정을 나타낸 것이다. (가)의 밀도는 1.2g/mL이고, (나)의 밀도는 1.05g/mL이다.

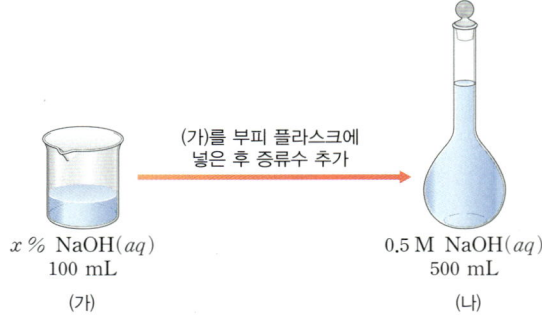

이에 대한 설명으로 옳은 것만을 〈보기〉에서 있는 대로 고른 것은? (단, 온도는 일정하고, NaOH의 화학식량은 40이다.)

┌─ 보기 ┐
ㄱ. (가)에 녹아 있는 NaOH의 양(mol)은 0.25몰이다.
ㄴ. $x = \dfrac{25}{3}$ 이다.
ㄷ. 용매의 질량은 (나)가 (가)의 5배보다 크다.
└─────┘

① ㄱ　　　　　　② ㄷ　　　　　　③ ㄱ, ㄴ
④ ㄴ, ㄷ　　　　⑤ ㄱ, ㄴ, ㄷ

S 대단원 예상 적중 자료 정리

① 탄소 화합물
1강_ 11쪽 3번

다음은 탄소 화합물 (가)~(다)에 대한 자료이다. (가)~(다)는 각각 메테인(CH_4), 에탄올(C_2H_5OH), 아세트산(CH_3COOH) 중 하나이다.

- 분자당 $\dfrac{H\ 원자\ 수}{C\ 원자\ 수}$ 는 (가)>(나)이다.
- (다)는 액화 천연가스(LNG)의 주성분이다.

분석 포인트▶▶▶
실생활에서 메테인(CH_4), 에탄올(C_2H_5OH), 아세트산(CH_3COOH)과 같은 탄소 화합물이 이용되는 사례를 알고 있어야 한다.

자료 집중 분석
- 액화 석유가스(LPG)의 주성분은 프로페인(C_3H_8)과 뷰테인(C_4H_{10})이고, 액화 천연가스(LNG)의 주성분은 ①□□□□□이다.
- 분자당 $\dfrac{H\ 원자\ 수}{C\ 원자\ 수}$ 는 메테인(CH_4)이 ②□□□, 에탄올(C_2H_5OH)이 ③□□□, 아세트산(CH_3COOH)이 ④□□□이므로 (가)는 에탄올(C_2H_5OH), (나)는 아세트산(CH_3COOH)이다.

② 탄소 화합물의 연소 생성물
1강_ 11쪽 4번

다음은 물질 X의 연소 생성물을 확인하기 위한 실험이다.

[실험 과정]
(가) 그림과 같이 X를 알코올램프에 넣고 연소시킨 후, 발생하는 기체를 석회수($Ca(OH)_2(aq)$)에 통과시킨다.
(나) 깔때기에 액체 방울이 생기면 푸른색 염화 코발트 종이를 대어 본다.

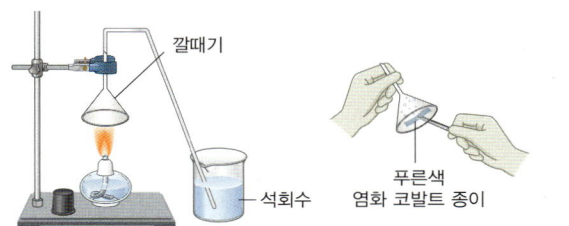

깔때기
석회수
푸른색 염화 코발트 종이

[실험 결과]
- (가)에서 석회수가 뿌옇게 흐려졌다.
- (나)에서 푸른색 염화 코발트 종이가 붉은색으로 변하였다.

분석 포인트▶▶▶
연소 생성물 분석 실험에서 CO_2는 석회수로, H_2O은 푸른색 염화 코발트 종이로 생성 여부를 확인한다.

자료 집중 분석
- 석회수가 뿌옇게 흐려진 것은 연소 생성물로 ⑤□□□□이(가) 생성되었기 때문이다. 석회수와 ⑤□□□□이(가) 반응하면 물에 녹지 않는 탄산 칼슘($CaCO_3$)이 생성된다.
$$Ca(OH)_2 + ⑤□□□ \longrightarrow CaCO_3 + H_2O$$
- 푸른색 염화 코발트 종이가 붉은색으로 변한 것은 ⑥□□□이(가) 생성되었기 때문이다.
- 연소 생성물이 CO_2와 H_2O이므로 X는 탄소 화합물이다. 따라서 X를 구성하는 원소는 C와 ⑦□□□ 또는 C, H, O이다.

③ 분자식과 분자량
2강_ 16쪽 2번

그림은 아세트산과 포도당의 구조식을 나타낸 것이다.

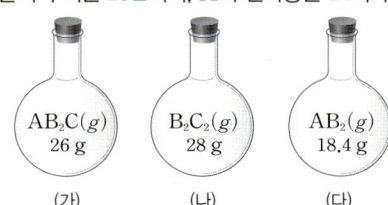

아세트산   포도당

분석 포인트▶▶▶
구조식으로부터 물질을 구성하는 원자의 종류와 수를 알 수 있고, 분자식과 분자량으로부터 1g에 포함된 분자 수를 구할 수 있다.

자료 집중 분석
- 아세트산의 분자식은 $C_2H_4O_2$이고, 포도당의 분자식은 $C_6H_{12}O_6$이므로 분자량은 포도당이 아세트산의 ⑧□□□배이다.
- 1g에 포함된 분자 수는 $\dfrac{1}{⑨□□□}$과 같으므로 아세트산이 포도당의 3배이다.
- 1g에 포함된 전체 원자 수는 1g에 포함된 분자 수×⑩□□□이므로 아세트산과 포도당이 서로 같다.
- 분자당 $\dfrac{H의\ 질량}{C의\ 질량}$ 비는 아세트산 : 포도당=1 : ⑪□□□이다.

④ 아보가드로 법칙
2강_ 17쪽 3번

그림은 부피가 xL로 같은 용기 (가)~(다)에 3가지 기체가 각각 들어 있는 것을 나타낸 것이다. 기체의 온도와 압력은 t ℃, 1기압으로 같고, t ℃, 1기압에서 기체 1몰의 부피는 25L이며, A의 원자량은 14이다.

$AB_2C(g)$ 26 g	$B_2C_2(g)$ 28 g	$AB_2(g)$ 18.4 g
(가)	(나)	(다)

분석 포인트▶▶▶
아보가드로 법칙에 따르면 모든 기체는 일정한 온도와 압력에서 같은 부피에 같은 수의 분자를 포함하므로 t ℃, 1기압에서 용기 (가)~(다)에 들어 있는 기체 분자 수는 서로 같다.

자료 집중 분석
- 기체 분자 수가 같을 때 기체의 질량비는 ⑫□□□비와 같다.
- 분자량 비는 $AB_2C : B_2C_2 : AB_2 =$ ⑬□□□이다. 따라서 원자량 비는 A : B : C = ⑭□□□이다.
- (가)에 들어 있는 기체의 양(mol)은 ⑮□□□몰이고, t ℃, 1기압에서 기체 1몰의 부피는 25L이므로 용기의 부피(xL)는 ⑯□□□L이다.
- 1g에 포함된 전체 원자 수비는 (가) : (나)= ⑰□□□이다.

5 화학식량과 몰 　　2강_ 19쪽 8번

표는 $t\,°C$, 1기압에서 3가지 기체에 대한 자료이다.

기체	분자량	단위 질량당 부피(L/g)	단위 질량당 원자 수(상댓값)
X_2	2	18	a
Y_2	b	$\dfrac{9}{8}$	1
ZX_n	c	$\dfrac{9}{4}$	5

분석 포인트 ▶▶▶

단위 질량당 부피(L/g)는 $\dfrac{1몰의\ 부피(L/mol)}{1몰의\ 질량(g/mol)}$ 와 같고, 단위 질량당 원자 수는 $\dfrac{분자당\ 원자\ 수}{1몰의\ 질량(g/mol)}$ 와 같다.

자료 집중 분석

• $t\,°C$, 1기압에서 X_2 1g의 부피는 18L이고, X_2의 분자량은 2이므로 $t\,°C$, 1기압에서 기체 1몰의 부피는 ⑱ 　　　 L이다.

• Y_2 1g의 부피는 $\dfrac{9}{8}$ L이므로 Y_2의 분자량(b)은 ⑲ 　　　 이고, ZX_n 1g의 부피는 $\dfrac{9}{4}$ L이므로 ZX_n의 분자량(c)은 ⑳ 　　　 이다.

• 단위 질량당 부피(L/g)는 ZX_n이 Y_2의 2배이므로 분자량은 Y_2가 ZX_n의 ㉑ 　　　 배이다.

• 분자당 원자 수비는 $X_2 : Y_2 : ZX_n = 2 : 2 : (n+1)$이고, 단위 질량당 원자 수비는 $X_2 : Y_2 : ZX_n = a : 1 : 5$이므로 $a=$ ㉒ 　　　 , $n=$ ㉓ 　　　 이다.

6 화학 반응에서의 양적 관계 　　3강_ 25쪽 3번

다음은 기체 A와 B가 반응하여 기체 C를 생성하는 반응의 화학 반응식이다.

$$A(g) + bB(g) \longrightarrow 2C(g) \quad (b는\ 반응\ 계수)$$

표는 실린더에 기체 A와 B를 넣고 반응시킨 실험 (가)와 (나)에 대한 자료이다. 분자량은 B가 A의 2배이다.

실험	반응 전 기체의 질량(g)		전체 기체의 부피(L)	
	A	B	반응 전	반응 후
(가)	w	$2w$	$4V$	$3V$
(나)	$2w$	$2w$	xV	yV

분석 포인트 ▶▶▶

실험 (가)에서 모두 반응하는 물질을 결정할 수 있어야 한다. A와 B의 분자량 비와 반응 전 질량비로부터 몰비를 구하고, 반응 전후 전체 기체의 부피 변화로부터 B의 계수(b)를 추론하여 모두 반응하는 물질을 결정한다.

자료 집중 분석

• 반응 전후 전체 기체의 부피(L)는 $4V$에서 $3V$로 감소하므로 $(b+1)$은 2보다 ㉔ 　　　 .

• (가)에서 반응 전후 전체 기체의 부피비가 4:3이므로 전체 기체의 몰비는 ㉕ 　　　 이다.

• (가)에서 반응 전 몰비는 A : B = ㉖ 　　　 이므로 (가)에서는 ㉗ 　　　 가 모두 반응한다. 반응 전후 전체 기체의 몰비로부터 $b=$ ㉘ 　　　 이다.

• (나)에서 반응 전 몰비는 A : B = 2 : 1이므로 $x : y =$ ㉙ 　　　 이다.

7 화학 반응에서의 양적 관계 　　3강_ 26쪽 6번

다음은 기체 A와 B가 반응하여 기체 C를 생성하는 반응의 화학 반응식이다.

$$A(g) + bB(g) \longrightarrow 2C(g) \quad (b는\ 반응\ 계수)$$

표는 wg의 기체 A가 들어 있는 실린더에 기체 B를 넣어 반응시켰을 때, 넣어 준 B의 질량에 따른 반응 후 전체 기체의 부피를 나타낸 것이다.

넣어 준 B의 질량(g)	w	$2w$	$3w$	$4w$
전체 기체의 부피(상댓값)	3	4	7	10

분석 포인트 ▶▶▶

A의 질량이 일정한 상태에서 B의 질량이 wg씩 증가하므로 넣어 준 B의 질량에 따른 반응 후 전체 기체의 부피(상댓값) 변화로부터 B wg의 부피(상댓값)를 찾아낼 수 있어야 한다.

자료 집중 분석

• B의 질량이 $3w\,g$일 때와 $4w\,g$일 때는 A가 모두 반응하므로 반응 후 전체 기체의 부피(상댓값) 차는 B ㉚ 　　　 g의 부피(상댓값)와 같다. 이로부터 $b=$ ㉛ 　　　 이다.

• 넣어 준 B(g)의 질량이 $2w\,g$일 때 A와 B가 모두 반응하므로 생성된 C의 부피(상댓값)는 ㉜ 　　　 이다.

• 반응 몰비는 A : B : C = ㉝ 　　　 이고, 반응 질량비는 A : B : C = ㉞ 　　　 이므로 분자량 비는 A : B : C = ㉟ 　　　 이다.

8 용액의 농도 　　3강_ 28쪽 9번

그림은 10 % NaOH 수용액 (가)와 이를 각각 묽혀 만든 수용액 (나)와 (다)를 나타낸 것이다. NaOH의 화학식량은 40이다.

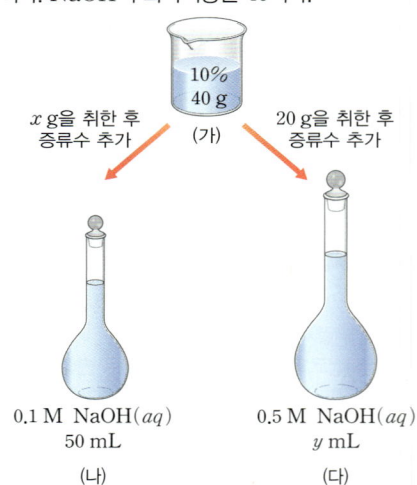

분석 포인트 ▶▶▶

용액에 증류수를 추가하여 용액을 묽혀도 녹아 있는 용질의 양(mol)은 일정하다는 점을 이용하여 새로운 용액의 농도 또는 부피를 구할 수 있다.

자료 집중 분석

• (나)에 녹아 있는 NaOH의 양(mol)은 ㊱ 　　　 몰이므로 (나)에 녹아 있는 NaOH의 질량은 ㊲ 　　　 g이고, (가) xg에 녹아 있는 NaOH의 질량은 ㊳ 　　　 g이므로 $x=$ ㊴ 　　　 이다.

• (가) 20g에 녹아 있는 NaOH의 질량은 2g이고, (다)에 녹아 있는 NaOH의 질량은 ㊵ 　　　 g이므로 $y=$ ㊶ 　　　 이다.

II 원자의 세계

531 PROJECT S

원자의 구조와 보어 원자 모형

A	원자를 구성하는 입자의 발견		B	원자를 구성하는 입자의 성질 및 표시 방법		C	동위 원소와 평균 원자량		D	수소 원자의 선 스펙트럼과 보어의 원자 모형	
	전자의 발견	★★☆		원자의 구조	★☆☆		동위 원소	★☆☆		수소 원자의 선 스펙트럼	★☆☆
	원자핵의 발견	★★☆		원자를 구성하는 입자의 성질	★★★		평균 원자량	★★★		보어의 원자 모형	★☆☆
				원자의 표시 방법	★★☆						

음극선
진공관 양 끝에 전극을 설치하고, 고압의 전압을 걸었을 때 생기는 빛의 흐름을 음극선이라고 한다.

A 원자를 구성하는 입자의 발견

1. **전자의 발견(1897년)** 톰슨은 음극선 실험을 통해 음극선이 (−)전하를 띠며, 질량을 가진 입자인 전자의 흐름임을 발견하였다. 이를 통해 톰슨은 (+)전하가 고르게 분포된 공 모양의 원자 속에 (−)전하를 띤 전자가 띄엄띄엄 박혀 있는 원자 모형을 제안하였다.

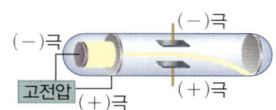

자기장과 전기장의 영향으로 음극선의 진로가 (+)극 쪽으로 휘어진다.
➡ 음극선은 (−)전하를 띤다.

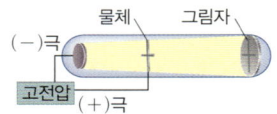

음극선 진행 방향에 물체를 놓아두면 그림자가 생긴다.
➡ 음극선은 직진한다.

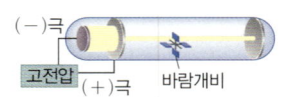

음극선 진행 방향에 바람개비를 놓아두면 바람개비가 회전한다.
➡ 음극선은 질량을 가진 입자의 흐름이다.

▲ 톰슨의 음극선 실험과 결과의 해석

톰슨이 제안한 원자 모형

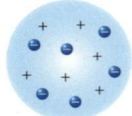

▲ 톰슨의 원자 모형

2. **원자핵의 발견(1911년)** 러더퍼드는 알파(α) 입자 산란 실험을 통해 원자 중심에 부피가 매우 작고, 질량이 매우 큰 (+)전하를 띤 입자가 있음을 발견하였다. 이를 통해 러더퍼드는 원자 중심에 작고 무거운 '원자핵'이 존재하며, 원자핵 주위를 전자가 원운동하는 원자 모형을 제안하였다.

> 양성자의 발견 : 골트슈타인은 수소 방전관에 전압을 걸었을 때, (+)극에서 (−)극 쪽으로 향하는 입자의 흐름을 발견(1886년)하여 양극선이라고 명명하였다. 이후 러더퍼드가 양극선을 이루는 입자가 수소의 원자핵(H^+)임을 밝히고, '양성자'라고 명명하였다(1919년).

러더퍼드의 알파(α) 입자 산란 실험
얇은 금박에 α 입자를 충돌시켰을 때 대부분의 α 입자는 직진하지만, 극소수의 α 입자는 경로가 크게 휘어지거나 튕겨 나오는 것을 통해 원자핵의 존재를 발견하였다.

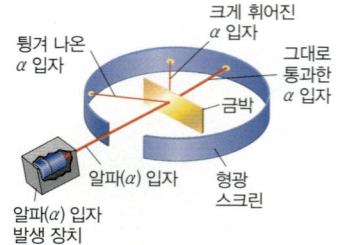

▲ 러더퍼드의 알파(α) 입자 산란 실험

중성자의 발견(1932년): 채드윅은 베릴륨(Be) 원자핵에 α 입자를 충돌시켰을 때, 전하를 띠지 않는 입자가 튕겨 나오는 것을 발견하여 '중성자'라고 명명하였다.

B 원자를 구성하는 입자의 성질 및 표시 방법

1. **원자의 구조** 원자는 양성자와 중성자로 이루어진 원자핵과 원자핵 주위의 전자로 이루어져 있다.

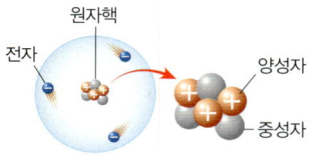

▲ 원자의 구조

2. **원자를 구성하는 입자의 성질**

(1) **양성자** : 원자핵을 구성하는 입자로 양전하를 띠고, 원자의 양성자수가 해당 원소의 원자 번호이다. 같은 원소의 원자에서 양성자수는 같다.

(2) **중성자** : 원자핵을 구성하는 입자로 전하를 띠지 않으며, 같은 원소라도 중성자수는 다를 수 있다.

(3) **전자** : 음전하를 띠는 입자로 양성자와 전하량의 크기는 같고, 원자는 양성자수와 전자 수가 같아 전기적으로 중성이다.

구성 입자		질량(g)	상대적 질량	전하량(C)	상대적 전하
원자핵	양성자	1.673×10^{-24}	1	$+1.602 \times 10^{-19}$	$+1$
	중성자	1.675×10^{-24}	1	0	0
전자		9.109×10^{-28}	$\dfrac{1}{1837}$	-1.602×10^{-19}	-1

3. **원자의 표시 방법**

(1) **원자 번호** : 원자핵에 들어 있는 양성자수(=원자의 전자 수)

(2) **질량수** : 양성자수와 중성자수의 합

(3) **원자의 표시 방법** : 원소 기호의 왼쪽 아래에는 원자 번호를, 왼쪽 위에는 질량수를 표시한다.

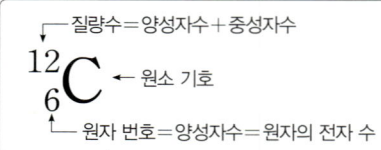

질량수=양성자수+중성자수
$^{12}_{6}\text{C}$ ← 원소 기호
원자 번호=양성자수=원자의 전자 수

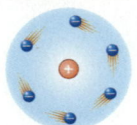

▲ 러더퍼드의 원자 모형

C 동위 원소와 평균 원자량

1. **동위 원소** 양성자수가 같아 원자 번호가 같지만 중성자수가 달라 질량수가 다른 원소이다. 동위 원소는 양성자수가 같으므로 화학적 성질은 같으나, 질량수가 다르므로 물리적 성질은 다르다.

2. **평균 원자량** 동위 원소의 존재 비율을 고려하여 계산한 원자량으로, 각 동위 원소의 원자량과 존재 비율을 곱한 값의 합으로 구한다.

   예 염소(Cl)의 평균 원자량 : $^{35}_{17}Cl$과 $^{37}_{17}Cl$의 자연계 존재 비율이 각각 75%, 25%이므로 평균 원자량은 $\left(35 \times \dfrac{75}{100}\right) + \left(37 \times \dfrac{25}{100}\right) = 35.5$이다.

D 수소 원자의 선 스펙트럼과 보어의 원자 모형

1. **수소 원자의 선 스펙트럼** 수소 기체를 채운 방전관에서 방출되는 빛을 프리즘에 통과시켰을 때 불연속적인 선 스펙트럼이 생긴다. ➡ 에너지를 흡수한 전자가 다시 에너지를 방출하면서 그 차이만큼 에너지를 빛의 형태로 방출하기 때문이다.

2. **보어의 원자 모형** 전자가 특정한 에너지 준위의 궤도를 따라 원자핵 주위를 원운동하고 있다는 원자 모형이다. └─ 수소 원자의 선 스펙트럼을 설명하기 위해 제안하였다.

   (1) **전자 껍질** : 전자가 운동하는 특정 에너지 준위의 원형 궤도를 '전자 껍질'이라고 하고, 핵에 가까운 쪽부터 K($n=1$), L($n=2$), M($n=3$), N($n=4$)… 으로 나타낸다. (단, n은 주 양자수이고, 양의 정수이다.)

   (2) **전자 껍질의 에너지 준위** : 원자핵에서 멀어질수록 전자 껍질의 에너지 준위가 높아지고 (K<L<M<N…), 각 전자 껍질의 에너지(E_n)는 주 양자수(n)에 의해 결정된다.

   (3) **수소 원자에서 전자 전이가 일어날 때 출입하는 에너지** : 전자가 다른 에너지 준위를 갖는 전자 껍질로 전이할 때, 전자 껍질의 에너지 준위 차이에 해당하는 에너지를 방출하거나 흡수한다.

   ➡ 방출 또는 흡수하는 에너지는 선 스펙트럼으로 나타난다.

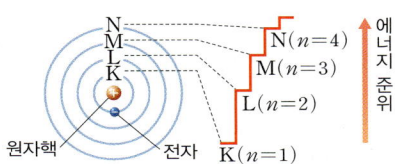
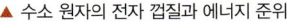

▲ 수소 원자의 전자 껍질과 에너지 준위

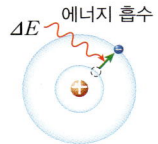

▲ 전자 전이에 따른 에너지의 흡수 또는 방출

수소(H)의 동위 원소

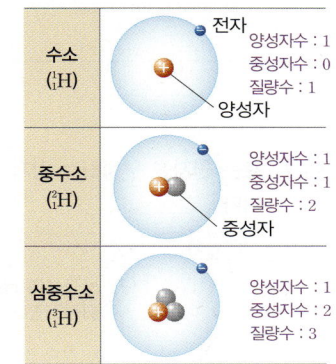

수소 (^1_1H)		양성자수 : 1, 중성자수 : 0, 질량수 : 1
중수소 (^2_1H)		양성자수 : 1, 중성자수 : 1, 질량수 : 2
삼중수소 (^3_1H)		양성자수 : 1, 중성자수 : 2, 질량수 : 3

수소 원자의 선 스펙트럼

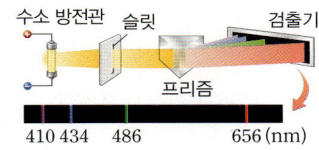

410 434 486   656 (nm)

전자 전이
전자가 다른 에너지 준위를 갖는 전자 껍질로 이동하는 현상

바닥상태와 들뜬상태
• 바닥상태 : 전자의 에너지 준위가 가장 낮아서 안정한 상태
• 들뜬상태 : 전자가 에너지 준위가 높은 전자 껍질로 전이되어 불안정한 상태

기출 자료 | 분석

그림은 원자핵 (가)로부터 $^4_2He^{2+}$이 만들어지는 과정을 나타낸 것이고, 표는 원자핵 (가)~(다)에 대한 자료이다. ㉠과 ㉡은 각각 양성자와 중성자 중 하나이다.

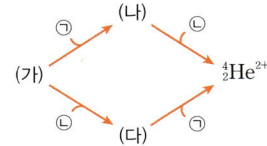

원자핵	(가)	(나)	(다)
$\dfrac{중성자수}{양성자수}$	1	2	$\dfrac{1}{2}$

자료 체크 리스트
☐ 원자핵 (가)~(다)의 양성자수와 중성자수, 질량수 비교
☐ ㉠과 ㉡의 입자의 종류 판단
☐ 원자 표시 방법을 이용한 (가)~(다) 입자의 표기

---

step 1 (가)~(다), $^4_2He^{2+}$의 양성자수와 중성자수를 구한다.

$^4_2He^{2+}$의 양성자수와 중성자수는 각각 2이다. 따라서 (가)~(다)의 양성자수와 중성자수는 2 이하의 자연수임을 알 수 있고, $\dfrac{중성자수}{양성자수}$를 이용하여 양성자수와 중성자수를 구한다.

원자핵	(가)	(나)	(다)	$^4_2He^{2+}$
$\dfrac{중성자수}{양성자수}$	1	2	$\dfrac{1}{2}$	1
양성자수	1	1	2	2
중성자수	1	2	1	2

step 2 (가)~(다)의 양성자수와 중성자수를 비교하여 ㉠과 ㉡의 입자의 종류를 판단한다.

• ㉠ : (가) → (나)에서 중성자수가 1 증가, $^4_2He^{2+}$ → (다)에서 중성자수가 1 감소하므로 ㉠은 중성자이다.
• ㉡ : (나) → $^4_2He^{2+}$에서 양성자수가 1 증가, (다) → (가)에서 양성자수가 1 감소하므로 ㉡은 양성자이다.

step 3 원자 표시 방법을 이용하여 원자핵 (가)~(다)를 표기한다.

양성자수가 1이면 수소 원자핵으로 +1가, 양성자수가 2이면 헬륨 원자핵으로 +2가의 전하를 띤다. 또한 질량수는 (양성자수＋중성자수)이므로 (가)는 $^2_1H^+$, (나)는 $^3_1H^+$, (다)는 $^3_2He^{2+}$이다.

01 교육청 기출 변형

표는 원자를 구성하는 입자 X와 Y를 발견한 실험에 대한 자료이다.

입자	실험
X	(가) 음극선의 경로에 바람개비를 두었더니, 바람개비가 회전하였다.
Y	(나) 금박에 α 입자를 충돌시켰더니, 대부분의 α 입자는 통과하고 일부는 경로가 휘거나 튕겨 나왔다.

이에 대한 설명으로 옳은 것만을 〈보기〉에서 있는 대로 고른 것은?

─ 보기 ─
ㄱ. 음극선은 질량을 가진 X의 흐름이다.
ㄴ. Y는 (+)전하를 띤다.
ㄷ. Y는 원자 부피의 대부분을 차지한다.

① ㄱ ② ㄷ ③ ㄱ, ㄴ
④ ㄴ, ㄷ ⑤ ㄱ, ㄴ, ㄷ

02 평가원 기출 변형

그림은 원자 모형 (가)~(다)를 나타낸 것이다.

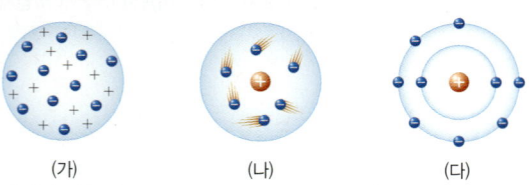

(가)   (나)   (다)

이에 대한 설명으로 옳은 것만을 〈보기〉에서 있는 대로 고른 것은?

─ 보기 ─
ㄱ. (가)는 톰슨의 음극선 실험의 결과로부터 제안되었다.
ㄴ. (나)로 수소 원자의 선 스펙트럼을 설명할 수 있다.
ㄷ. (다)는 전자의 위치를 확률 분포로 설명한다.

① ㄱ ② ㄴ ③ ㄱ, ㄴ
④ ㄱ, ㄷ ⑤ ㄴ, ㄷ

03 평가원 기출 변형

그림은 원자의 구성 입자 3가지를 주어진 기준에 따라 분류한 것이고, 표는 ^{23}X와 ^{18}Y^{2-}에 대한 자료이다. A~C는 각각 양성자, 중성자, 전자 중 하나이다.

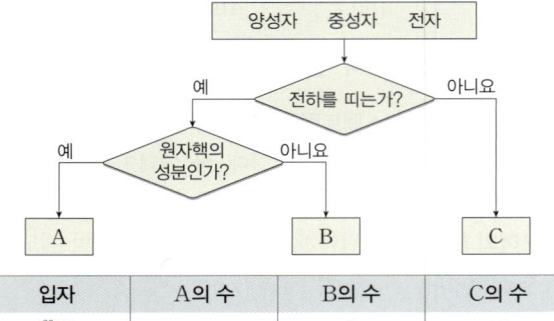

입자	A의 수	B의 수	C의 수
^{23}X	a	b	12
^{18}Y^{2-}	8	c	d

이에 대한 설명으로 옳은 것만을 〈보기〉에서 있는 대로 고른 것은? (단, X와 Y는 임의의 원소 기호이다.)

─ 보기 ─
ㄱ. A는 양성자이다.
ㄴ. Y는 3주기 원소이다.
ㄷ. $\dfrac{b}{a} = \dfrac{d}{c}$이다.

① ㄱ ② ㄴ ③ ㄱ, ㄷ
④ ㄴ, ㄷ ⑤ ㄱ, ㄴ, ㄷ

04 수능 기출 변형

그림은 수소 원자핵($^1_1$H$^+$)으로부터 헬륨 원자핵($^4_2$He^{2+})이 생성되는 과정을 나타낸 것이다. ㉠과 ㉡은 각각 양성자와 중성자 중 하나이다.

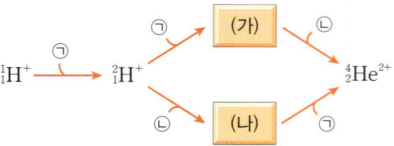

이에 대한 설명으로 옳은 것만을 〈보기〉에서 있는 대로 고른 것은?

─ 보기 ─
ㄱ. ㉠은 중성자이다.
ㄴ. (가)는 $^3_1$H$^+$이다.
ㄷ. (가)와 (나)의 질량수는 같다.

① ㄱ ② ㄷ ③ ㄱ, ㄴ
④ ㄴ, ㄷ ⑤ ㄱ, ㄴ, ㄷ

05 그림은 원소 X의 동위 원소가 자연계에 존재하는 비율을 나타낸 것이다. ^{10}X와 ^{11}X의 원자량은 각각 10, 11이다.

교육청 기출 변형

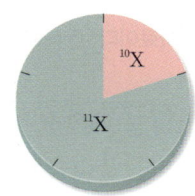

이에 대한 설명으로 옳은 것만을 〈보기〉에서 있는 대로 고른 것은? (단, X는 임의의 원소 기호이다.)

┤보기├
ㄱ. ^{10}X와 ^{11}X의 전자 수는 같다.
ㄴ. X의 평균 원자량은 10.8이다.
ㄷ. X_2 중 분자량이 21인 분자의 자연계 존재 비율은 0.16이다.

① ㄱ　　　　② ㄴ　　　　③ ㄷ
④ ㄱ, ㄴ　　　⑤ ㄱ, ㄴ, ㄷ

교육청 기출 변형

06 그림은 수소 원자의 보어 원자 모형에서 4가지 전자 전이 a~d 를 나타낸 것이다.

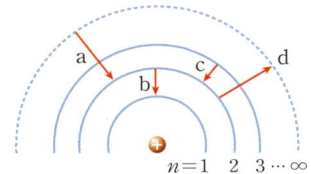

이에 대한 설명으로 옳은 것만을 〈보기〉에서 있는 대로 고른 것은?

┤보기├
ㄱ. 전자 전이 d에서는 에너지를 흡수한다.
ㄴ. 방출하는 빛의 에너지는 a가 c보다 크다.
ㄷ. 전자 전이 b가 일어나면 수소 원자는 바닥상태이다.

① ㄱ　　　　② ㄴ　　　　③ ㄱ, ㄷ
④ ㄴ, ㄷ　　　⑤ ㄱ, ㄴ, ㄷ

교육청 기출 변형

07 그림은 원자핵 (가)~(다)의 중성자수와 핵전하량을 나타낸 것이다. 양성자 1개의 전하량은 $+1.6\times10^{-19}$ C이다.

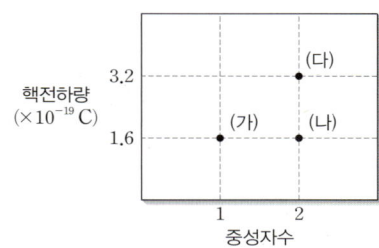

(가)~(다)에 대한 설명으로 옳은 것만을 〈보기〉에서 있는 대로 고른 것은?

┤보기├
ㄱ. (가)와 (나)는 동위 원소의 원자핵이다.
ㄴ. (나)의 질량수는 2이다.
ㄷ. (다)는 $^{4}_{2}He$로 표기한다.

① ㄱ　　　　② ㄴ　　　　③ ㄷ
④ ㄱ, ㄴ　　　⑤ ㄱ, ㄷ

평가원 기출 변형

08 표는 원자 X~Z에 대한 자료이다.

원자	X	Y	Z
중성자수	6	7	8
질량수/전자 수	2	2	$\frac{7}{3}$

이에 대한 설명으로 옳은 것만을 〈보기〉에서 있는 대로 고른 것은? (단, X~Z는 임의의 원소 기호이다.)

┤보기├
ㄱ. X와 Z는 동위 원소이다.
ㄴ. Y는 $^{14}_{7}N$이다.
ㄷ. 질량수는 Y와 Z가 같다.

① ㄱ　　　　② ㄷ　　　　③ ㄱ, ㄴ
④ ㄴ, ㄷ　　　⑤ ㄱ, ㄴ, ㄷ

01 원자를 구성하는 입자 중 항상 개수가 같은 입자는 [   ]와 [   ]이다. +1가 양이온의 전자 수는 양성자 수보다 1 [   ]다.

01 표는 바닥상태 원자 X, Y와 이온 Z^+에 대한 자료이다. ㉠~㉢은 각각 양성자, 중성자, 전자 중 하나이다.

원자 또는 이온	㉠의 수	㉡의 수	㉢의 수
X	$\frac{1}{2}(a+b)$	$\frac{1}{2}(a+b)$	13
Y	$a+2$	a	15
Z^+	$b+1$	b	$b-1$

이에 대한 설명으로 옳은 것만을 〈보기〉에서 있는 대로 고른 것은? (단, X~Z는 임의의 원소 기호이다.)

┤보기├
ㄱ. ㉠은 양성자이다.
ㄴ. Y의 홀전자 수는 3이다.
ㄷ. Z^+은 $^{23}_{11}Na^+$이다.

① ㄱ   ② ㄴ   ③ ㄷ
④ ㄴ, ㄷ   ⑤ ㄱ, ㄴ, ㄷ

02 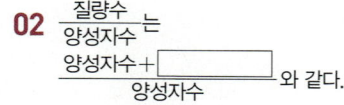 $\frac{질량수}{양성자수}$ 는 $\frac{양성자수+[\quad]}{양성자수}$ 와 같다.

02 그림은 수소(H) 또는 헬륨(He)의 서로 다른 원자핵 A~E의 중성자수와 $\frac{질량수}{양성자수}$ 를 나타낸 것이다.

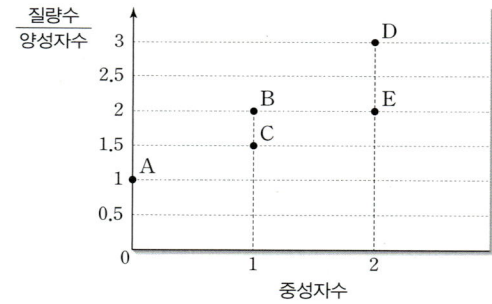

이에 대한 설명으로 옳은 것만을 〈보기〉에서 있는 대로 고른 것은? (단, A~E는 임의의 원소 기호이고, 헬륨(He)의 원자핵은 $^3He^{2+}$ 또는 $^4He^{2+}$이다.)

┤보기├
ㄱ. A의 질량수는 1이다.
ㄴ. B와 C는 동위 원소의 원자핵이다.
ㄷ. 양성자수는 E가 D의 2배이다.

① ㄱ   ② ㄴ   ③ ㄱ, ㄴ
④ ㄱ, ㄷ   ⑤ ㄴ, ㄷ

03 다음은 원자 또는 이온 (가)~(다)에 대한 자료이다. (가)~(다)는 각각 $^{12}_{6}\text{C}$, ^{a}Mg, $^{19}\text{X}^{-}$ 중 하나이다.

- 질량수는 (가)가 (나)의 2배이다.
- (가)의 이온과 (다)의 전자 배치는 Ne과 같다.

이에 대한 설명으로 옳은 것만을 〈보기〉에서 있는 대로 고른 것은? (단, X는 임의의 원소 기호이다.)

┤보기├
ㄱ. $a=24$이다.
ㄴ. $^{19}\text{X}^{-}$의 중성자수는 10이다.
ㄷ. (나)의 $\dfrac{\text{중성자수}}{\text{양성자수}}=1$이다.

① ㄱ   ② ㄷ   ③ ㄱ, ㄴ
④ ㄴ, ㄷ   ⑤ ㄱ, ㄴ, ㄷ

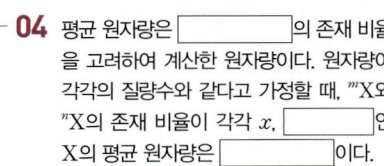

○─ **03** $^{b}_{a}\text{X}$에서 a는 원자 번호로, ☐ 와 같고, b는 ☐ 이다. 따라서 $^{12}_{6}\text{C}$의 양성자수는 ☐, 중성자수는 ☐ 이다.

---

04 다음은 원자 번호가 a인 원소 X의 동위 원소 ^{2a+1}X와 ^{2a+3}X에 대한 자료이다. 원자량은 각각의 질량수와 같다고 가정한다.

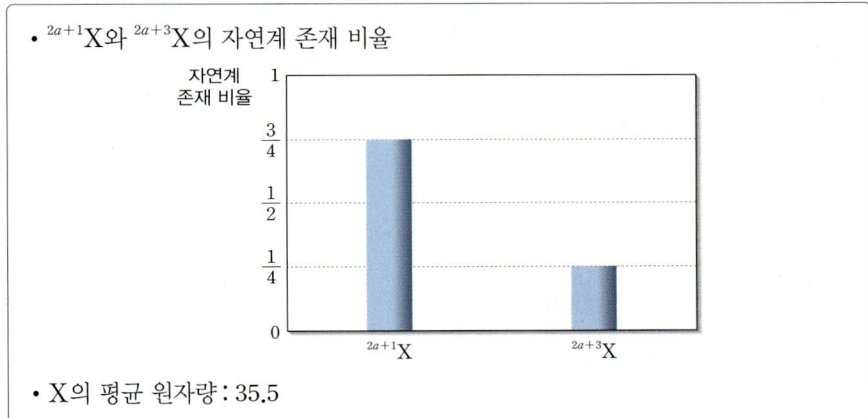

- ^{2a+1}X와 ^{2a+3}X의 자연계 존재 비율
- X의 평균 원자량 : 35.5

이에 대한 설명으로 옳은 것만을 〈보기〉에서 있는 대로 고른 것은? (단, X는 임의의 원소 기호이고, N_A는 아보가드로수이다.)

┤보기├
ㄱ. X^{-}의 전자 배치는 Ar과 같다.
ㄴ. X_2 중 분자량이 72인 분자의 자연계 존재 비율은 $\dfrac{3}{16}$이다.
ㄷ. 자연계에 존재하는 X_2 1몰에 포함된 중성자수는 $37N_\text{A}$이다.

① ㄱ   ② ㄴ   ③ ㄱ, ㄴ
④ ㄱ, ㄷ   ⑤ ㄴ, ㄷ

○─ **04** 평균 원자량은 ☐ 의 존재 비율을 고려하여 계산한 원자량이다. 원자량이 각각의 질량수와 같다고 가정할 때, ^{m}X와 ^{n}X의 존재 비율이 각각 x, ☐ 인 X의 평균 원자량은 ☐ 이다.

531
PROJECT
S

05강 현대의 원자 모형과 전자 배치의 규칙

A 현대의 원자 모형	
보어의 원자 모형의 한계	★☆☆
현대의 원자 모형	★☆☆
오비탈과 양자수	★★★
오비탈의 에너지 준위	★★☆

B 전자 배치의 규칙	
쌓음 원리	★★☆
파울리 배타 원리	★★☆
훈트 규칙	★★☆

현대의 원자 모형

점밀도 그림

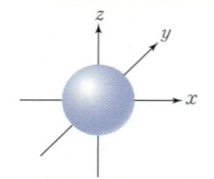

전자가 발견될 확률을 점으로 나타낸다.

경계면 그림

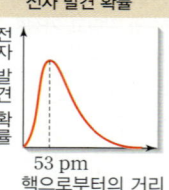

전자가 발견될 확률이 90 %인 공간까지를 경계면으로 나타낸다.

전자 발견 확률

전자 발견 확률

53 pm
핵으로부터의 거리

핵으로부터의 거리에 따른 전자 발견 확률을 그래프로 나타낸다.

부 양자수가 l인 오비탈은 자기 양자수(m_l)가 ($2l+1$)개이고, 이들은 각각 방향은 다르지만 에너지 준위는 같다.

스핀 자기 양자수(m_s)

스핀 자기 양자수(m_s)의 서로 다른 부호는 서로 다른 회전 방향을 나타낸다.

S
N
$m_s=+\dfrac{1}{2}$

N
S
$m_s=-\dfrac{1}{2}$

A 현대의 원자 모형

— 보어의 원자 모형은 전자가 1개뿐인 수소 원자의 선 스펙트럼만 설명할 수 있다.

1. **보어의 원자 모형의 한계** 보어의 원자 모형은 전자가 2개 이상인 원자의 선 스펙트럼을 설명할 수 없다.

2. **현대의 원자 모형** 전자는 입자와 파동의 성질을 동시에 갖고 있어, 전자의 위치와 운동량을 동시에 알 수 없으므로 전자가 발견될 확률 분포를 나타내는 현대의 원자 모형이 제안되었다.

3. **오비탈과 양자수**

(1) **오비탈(궤도 함수)** : 전자가 원자핵 주위에서 발견될 확률을 나타내는 함수이며, 궤도 함수의 모양(s, p, d, f 등), 전자의 에너지 상태를 의미하기도 한다.

(2) **양자수의 종류와 특징**
오비탈의 에너지, 크기, 모양을 나타낸다.

양자수	특징
주 양자수(n)	• 오비탈의 에너지와 크기를 결정하는 양자수 ← n이 증가할수록 오비탈의 크기와 에너지가 증가한다.

전자 껍질	K	L	M	N
주 양자수(n)	1	2	3	4

← 에너지 준위 : K<L<M<N

• 오비탈의 모양을 결정하는 양자수

부 양자수(l)	0	1	2	3
오비탈 종류	s	p	d	f

부 양자수(l) (방위 양자수)

주 양자수가 같을 때 부 양자수가 클수록 에너지 준위가 높다.

• 주 양자수(n)에 따라 가능한 부 양자수(l)가 달라진다. ➡ $l=0$부터 $l=n-1$까지 가능하다.

주 양자수(n)	1	2		3		
가능한 부 양자수(l)	0	0	1	0	1	2
오비탈 종류	$1s$	$2s$	$2p$	$3s$	$3p$	$3d$

자기 양자수(m_l)	• 오비탈의 방향을 결정하는 양자수 • 부 양자수에 의해 자기 양자수가 결정된다. ┐ 부 양자수가 l이면 자기 양자수는 $-l$부터 $+l$까지의 정수만 가능하다.

부 양자수(l)	0	1	2
자기 양자수(m_l)	0	-1, 0, $+1$	-2, -1, 0, $+1$, $+2$

스핀 자기 양자수(m_s)	• 전자의 스핀(자전) 방향을 나타내는 양자수 • $-\dfrac{1}{2}$, $+\dfrac{1}{2}$의 2가지가 있다. ← 서로 다른 회전 방향을 나타낸다.

(3) **s 오비탈과 p 오비탈의 특징 및 양자수**

오비탈	s 오비탈	p 오비탈
특징	$1s$ $2s$ $3s$ • 핵으로부터의 거리가 같으면 전자가 발견될 확률이 같다. ➡ 방향성이 없고, 오비탈의 방향을 나타내는 자기 양자수(m_l)는 0이다. • 모든 전자 껍질에 1개씩 존재한다.	p_x p_y p_z • 핵으로부터의 거리와 방향에 따라 전자가 발견될 확률이 다르다. • 오비탈의 방향을 나타내는 자기 양자수(m_l)는 -1, 0, 1이 가능하다. • 주 양자수(n)가 2인 전자 껍질부터 존재한다.

4. 오비탈의 에너지 준위 주 양자수(n)가 같으면 에너지 준위는 같고, 주 양자수(n)가 커질수록 원자핵에서 전자가 멀어지므로 원자핵과의 인력이 약해져 에너지 준위가 높아진다.

(1) **수소 원자에서 오비탈의 에너지 준위** : 전자가 1개인 수소 원자는 오비탈의 종류와 관계없이 주 양자수(n)에 의해서만 오비탈의 에너지 준위가 결정된다.

$$1s < 2s = 2p < 3s = 3p = 3d < 4s \cdots$$

(2) **다전자 원자에서 오비탈의 에너지 준위** : 주 양자수(n)와 오비탈의 종류에 따라 에너지 준위가 결정되고, 주 양자수(n)가 같으면 부 양자수(l)가 오비탈의 에너지 준위를 결정한다.

$$1s < 2s < 2p < 3s < 3p < 4s < 3d < 4p \cdots$$

B 전자 배치의 규칙

1. 쌓음 원리 바닥상태 원자에서는 에너지 준위가 가장 낮은 오비탈부터 차례로 전자가 배치된다.

2. 파울리 배타 원리

(1) 1개의 오비탈에 들어갈 수 있는 전자 수는 최대 2개이며, 이때 두 전자는 스핀 방향이 서로 달라야 한다.

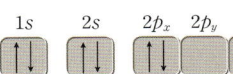

(2) 한 원자에서 4가지의 양자수(주 양자수(n), 부 양자수(l), 자기 양자수(m_l), 스핀 자기 양자수(m_s))가 모두 같은 전자는 존재할 수 없다.

➡ 한 오비탈에 들어가는 전자의 스핀 방향이 달라야만 4개의 양자수(n, l, m_l, m_s)가 다르다.

예 $1s$ 오비탈에 들어 있는 2개 전자의 양자수는 각각 $\left(1, 0, 0, +\frac{1}{2}\right)$과 $\left(1, 0, 0, -\frac{1}{2}\right)$이다.

3. 훈트 규칙 에너지 준위가 같은 오비탈에 전자가 배치될 때, 홀전자 수가 최대가 되도록 전자가 배치된다. ➡ 에너지 준위가 같은 오비탈이 여러 개 있을 때 각 오비탈에 전자가 먼저 1개씩 배치된 후 다음 전자가 쌍을 이루며 배치될 때 전자 사이의 반발력이 작아 더 안정하다.

- $_6$C : $1s^2 2s^2 2p_x^2$ ➡ 훈트 규칙에 어긋난다. ➡ 들뜬상태
- $_6$C : $1s^2 2s^2 2p_x^{\ 1} 2p_y^{\ 1}$ ➡ 훈트 규칙을 만족한다. ➡ 바닥상태

다전자 원자에서 오비탈의 에너지 준위

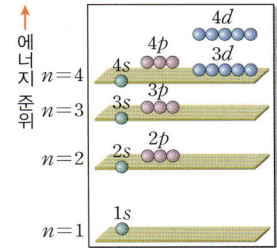

전자 배치 표시 방법

- 오비탈 기호의 이용

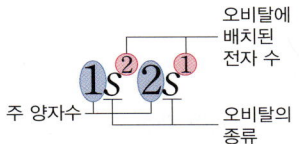

- 화살표의 이용

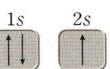

화살표를 이용할 경우에는 한 오비탈에 배치되는 전자 2개의 스핀 방향이 서로 달라야 한다.

이온의 전자 배치

- 양이온

예 $Na \longrightarrow Na^+ + e^-$

Na : $1s^2 2s^2 2p^6 3s^1$

Na^+ : $1s^2 2s^2 2p^6$ ← Ne의 전자 배치와 같다.

- 음이온

예 $F + e^- \longrightarrow F^-$

F : $1s^2 2s^2 2p^5$

F^- : $1s^2 2s^2 2p^6$ ← Ne의 전자 배치와 같다.

기출 자료 | 분석

그림은 학생이 그린 3가지 원자의 전자 배치 (가)~(다)를 나타낸 것이다.

		$1s$	$2s$	$2p$	$3s$
(가)	$_4$Be	↑↓	↑		
(나)	$_6$C	↑↓	↑↓	↑ ↑	
(다)	$_{12}$Mg	↑↓	↑↓	↑↓ ↑↓ ↑↓	↑↑

자료 체크 리스트

☐ 1개의 오비탈에 스핀 방향이 같은 전자가 있는지 확인

☐ $1s$ 오비탈, $2s$ 오비탈에 스핀 방향이 반대인 전자 한 쌍이 배치된 후에 $2p$ 오비탈에 전자가 배치되었는지 확인

☐ $2p$ 오비탈에 홀전자 수가 최대가 되도록 전자가 배치되었는지 확인

---

step 1 **(가)~(다) 중 파울리 배타 원리를 만족하는 전자 배치를 찾는다.**
- 한 오비탈에 화살표 방향이 다른 전자가 최대 2개가 배치되어야 파울리 배타 원리를 만족한다.
- (가)와 (나)는 파울리 배타 원리를 만족한다.
- (다)는 $3s$ 오비탈의 전자의 스핀 방향이 같으므로 파울리 배타 원리에 어긋나며, 이는 존재할 수 없는 전자 배치이다.

step 2 **가능한 전자 배치 (가)와 (나) 중 쌓음 원리를 만족하는 전자 배치를 찾는다.**
- $1s$ 오비탈, $2s$ 오비탈에 각각 2개의 전자가 배치된 후, $2p$ 오비탈에 전자가 배치되어야 한다.
- $2p$ 오비탈을 이루는 3개의 오비탈은 에너지 준위가 모두 같으므로 홀전자의 배치 순서와 관계없이 쌓음 원리를 만족한다.
- (가)는 쌓음 원리를 만족하지 않고, (나)는 쌓음 원리를 만족한다.

step 3 **훈트 규칙을 만족하는 전자 배치를 찾는다.**
(나)에서 $2p$ 오비탈에 채워진 2개의 전자는 모두 홀전자이므로 훈트 규칙을 만족한다.

01 교육청 기출 변형 그림 (가)는 수소 원자를 보어의 원자 모형으로 나타낸 것이고, (나)는 수소 원자의 $2s$ 오비탈을 나타낸 것이다.

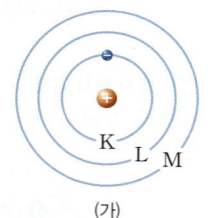 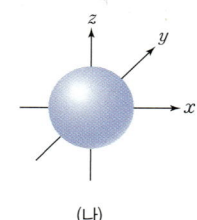

(가)   (나)

이에 대한 설명으로 옳은 것만을 〈보기〉에서 있는 대로 고른 것은?

보기
ㄱ. (가)에서 수소 원자는 바닥상태이다.
ㄴ. (나)에서 $2s$ 오비탈 경계면 밖에서 전자가 발견될 확률은 0이다.
ㄷ. (나)에서 주 양자수(n)와 부 양자수(l)의 합은 2이다.

① ㄱ   ② ㄴ   ③ ㄱ, ㄴ
④ ㄱ, ㄷ   ⑤ ㄴ, ㄷ

02 교육청 기출 변형 그림은 s 오비탈과 p 오비탈에서 각각 에너지 준위가 가장 낮은 오비탈 (가)와 (나)를 나타낸 것이다.

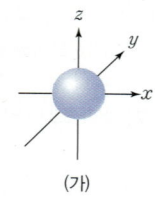 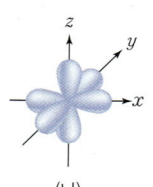

(가)   (나)

이에 대한 설명으로 옳은 것만을 〈보기〉에서 있는 대로 고른 것은?

보기
ㄱ. (가)와 (나)의 주 양자수(n)는 서로 같다.
ㄴ. (나)에서 핵으로부터의 거리가 같으면 전자를 발견할 확률이 같다.
ㄷ. (나)의 부 양자수(l)는 1이다.

① ㄱ   ② ㄴ   ③ ㄷ
④ ㄱ, ㄷ   ⑤ ㄴ, ㄷ

03 평가원 기출 변형 그림은 3가지 원자의 전자 배치 (가)~(다)를 나타낸 것이다.

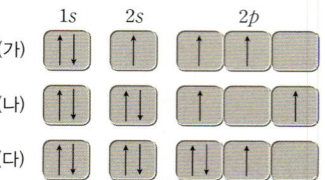

이에 대한 설명으로 옳은 것만을 〈보기〉에서 있는 대로 고른 것은?

보기
ㄱ. (가)는 파울리 배타 원리를 만족한다.
ㄴ. (나)는 쌓음 원리를 만족한다.
ㄷ. (다)는 바닥상태이다.

① ㄱ   ② ㄷ   ③ ㄱ, ㄴ
④ ㄴ, ㄷ   ⑤ ㄱ, ㄴ, ㄷ

04 교육청 기출 변형 표는 바닥상태 플루오린(F) 원자 1개에 들어 있는 서로 다른 전자 (가)~(다)의 양자수를 나타낸 것이다.

전자	(가)	(나)	(다)
주 양자수(n)	a	2	
부 양자수(l)	0	0	1
자기 양자수(m_l)	b	c	0
스핀 자기 양자수(m_s)	$+\frac{1}{2}$	$+\frac{1}{2}$	$-\frac{1}{2}$

이에 대한 설명으로 옳은 것만을 〈보기〉에서 있는 대로 고른 것은?

보기
ㄱ. $b=c=0$이다.
ㄴ. $a=1$이다.
ㄷ. (다)는 $2p$ 오비탈에 들어 있다.

① ㄱ   ② ㄷ   ③ ㄱ, ㄴ
④ ㄴ, ㄷ   ⑤ ㄱ, ㄴ, ㄷ

05 그림은 산소($_8O$) 원자의 전자 배치를 나타낸 것이다.

$$_8O \quad \underset{1s}{\boxed{\uparrow\downarrow}} \quad \underset{2s}{\boxed{\uparrow\downarrow}} \quad \underset{2p_x}{\boxed{\uparrow\downarrow}}\underset{2p_y}{\boxed{\uparrow}}\underset{2p_z}{\boxed{\uparrow}}$$

이에 대한 설명으로 옳은 것만을 〈보기〉에서 있는 대로 고른 것은?

┌─ 보기 ─
ㄱ. 파울리 배타 원리를 만족한다.
ㄴ. 2s 오비탈의 자기 양자수(m_l)는 0이다.
ㄷ. $2p_z$ 오비탈에 들어 있는 전자 2개의 스핀 자기 양자수(m_s)의 합은 0이다.
└─

① ㄱ   ② ㄷ   ③ ㄱ, ㄴ
④ ㄴ, ㄷ   ⑤ ㄱ, ㄴ, ㄷ

06 다음은 2, 3주기 바닥상태 원자 A~D의 전자 배치에 대한 자료이다.

• 원자가 전자가 들어 있는 오비탈의 주 양자수(n)는 A>B, C>D이다.
• s 오비탈의 전자 수에 대한 p 오비탈의 전자 수의 비

원자	A	B	C	D
$\dfrac{p \text{ 오비탈의 전자 수}}{s \text{ 오비탈의 전자 수}}$	1	1	1.5	1.5

이에 대한 설명으로 옳은 것만을 〈보기〉에서 있는 대로 고른 것은? (단, A~D는 임의의 원소 기호이다.)

┌─ 보기 ─
ㄱ. A는 금속 원소이다.
ㄴ. B와 C의 홀전자 수 차는 1이다.
ㄷ. D의 원자가 전자 수는 6이다.
└─

① ㄴ   ② ㄷ   ③ ㄱ, ㄴ
④ ㄱ, ㄷ   ⑤ ㄱ, ㄴ, ㄷ

07 다음은 바닥상태 원자 X~Z에 대한 자료이다.

• 원자가 전자가 들어 있는 오비탈의 주 양자수(n)는 Y와 Z가 서로 같다.
• 부 양자수(l)가 1인 오비탈에 들어 있는 전자 수는 Y가 Z의 5배이다.
• 바닥상태 X^+과 Y^-의 전자 배치는 서로 같다.

이에 대한 설명으로 옳은 것만을 〈보기〉에서 있는 대로 고른 것은? (단, X~Z는 임의의 원소 기호이다.)

┌─ 보기 ─
ㄱ. X는 3주기 원소이다.
ㄴ. Y에서 전자가 들어 있는 오비탈 수는 5이다.
ㄷ. X~Z에서 홀전자 수는 모두 같다.
└─

① ㄴ   ② ㄷ   ③ ㄱ, ㄴ
④ ㄱ, ㄷ   ⑤ ㄱ, ㄴ, ㄷ

08 다음은 2, 3주기 바닥상태 원자 A~C에 대한 자료이다.

• 양성자수는 B가 A의 5배이다.
• A~C 중 같은 족에 속하는 원소는 2가지이다.
• C에서 $\dfrac{\text{전자가 들어 있는 } p \text{ 오비탈 수}}{\text{전자가 들어 있는 } s \text{ 오비탈 수}} = 1$이다.

A~C에 대한 설명으로 옳은 것만을 〈보기〉에서 있는 대로 고른 것은? (단, A~C는 임의의 원소 기호이다.)

┌─ 보기 ─
ㄱ. 2주기 원소는 2가지이다.
ㄴ. A와 C의 원자가 전자 수는 1이다.
ㄷ. B의 홀전자 수는 3이다.
└─

① ㄴ   ② ㄷ   ③ ㄱ, ㄴ
④ ㄱ, ㄷ   ⑤ ㄴ, ㄷ

기본 개념 확인

01 ☐☐☐은(는) 톰슨의 음극선 실험으로 발견되었고, ☐☐☐☐은(는) 러더퍼드의 알파(α) 입자 산란 실험으로 발견되었다.

01 그림은 3가지 원자 모형을 주어진 기준에 따라 분류한 것이다.

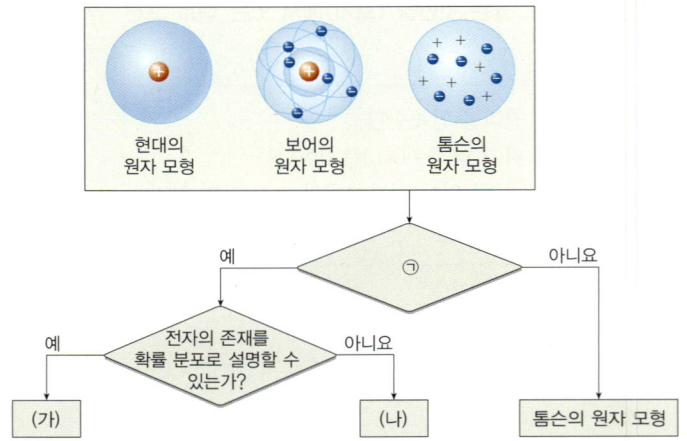

이에 대한 설명으로 옳은 것만을 〈보기〉에서 있는 대로 고른 것은?

┌ 보기├
ㄱ. '알파(α) 입자 산란 실험 결과를 설명할 수 있는가?'는 ㉠으로 적절하다.
ㄴ. (가)는 보어의 원자 모형이다.
ㄷ. (나)로 수소 원자의 선 스펙트럼을 설명할 수 있다.

① ㄱ   ② ㄴ   ③ ㄱ, ㄷ
④ ㄴ, ㄷ   ⑤ ㄱ, ㄴ, ㄷ

02 ☐☐☐☐은(는) 1개의 오비탈에 서로 다른 스핀 방향을 갖는 전자가 최대 2개까지 배치된다는 규칙이다.

02 그림은 산소 원자($_8$O)의 3가지 전자 배치를 나타낸 것이다.

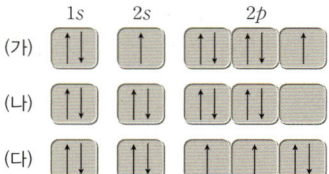

이에 대한 설명으로 옳은 것만을 〈보기〉에서 있는 대로 고른 것은?

┌ 보기├
ㄱ. (가)는 쌓음 원리를 만족한다.
ㄴ. (나)는 파울리 배타 원리를 만족한다.
ㄷ. (다)는 바닥상태이다.

① ㄱ   ② ㄴ   ③ ㄷ
④ ㄱ, ㄷ   ⑤ ㄴ, ㄷ

03 다음은 2주기 바닥상태 원자 X와 Y에 대한 자료이다.

- X와 Y의 홀전자 수의 합은 4이다.
- X와 Y의 전자가 들어 있는 p 오비탈 수의 합은 5이다.
- 전자가 들어 있는 p 오비탈 수는 X > Y이다.

이에 대한 설명으로 옳은 것만을 〈보기〉에서 있는 대로 고른 것은? (단, X와 Y는 임의의 원소 기호이다.)

┤ 보기 ├
ㄱ. X^{2-}은 Ne과 전자 배치가 같다.
ㄴ. YX_2의 공유 전자쌍 수는 2이다.
ㄷ. Y의 원자가 전자 수는 4이다.

① ㄱ   ② ㄴ   ③ ㄱ, ㄷ
④ ㄴ, ㄷ   ⑤ ㄱ, ㄴ, ㄷ

○── **03** 바닥상태에서 2주기 원소인 Li, Be, B, C, N, O, F, Ne의 홀전자 수의 합은 ☐ 이다.

04 다음은 학생들이 그린 탄소($_6$C) 원자의 전자 배치 (가), (나)와 이에 대한 세 학생의 대화이다. n은 주 양자수, l은 부 양자수, m_l은 자기 양자수, m_s는 스핀 자기 양자수이다.

제시한 내용이 옳은 학생만을 있는 대로 고른 것은?

① X   ② Y   ③ Z
④ X, Y   ⑤ X, Z

○── **04** 같은 오비탈에 들어 있는 2개의 전자는 4가지 양자수 중 ☐, ☐, ☐ 은(는) 같지만, ☐ 은(는) 서로 달라야 한다.

기본 개념 확인

05 s 오비탈의 부 양자수(l)와 자기 양자수(m_l)는 각각 [　　　]이다. p 오비탈의 부 양자수(l)는 [　　　]이고, 자기 양자수(m_l)는 [　　　], [　　　], [　　　]이(가) 가능하다. 주 양자수(n)가 1일 때 가능한 부 양자수(l)는 [　　　]이고, 주 양자수(n)가 2일 때 가능한 부 양자수(l)는 [　　　], [　　　]이다.

06 2, 3주기 바닥상태 원자 중 $\dfrac{\text{홀전자 수}}{s\ \text{오비탈의 전자 수}}=\dfrac{1}{2}$인 원소는 [　　　], [　　　], [　　　]이다.

---

05 표는 바닥상태 원자 (가)에 들어 있는 서로 다른 전자 A~D의 4가지 양자수에 대한 자료이다.

전자	A	B	C	D
주 양자수(n)	1	1	2	2
부 양자수(l)	0		1	ⓒ
자기 양자수(m_l)	㉠	0	-1	$+1$
스핀 자기 양자수(m_s)	$+\dfrac{1}{2}$	ⓛ	$+\dfrac{1}{2}$	$-\dfrac{1}{2}$

이에 대한 설명으로 옳은 것만을 〈보기〉에서 있는 대로 고른 것은?

┌ 보기 ├──────────────
ㄱ. ㉠+ⓒ=1이다.
ㄴ. ⓛ은 $-\dfrac{1}{2}$이다.
ㄷ. C와 D가 들어 있는 오비탈의 에너지 준위는 서로 같다.
└────────────────

① ㄴ　　　　② ㄷ　　　　③ ㄱ, ㄴ
④ ㄱ, ㄷ　　　⑤ ㄱ, ㄴ, ㄷ

06 다음은 2, 3주기 바닥상태 원자 A~D에 대한 자료이다.

- A~D의 원자가 전자 수와 원자가 전자의 주 양자수

원자가 전자 수 〈br〉 원자가 전자의 주 양자수	m	$m+1$
n	A	B
$n+1$	C	D

- B에서 $\dfrac{\text{홀전자 수}}{s\ \text{오비탈의 전자 수}}=\dfrac{1}{2}$이다.
- C에서 전자가 들어 있는 p 오비탈 수는 6이다.

이에 대한 설명으로 옳은 것만을 〈보기〉에서 있는 대로 고른 것은? (단, A~D는 임의의 원소 기호이다.)

┌ 보기 ├──────────────
ㄱ. A는 질소(N)이다.
ㄴ. $m=4$이다.
ㄷ. $\dfrac{\text{D에서}\ p\ \text{오비탈의 전자 수}}{\text{B에서}\ p\ \text{오비탈의 전자 수}}=2$이다.
└────────────────

① ㄱ　　　　② ㄴ　　　　③ ㄷ
④ ㄱ, ㄷ　　　⑤ ㄱ, ㄴ, ㄷ

07 표는 바닥상태 원자 W~Z에 대한 자료이다.

원자	W	X	Y	Z
홀전자 수	1	0	1	2
전자가 들어 있는 p 오비탈 수 / 전자가 들어 있는 s 오비탈 수	0.5	1	1	1

이에 대한 설명으로 옳은 것만을 〈보기〉에서 있는 대로 고른 것은? (단, W~Z는 임의의 원소 기호이다.)

┌ 보기 ├─
ㄱ. W와 Y의 원자가 전자 수는 같다.
ㄴ. X의 원자가 전자 1개의 주 양자수(n)와 부 양자수(l)의 합은 3이다.
ㄷ. 제1 이온화 에너지는 Z>W이다.

① ㄱ   ② ㄴ   ③ ㄷ
④ ㄴ, ㄷ   ⑤ ㄱ, ㄴ, ㄷ

07 바닥상태에서
$\dfrac{\text{전자가 들어 있는 } p \text{ 오비탈 수}}{\text{전자가 들어 있는 } s \text{ 오비탈 수}} = \dfrac{1}{2}$ 이며,
홀전자 수가 1인 원자의 전자 배치는
☐☐☐ 이다.

08 표는 바닥상태 원자 X~Z에 대한 자료이다. X~Z의 원자 번호는 20 이하이다.

원자	X	Y	Z
부 양자수(l)가 1인 전자가 들어 있는 오비탈 수	1	3	6
홀전자 수	1	㉠	0
$\dfrac{p \text{ 오비탈의 전자 수}}{s \text{ 오비탈의 전자 수}}$ (상댓값)	1	6	6

이에 대한 설명으로 옳은 것만을 〈보기〉에서 있는 대로 고른 것은? (단, X~Z는 임의의 원소 기호이다.)

┌ 보기 ├─
ㄱ. ㉠은 0이다.
ㄴ. Z는 3주기 원소이다.
ㄷ. 양성자수는 Y가 X의 2배이다.

① ㄱ   ② ㄷ   ③ ㄱ, ㄴ
④ ㄱ, ㄷ   ⑤ ㄴ, ㄷ

08 부 양자수(l)는 오비탈의 모양을 결정하는 양자수이며, ☐☐☐ 라고도 한다. $l=0$인 오비탈은 ☐☐☐, $l=1$인 오비탈은 ☐☐☐ 이다.

531 PROJECT S 06강

원소의 주기율과 주기적 성질

A 주기율표와 원소의 분류		B 원소의 주기적 성질			
주기율표	★☆☆	유효 핵전하	★★☆	이온화 에너지	★★★
원소의 분류 및 성질	★★☆	원자 반지름	★★★	순차 이온화 에너지	★★☆
		이온 반지름	★★★		

주기율의 발견 과정

라부아지에(1789년)
당시에 더 이상 분해할 수 없는 33종의 물질을 기체, 비금속, 금속, 화합물의 네 그룹으로 분류하였다.

되베라이너의 세 쌍 원소설(1816년)
화학적 성질이 비슷한 원소를 3개씩 묶어 세 쌍 원소로 분류하였다.

뉴렌즈의 옥타브설(1865년)
원소를 원자량 순서대로 배열하였을 때 8번째 원소마다 화학적 성질이 비슷한 원소가 나타났다.

멘델레예프의 주기율표(1869년)
원소를 원자량 순서로 배열하여 최초의 주기율표를 작성하였다.

모즐리의 주기율표(1913년)
X선 연구를 통해 원소의 양성자수를 알아내고, 원자 번호(양성자수) 순서로 원소를 배열함으로써 주기율에 어긋나는 원소가 발견되었던 멘델레예프의 주기율표를 보완하였다.

주기율표

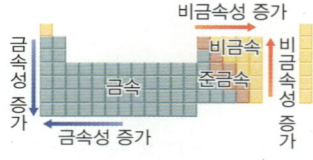

가려막기 효과

가려막기 효과는 다전자 원자에서 다른 전자들에 의해 원자핵이 가려지므로 전자에 작용하는 유효 핵전하가 양성자수에 의한 핵전하보다 감소하는 현상을 의미한다. 같은 전자 껍질에 있는 전자 사이의 가려막기 효과보다 안쪽 전자 껍질에 있는 전자에 의한 가려막기 효과가 더 크다.

A 주기율표와 원소의 분류

> 18족 원소의 원자가 전자 수는 0이고, 전이 금속(전이 원소)의 원자가 전자 수는 족의 끝자리 수와 일치하지 않는다.
> ※ 전이 금속(전이 원소) : 주기율표에서 4~7주기, 3~12족까지의 원소

1. **주기율표** 원자 번호 순서대로 나열하면서 화학적 성질이 비슷한 원소가 같은 세로줄에 오도록 배치한 표로, 주기와 족으로 이루어져 있다.

주기	족
• 주기율표의 가로줄로, 1주기~7주기로 구성되어 있다. • 같은 주기 원소는 바닥상태 원자의 전자가 들어 있는 전자 껍질 수가 같다. • 주기는 바닥상태 원자의 전자가 들어 있는 전자 껍질 수(주 양자수)와 같다.	• 주기율표의 세로줄로, 1족~18족으로 구성되어 있다. • 같은 족 원소들은 원자가 전자 수가 같다. ➡ 화학적 성질이 비슷하다(단, 수소 제외). • 족의 끝자리 수는 바닥상태 원자의 원자가 전자 수와 같다(단, 18족 원소, 전이 금속 제외).

2. **원소의 분류 및 성질**

금속 원소	• 주기율표에서 왼쪽과 가운데에 위치한다(단, 수소(H)는 비금속 원소). • 실온에서 대부분 고체 상태로 존재한다(단, 수은(Hg)은 액체) • 전자를 잃고 양이온이 되기 쉽다. $M \longrightarrow M^{n+} + ne^-$ • 전기 전도성, 열전도성이 크다.
비금속 원소	• 주기율표에서 오른쪽에 위치한다. • 상온에서 대부분 고체 또는 기체 상태로 존재한다(단, 브로민(Br)은 액체). • 전자를 얻고 음이온이 되기 쉽다(단, 18족 원소 제외). $X + ne^- \longrightarrow X^{n-}$ • 대부분 전기 전도성과 열전도성이 작다(단, 탄소(흑연) 제외).
준금속 원소	• 주기율표에서 금속 원소와 비금속 원소의 경계에 위치한다. • 금속과 비금속의 중간 성질을 갖거나, 두 성질을 모두 갖는다.

B 원소의 주기적 성질

1. **유효 핵전하**

(1) **유효 핵전하** : 전자에 작용하는 실질적인 핵전하이며, 가려막기 효과와 전자 사이에 작용하는 반발력의 영향으로 수소를 제외한 원자들의 원자가 전자가 느끼는 유효 핵전하는 양성자수에 의한 핵전하보다 작다.

(2) **유효 핵전하의 주기적 변화**

• 같은 주기에서는 원자 번호가 커질수록 원자가 전자가 느끼는 유효 핵전하가 증가하고, 양성자수에 의한 핵전하와 원자가 전자가 느끼는 유효 핵전하의 차이도 증가한다.

• 원자 번호가 연속인 원소에서 주기가 증가할 때 원자가 전자가 느끼는 유효 핵전하는 크게 감소한다.

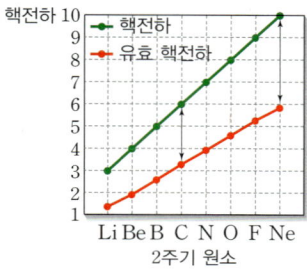

▲ 2주기 원소의 양성자수에 의한 핵전하와 원자가 전자가 느끼는 유효 핵전하

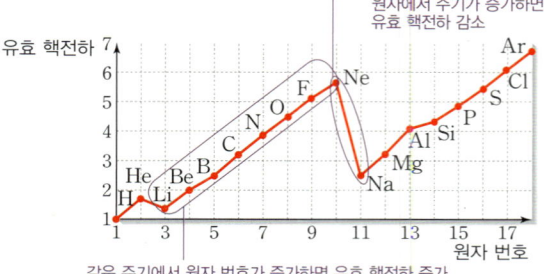

▲ 원자 번호에 따른 유효 핵전하

2. 원자 반지름

(1) **원자 반지름** : 같은 종류의 원자 2개
가 결합했을 때 원자핵 사이의 거리
의 절반을 의미한다.

(2) **원자 반지름의 주기적 변화**

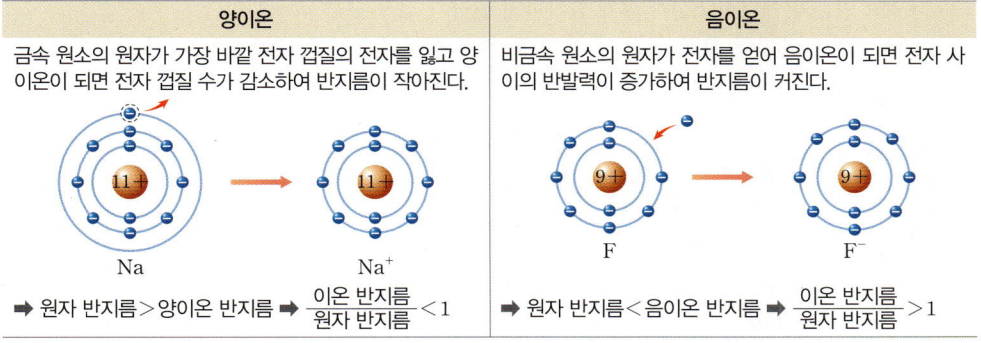

- 같은 주기에서는 원자 번호가 커질
수록 원자가 전자가 느끼는 유효 핵
전하가 증가하므로 원자 반지름은 감소한다.

- 같은 족에서는 원자 번호가 커질수록 전자 껍질 수가 증가하므로 원자 반지름은 증가한다.

3. 이온 반지름

양이온	음이온
금속 원소의 원자가 가장 바깥 전자 껍질의 전자를 잃고 양이온이 되면 전자 껍질 수가 감소하여 반지름이 작아진다.	비금속 원소의 원자가 전자를 얻어 음이온이 되면 전자 사이의 반발력이 증가하여 반지름이 커진다.

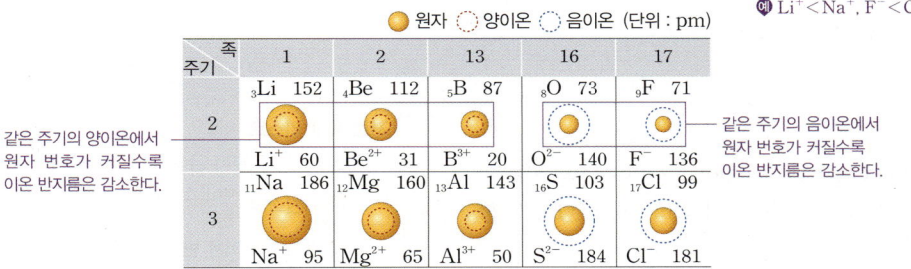

➡ 원자 반지름 > 양이온 반지름 ➡ $\dfrac{\text{이온 반지름}}{\text{원자 반지름}} < 1$

➡ 원자 반지름 < 음이온 반지름 ➡ $\dfrac{\text{이온 반지름}}{\text{원자 반지름}} > 1$

(1) **이온 반지름의 주기적 변화** ← 1, 2, 13족 원소는 양이온이 되고, 16, 17족 원소는 음이온이 된다.

- 같은 주기에서 양이온은 음이온보다 전자 껍질 수가 1 작으므로 금속 원소의 이온 반지름은 비금속 원소의 이온 반지름보다 작다. 예 $Na^+ < Cl^-$

- 같은 족에서 원자 번호가 커질수록 전자 껍질 수가 증가하므로 이온 반지름이 커진다. 예 $Li^+ < Na^+$, $F^- < Cl^-$

🟡 원자 ⚪ 양이온 ⚪ 음이온 (단위 : pm)

주기\족	1	2	13	16	17
2	$_3$Li 152 / Li^+ 60	$_4$Be 112 / Be^{2+} 31	$_5$B 87 / B^{3+} 20	$_8$O 73 / O^{2-} 140	$_9$F 71 / F^- 136
3	$_{11}$Na 186 / Na^+ 95	$_{12}$Mg 160 / Mg^{2+} 65	$_{13}$Al 143 / Al^{3+} 50	$_{16}$S 103 / S^{2-} 184	$_{17}$Cl 99 / Cl^- 181

같은 주기의 양이온에서 원자 번호가 커질수록 이온 반지름은 감소한다.

같은 주기의 음이온에서 원자 번호가 커질수록 이온 반지름은 감소한다.

(2) **전자 수가 같은 이온의 반지름** : 전자 껍질 수가 같으므
로 원자 번호가 커지면 원자가 전자가 느끼는 유효 핵
전하가 증가하기 때문에 이온 반지름이 작아진다.

$$O^{2-} > F^- > Na^+ > Mg^{2+} > Al^{3+}$$

4. 이온화 에너지

(1) **이온화 에너지** : 기체 상태의 원자 1몰에서
전자 1몰을 떼어 내어 기체 상태의 +1가
양이온을 만드는 데 필요한 에너지이다.

$$M(g) + E \longrightarrow M^+(g) + e^- \ (E : \text{이온화 에너지})$$

(2) **이온화 에너지의 주기적 변화**

- 같은 족에서 원자 번호가 커질수록 원자 반지름이 커지고, 원자핵과 전자 사이의 인력이 작아
져 전자를 떼어 내기 쉬워지므로 이온화 에너지가 감소한다.

- 같은 주기에서 원자 번호가 커질수록 원자 반지름이 작아지고, 원자핵과 전자 사이의 인력이
커져 전자를 떼어 내기 어려워지므로 이온화 에너지는 대체로 증가한다.

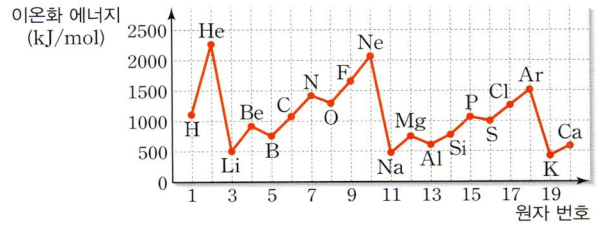

원자 반지름

원자의 경계가 뚜렷하지 않은 현대의
원자 모형에서 간접적인 방법으로 원
자 반지름을 구한다.
예 수소 분자(H_2)에서 수소(H)의 원
자 반지름

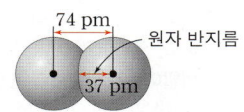

**이온의 전자 배치가 네온(Ne)과 같
은 2주기 비금속 원소와 3주기 금속
원소의 구별**

원자 반지름과 이온 반지름의 비교를
통해 금속 원소와 비금속 원소를 구
분할 수 있다.

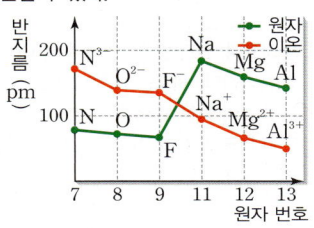

- 전자 수가 같은 이온(등전자 이온)의
반지름은 원자 번호가 클수록 감소
한다.
- 이온 반지름 < 원자 반지름
➡ 3주기 금속 원소
- 이온 반지름 > 원자 반지름
➡ 2주기 비금속 원소

Na의 이온화 에너지

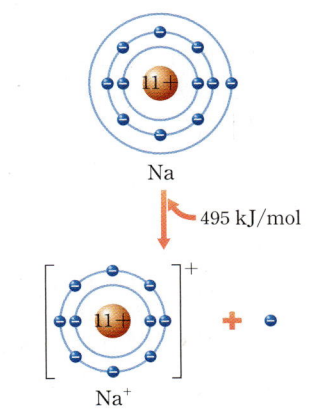

➡ Na의 이온화 에너지 : 495 kJ/mol

이온화 에너지의 주기적 변화의 예외성

같은 주기에서 이온화 에너지는 13족 원소가 2족 원소보다 작고, 16족 원소가 15족 원소보다 작다.

- 13족 원소가 2족 원소보다 이온화 에너지가 작은 까닭 : 2족 원소와 13족 원소의 전자 배치는 각각 ns^2, ns^2np^1이고, 오비탈의 에너지 준위는 p 오비탈이 s 오비탈보다 높으므로 13족 원소의 np 오비탈에서 전자를 떼어 내는 것이 2족 원소의 ns 오비탈에서 전자를 떼어 내는 것보다 쉽다.

- 16족 원소가 15족 원소보다 이온화 에너지가 작은 까닭 : 15족 원소와 16족 원소의 전자 배치는 각각 ns^2np^3, ns^2np^4이고, np 오비탈에 쌍을 이루면서 채워진 전자 사이의 반발력 때문에 16족 원소에서 전자를 떼어 내는 것이 홀전자만 있는 15족 원소에서 전자를 떼어 내는 것보다 쉽다.

제2 이온화 에너지

제2 이온화 에너지는 같은 주기에서 1족 원소가 가장 크고, 2족 원소가 가장 작으며, 원자 번호가 커질수록 대체로 증가한다. 하지만 예외적으로 2주기 원소의 경우 13족 원소가 14족 원소보다 크고, 16족 원소가 17족 원소보다 크다.

5. 순차 이온화 에너지

(1) **순차 이온화 에너지** : 기체 상태의 원자 1몰에서 전자를 1몰씩 차례대로 떼어 내는 데 필요한 에너지이다.

- $M(g) + E_1 \longrightarrow M^+(g) + e^-$ (E_1 : 제1 이온화 에너지)
- $M^+(g) + E_2 \longrightarrow M^{2+}(g) + e^-$ (E_2 : 제2 이온화 에너지)
- $M^{2+}(g) + E_3 \longrightarrow M^{3+}(g) + e^-$ (E_3 : 제3 이온화 에너지)

(2) **순차 이온화 에너지의 주기적 변화**

- 같은 원소의 순차 이온화 에너지는 차수가 커질수록 증가한다($E_1 < E_2 < E_3 < E_4 < \cdots$).
  ➡ 전자의 개수가 줄어들수록 전자 사이의 반발력이 감소하여 원자핵과 전자 사이의 인력이 증가하기 때문이다.
- 제n 이온화 에너지(E_n)가 크게 증가하면 원자가 전자 수는 $(n-1)$이다.
  ➡ 원자가 전자를 모두 떼어 낸 후 안쪽 전자 껍질의 전자를 떼어 내는 것이므로 원자핵과 전자 사이의 인력이 크게 증가하여 순차 이온화 에너지가 급격히 증가한다.

원자	순차 이온화 에너지(kJ/mol)						
	E_1	E_2	E_3	E_4	E_5	E_6	E_7
Li	520	7298	11815				
Be	899	1757	14848	21006			
B	801	2472	3660	25025	32826		
C	1086	2353	4620	6222	37829	47276	
N	1402	2857	4578	7475	9445	53265	64358
O	1314	3388	5300	7469	10989	13326	71333
F	1681	3374	6020	8407	11022	15164	17867
Ne	2081	3952	6122	9370	12177	15238	19998

▲ 2주기 원소의 순차 이온화 에너지

기출 자료 | 분석

그림은 원자 A~E의 원자 반지름과 이온 반지름을 나타낸 것이고, (가)와 (나)는 각각 원자 반지름과 이온 반지름 중 하나이다. A~E의 원자 번호는 각각 15, 16, 17, 19, 20 중 하나이고, A~E 이온의 전자 배치는 모두 Ar과 같다.

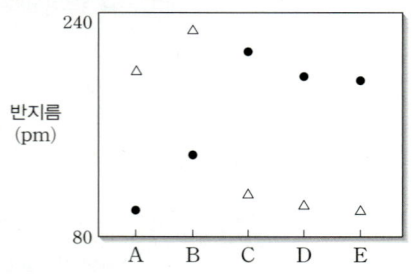

자료 체크 리스트
- ☐ 원자 번호로부터 금속 원소와 비금속 원소 분류
- ☐ 금속 원소의 $\dfrac{\text{이온 반지름}}{\text{원자 반지름}} < 1$임을 이용하여 원자 반지름과 이온 반지름 파악
- ☐ 같은 주기에서 원자 번호가 증가하면 원자 반지름이 감소하는 주기적 변화를 이해하여 A~E에 해당하는 각 원소 결정

step 1 원자 번호를 이용하여 금속 원소와 비금속 원소를 분류한다.
- 인(P), 황(S), 염소(Cl)는 3주기 비금속 원소이고, 칼륨(K), 칼슘(Ca)은 4주기 금속 원소이다.
- A, B는 금속 원소이고, C, D, E는 비금속 원소이다.

step 2 금속 원소의 $\dfrac{\text{이온 반지름}}{\text{원자 반지름}} < 1$, 비금속 원소의 $\dfrac{\text{이온 반지름}}{\text{원자 반지름}} > 1$임을 이용하여 원자 반지름과 이온 반지름을 파악한다.
금속 원소는 이온 반지름이 원자 반지름보다 작으므로 금속 원소인 A와 B에서 반지름이 작은 ●가 이온 반지름이고, △가 원자 반지름이다.

step 3 같은 주기에서 원자 번호에 따른 원자 반지름의 주기적 변화를 이해하여 A~E에 해당하는 각 원소를 결정한다.
같은 주기에서 원자 번호가 커질수록 원자 반지름은 감소한다. 따라서 금속 원소의 원자 번호는 A>B이고, 비금속 원소의 원자 번호는 E>D>C이다. 따라서 A는 $_{20}$Ca, B는 $_{19}$K, C는 $_{15}$P, D는 $_{16}$S, E는 $_{17}$Cl이다.

01 교육청 기출 변형

다음은 원소 X와 Y에 대한 자료이다.

- X와 Y는 주기율표의 (가)~(마) 중 하나이고, 모두 바닥상태이다.
- X는 원자가 전자 수와 전자가 들어 있는 전자 껍질 수가 같은 금속 원소이다.
- Y는 원자가 전자 수가 원자가 전자가 들어 있는 오비탈의 주 양자수(n)보다 크다.

주기 \ 족	1	2	13	14	15	16	17	18
1	(가)							
2		(나)					(다)	(라)
3		(마)						

(가)~(마)에 해당하는 X와 Y를 옳게 짝 지은 것은? (단, X와 Y는 임의의 원소 기호이다.)

	X	Y		X	Y
①	(가)	(다)	②	(가)	(라)
③	(나)	(다)	④	(나)	(라)
⑤	(마)	(라)			

02 평가원 기출 변형

그림은 원소 A~D가 Ne과 같은 전자 배치를 갖는 이온이 되었을 때의 이온 반지름을 나타낸 것이다. A~D는 각각 O, F, Na, Mg 중 하나이다.

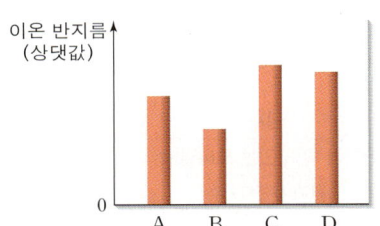

이에 대한 설명으로 옳은 것만을 〈보기〉에서 있는 대로 고른 것은?

보기
ㄱ. B 이온은 Mg^{2+}이다.
ㄴ. 원자가 전자가 느끼는 유효 핵전하는 A>D이다.
ㄷ. 제1 이온화 에너지는 C>D이다.

① ㄱ   ② ㄴ   ③ ㄱ, ㄴ
④ ㄱ, ㄷ   ⑤ ㄴ, ㄷ

03 교육청 기출 변형

표는 바닥상태 인(P) 원자, 원자 A~D의 홀전자 수와 이온 반지름을 나타낸 것이다. 인(P)의 이온은 P^{3-}이고, A~D 이온의 전자 배치는 모두 Ar과 같다.

원자	P	A	B	C	D
홀전자 수	3	0	1	1	2
이온 반지름(pm)	212	100	138	181	184

이에 대한 설명으로 옳은 것만을 〈보기〉에서 있는 대로 고른 것은? (단, A~D는 임의의 원소 기호이다.)

보기
ㄱ. 원자 반지름은 D>B이다.
ㄴ. 원자가 전자가 느끼는 유효 핵전하는 C>B이다.
ㄷ. A와 C의 안정한 화합물은 AC_2이다.

① ㄱ   ② ㄴ   ③ ㄷ
④ ㄴ, ㄷ   ⑤ ㄱ, ㄴ, ㄷ

04 평가원 기출 변형

그림은 원자 A~C에 대한 자료이고, Z^*는 원자가 전자가 느끼는 유효 핵전하이다. A~C 이온의 전자 배치는 모두 Ar과 같고, 원자 번호는 각각 17, 19, 20 중 하나이다.

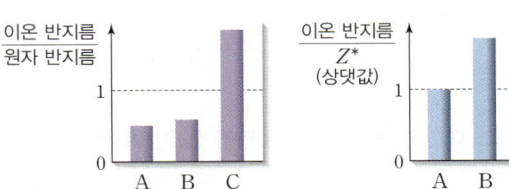

A~C에 대한 설명으로 옳은 것은?

① 원자 반지름은 A가 가장 크다.
② 제2 이온화 에너지는 B가 가장 크다.
③ 바닥상태에서 B의 홀전자 수는 0이다.
④ 원자가 전자가 느끼는 유효 핵전하는 B가 A보다 크다.
⑤ A와 C는 1 : 1로 결합하여 안정한 화합물을 형성한다.

05 표는 원자 A∼C의 이온화 에너지에 대한 자료이다. A∼C는 각각 N, O, Na 중 하나이다. 수능 기출 변형

원자	A	B	C
제2 이온화 에너지 / 제1 이온화 에너지	2.0	2.6	9.1

A∼C에 대한 설명으로 옳은 것만을 〈보기〉에서 있는 대로 고른 것은?

┌ 보기 ├
ㄱ. 원자 반지름은 C가 가장 크다.
ㄴ. 원자가 전자가 느끼는 유효 핵전하는 B>A이다.
ㄷ. 제1 이온화 에너지는 A>B이다.

① ㄴ　　　　② ㄷ　　　　③ ㄱ, ㄴ
④ ㄱ, ㄷ　　　⑤ ㄱ, ㄴ, ㄷ

06 그림은 2, 3주기 원자 A∼D의 이온 반지름과 제1 이온화 에너지를 나타낸 것이다. A∼D 이온의 전자 배치는 모두 Ne과 같고, 바닥상태에서 A∼D의 홀전자 수는 모두 다르다. 교육청 기출 변형

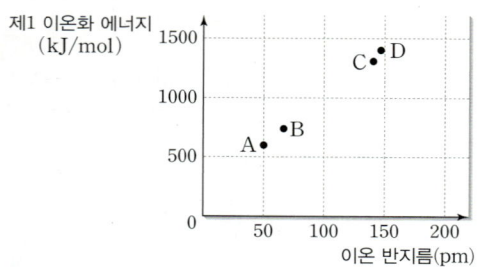

이에 대한 설명으로 옳은 것만을 〈보기〉에서 있는 대로 고른 것은? (단, A∼D는 임의의 원소 기호이다.)

┌ 보기 ├
ㄱ. B는 Na이다.
ㄴ. 원자가 전자가 느끼는 유효 핵전하는 D>C이다.
ㄷ. 제2 이온화 에너지는 A>B이다.

① ㄴ　　　　② ㄷ　　　　③ ㄱ, ㄴ
④ ㄱ, ㄷ　　　⑤ ㄴ, ㄷ

07 표는 3주기 금속 원소 X∼Z의 순차 이온화 에너지에 대한 자료이다. E_n은 제n 이온화 에너지이다. 교육청 기출 변형

원소	순차 이온화 에너지(E_n, kJ/mol)			
	E_1	E_2	E_3	E_4
X	a	$2.0a$	$10.5a$	$14.3a$
Y	b	$3.1b$	$4.7b$	$20.0b$
Z	c	$9.2c$	$13.9c$	$19.2c$

이에 대한 설명으로 옳은 것만을 〈보기〉에서 있는 대로 고른 것은? (단, X∼Z는 임의의 원소 기호이다.)

┌ 보기 ├
ㄱ. Z의 원자가 전자 수는 2이다.
ㄴ. $a>b$이다.
ㄷ. 원자 반지름은 Y>X이다.

① ㄱ　　　　② ㄴ　　　　③ ㄷ
④ ㄱ, ㄴ　　　⑤ ㄴ, ㄷ

08 다음은 2, 3주기 바닥상태 원자 A∼C에 대한 자료이다. 평가원 기출 변형

- A∼C 중 원자가 전자 수와 홀전자 수가 같은 원소는 1가지이다.
- A∼C 이온의 전자 배치는 모두 18족 원소와 같다.

원자	A	B	C
전자가 들어 있는 오비탈 수	x	$x+1$	$x+4$
원자가 전자 수	$x+2$	$x-4$	x

A∼C에 대한 설명으로 옳은 것만을 〈보기〉에서 있는 대로 고른 것은? (단, A∼C는 임의의 원소 기호이다.)

┌ 보기 ├
ㄱ. 이온 반지름은 B>A이다.
ㄴ. 원자 반지름은 B>C이다.
ㄷ. 원자가 전자가 느끼는 유효 핵전하는 B>A이다.

① ㄴ　　　　② ㄷ　　　　③ ㄱ, ㄴ
④ ㄱ, ㄷ　　　⑤ ㄴ, ㄷ

01 다음은 주기율표의 일부와 원소 X~Z에 대한 자료이다. X~Z는 주기율표의 빗금 친 영역의 원소 중 하나에 각각 해당한다.

족 주기	1	2	13	14	15	16	17
2							
3							

- 빗금 친 영역의 원소 중 제2 이온화 에너지가 가장 큰 원소는 X이다.
- 빗금 친 영역의 원소 중 전기 음성도가 가장 큰 원소는 Y이다.
- 바닥상태에서 p 오비탈에 들어 있는 전자 수는 X와 Z가 같다.

이에 대한 설명으로 옳은 것만을 〈보기〉에서 있는 대로 고른 것은? (단, X~Z는 임의의 원소 기호이다.)

┤ 보기 ├
ㄱ. X는 Na이다.
ㄴ. 원자가 전자가 느끼는 유효 핵전하는 Y > X이다.
ㄷ. 바닥상태에서 Z의 홀전자 수는 0이다.

① ㄱ   ② ㄷ   ③ ㄱ, ㄴ
④ ㄴ, ㄷ   ⑤ ㄱ, ㄴ, ㄷ

01 전기 음성도가 가장 큰 원소는 ☐☐☐☐☐☐☐이고, 같은 주기 원소 중 제2 이온화 에너지가 가장 큰 원소는 ☐☐☐족 원소이다.

02 그림은 2, 3주기 원소 A~D의 제1 이온화 에너지, 이온 반지름, 원자 반지름을 나타낸 것이다. A~D 이온의 전자 배치는 모두 Ne과 같고, 이온 반지름과 원자 반지름은 각각 ㉠과 ㉡ 중 하나이다.

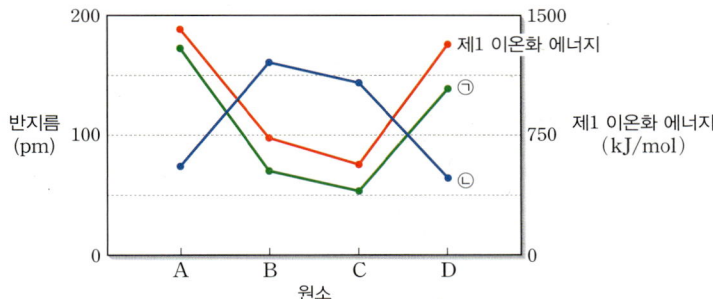

이에 대한 설명으로 옳은 것만을 〈보기〉에서 있는 대로 고른 것은? (단, A~D는 임의의 원소 기호이다.)

┤ 보기 ├
ㄱ. ㉠은 원자 반지름이다.
ㄴ. A는 산소(O), D는 플루오린(F)이 적절하다.
ㄷ. 원자가 전자가 느끼는 유효 핵전하는 C > B이다.

① ㄴ   ② ㄷ   ③ ㄱ, ㄴ
④ ㄱ, ㄷ   ⑤ ㄴ, ㄷ

02 이온화 에너지는 2주기 비금속 원소가 3주기 금속 원소보다 ☐☐☐☐☐☐☐다. 비금속 원소의 원자 반지름은 이온 반지름보다 ☐☐☐☐☐고, 금속 원소의 원자 반지름은 이온 반지름보다 ☐☐☐☐☐다.

기본 개념 확인

03 전자 수가 같은 이온의 반지름은 원자 번호가 클수록 [   ]하므로 이온 반지름은 Na^+이 F^-보다 [   ]다.

03 다음은 바닥상태 원자 A~D에 대한 자료이다.

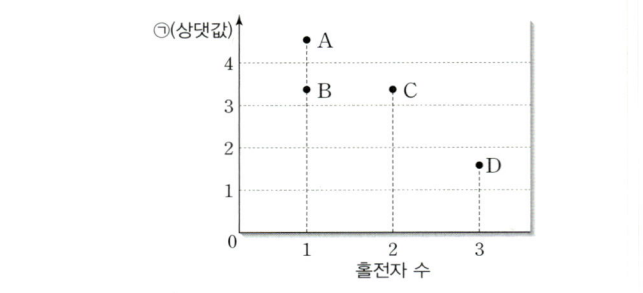

- A~D의 원자 번호는 각각 7, 8, 9, 11 중 하나이다.
- A~D 이온의 전자 배치는 모두 Ne과 같다.
- 이온 반지름은 B>A이다.

이에 대한 설명으로 옳은 것만을 〈보기〉에서 있는 대로 고른 것은? (단, A~D는 임의의 원소 기호이다.)

| 보기 |

ㄱ. ㉠으로 '제1 이온화 에너지'가 적절하다.
ㄴ. 원자가 전자가 느끼는 유효 핵전하는 B>A이다.
ㄷ. 전기 음성도는 B>C이다.

① ㄱ   ② ㄴ   ③ ㄷ
④ ㄴ, ㄷ   ⑤ ㄱ, ㄴ, ㄷ

04 2, 3주기 바닥상태 원자 중
$\dfrac{\text{전자가 들어 있는 } p \text{ 오비탈 수}}{\text{홀전자 수}}=3$인 것
은 [   ], [   ], [   ]이다.

04 다음은 2, 3주기 바닥상태 원자 W~Z에 대한 자료이다.

- W~Z의 $\dfrac{\text{전자가 들어 있는 } p \text{ 오비탈 수}}{\text{홀전자 수}}$

원자	W	X	Y	Z
$\dfrac{\text{전자가 들어 있는 } p \text{ 오비탈 수}}{\text{홀전자 수}}$	1.5	2.5	3	3

- 제1 이온화 에너지는 Y>W이다.
- 원자가 전자 수는 Z>X이다.

W~Z에 대한 설명으로 옳은 것만을 〈보기〉에서 있는 대로 고른 것은? (단, W~Z는 임의의 원소 기호이다.)

| 보기 |

ㄱ. 2주기 원소는 2가지이다.
ㄴ. W~Z의 홀전자 수의 합은 7이다.
ㄷ. WY_2에서 W의 산화수는 +2이다.

① ㄱ   ② ㄴ   ③ ㄷ
④ ㄱ, ㄴ   ⑤ ㄱ, ㄴ, ㄷ

05 그림은 원자 번호가 8~13 중 각각 하나인 바닥상태 원자 A~D의 원자가 전자가 느끼는 유효 핵전하와 $\dfrac{\text{이온 반지름}}{\text{원자 반지름}}$ 을 나타낸 것이다. A~D 이온의 전자 배치는 모두 Ne과 같고, D의 원자 번호는 12이다.

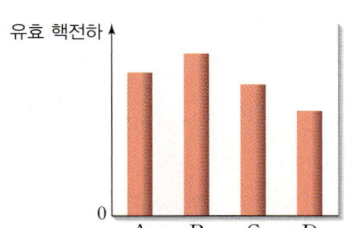
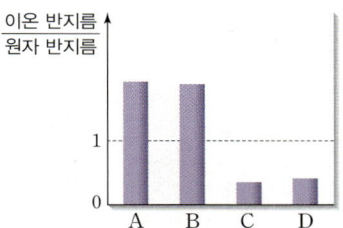

이에 대한 설명으로 옳은 것만을 〈보기〉에서 있는 대로 고른 것은? (단, A~D는 임의의 원소 기호이다.)

| 보기 |
ㄱ. 홀전자 수는 B와 C가 같다.
ㄴ. 제2 이온화 에너지는 B>A이다.
ㄷ. 이온 반지름은 D가 B보다 크다.

① ㄱ ② ㄴ ③ ㄱ, ㄴ
④ ㄱ, ㄷ ⑤ ㄴ, ㄷ

05 $\dfrac{\text{이온 반지름}}{\text{원자 반지름}}<1$이면 [   ] 원소이고, $\dfrac{\text{이온 반지름}}{\text{원자 반지름}}>1$이면 [   ] 원소이다.

06 다음은 바닥상태 원자 X~Z에 대한 자료이다. X~Z의 원자 번호는 각각 3~9 중 하나이다.

- X~Z의 홀전자 수의 합은 5이다.
- X~Z에서 전자가 들어 있는 p 오비탈 수의 합은 8이다.
- 원자 반지름은 Y>Z>X이다.

이에 대한 설명으로 옳은 것만을 〈보기〉에서 있는 대로 고른 것은? (단, X~Z는 임의의 원소 기호이다.)

| 보기 |
ㄱ. Y는 탄소(C)이다.
ㄴ. 제1 이온화 에너지는 Z>X이다.
ㄷ. $\dfrac{\text{원자가 전자가 느끼는 유효 핵전하}}{\text{원자 반지름}}$ 는 Z>Y이다.

① ㄱ ② ㄷ ③ ㄱ, ㄴ
④ ㄱ, ㄷ ⑤ ㄴ, ㄷ

06 같은 주기에서 원자 번호가 커질수록 원자 반지름은 [   ]한다.

기본 개념 확인

07 기체 상태의 원자 1몰에서 차례대로 전자를 떼어 낼 때, 제n 이온화 에너지가 급격하게 증가하면 원자가 전자 수는 [　　　]이다.

07 그림은 원자 번호가 연속인 2, 3주기 원자 A∼E의 제1∼제4 이온화 에너지를 나타낸 것이다. A∼E는 원자 번호 순서가 아니다.

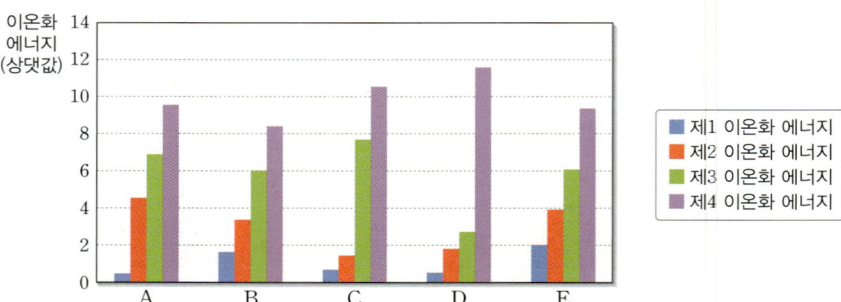

이에 대한 설명으로 옳은 것만을 〈보기〉에서 있는 대로 고른 것은? (단, A∼E는 임의의 원소 기호이다.)

┤보기├
ㄱ. A∼E 중 3주기 원소는 2가지이다.
ㄴ. B와 C의 안정한 화합물은 CB_2이다.
ㄷ. 원자가 전자가 느끼는 유효 핵전하는 A>B이다.

① ㄱ　　　　　　② ㄴ　　　　　　③ ㄷ
④ ㄱ, ㄴ　　　　　⑤ ㄴ, ㄷ

08 같은 주기에서 원자 번호가 증가할수록 이온화 에너지는 대체로 [　　] 한다. 하지만 2, 3주기에서 제1 이온화 에너지는 예외적으로 [　　]족 원소가 [　　]족 원소보다 작고, [　　]족 원소가 [　　]족 원소보다 작다.

08 그림은 2, 3주기 원자 A∼D에 대한 자료이다. A∼D 이온의 전자 배치는 모두 네온(Ne)과 같고, X와 Y는 각각 제1 이온화 에너지와 전기 음성도 중 하나이다.

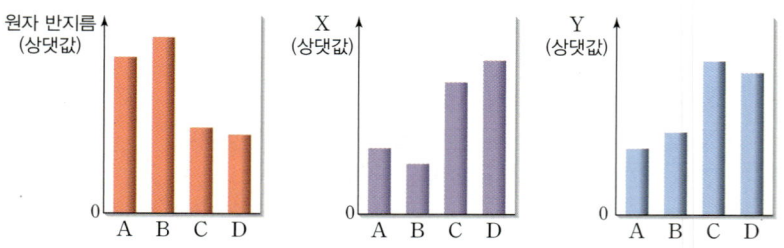

이에 대한 설명으로 옳은 것만을 〈보기〉에서 있는 대로 고른 것은? (단, A∼D는 임의의 원소 기호이다.)

┤보기├
ㄱ. X는 전기 음성도이다.
ㄴ. A_2D_3는 A와 D의 안정한 화합물이다.
ㄷ. 이온 반지름은 B>C이다.

① ㄱ　　　　　　② ㄷ　　　　　　③ ㄱ, ㄴ
④ ㄴ, ㄷ　　　　　⑤ ㄱ, ㄴ, ㄷ

S 대단원 예상 적중 자료 정리

① 원자핵의 구성 입자 04강_ 36쪽 2번

그림은 수소(H) 또는 헬륨(He)의 서로 다른 원자핵 A~E의 중성자수와 $\dfrac{\text{질량수}}{\text{양성자수}}$ 를 나타낸 것이다. 헬륨(He)의 원자핵은 $^3\text{He}^{2+}$ 또는 $^4\text{He}^{2+}$이다.

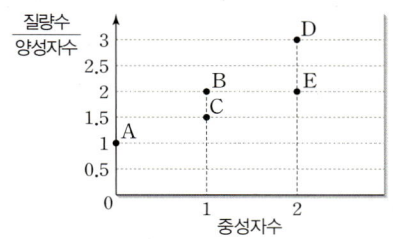

분석 포인트 ▶▶▶

질량수는 (양성자수+중성자수)이므로 $\dfrac{\text{질량수}}{\text{양성자수}}=\dfrac{\text{양성자수}(x)+\text{중성자수}}{\text{양성자수}(x)}$ 로 변형하여 양성자수(x)를 구할 수 있다.

자료 집중 분석

- 양성자수는 원소의 종류를 결정하며, 원소마다 양성자수가 다르다.
- A의 $\dfrac{\text{질량수}}{\text{양성자수}}=1$이고, 주어진 조건에서 중성자수가 0인 원소는 ① ____ 만 가능하므로 A의 양성자수는 ② ____ 이다.
- 원자 A~E의 중성자수와 양성자수

원자핵	A	B	C	D	E
중성자수	0	1	1	2	2
양성자수	1	1	2	1	2

- ③ ____ 는 양성자수는 같고, 중성자수가 다른 원소이다.

② 평균 원자량 04강_ 37쪽 4번

그림은 원자 번호가 a인 원소 X의 동위 원소 ^{2a+1}X와 ^{2a+3}X에 대한 자료이다. 원자량은 각각의 질량수와 같고, X의 평균 원자량은 35.5이다.

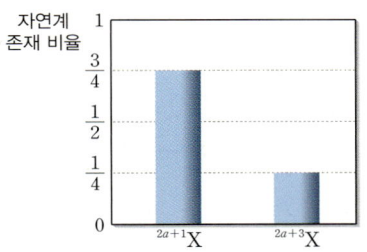

분석 포인트 ▶▶▶

평균 원자량은 동위 원소의 존재 비율을 고려하여 계산한 원자량으로, 각 동위 원소의 (원자량×존재 비율)의 합으로 구한다.

자료 집중 분석

- ^{2a+1}X와 ^{2a+3}X의 원자량은 각각 $(2a+1)$, $(2a+3)$이다.
- X의 평균 원자량은 $(2a+1)\times\dfrac{3}{4}+(2a+3)\times\dfrac{1}{4}=35.5$이므로 $a=17$ 이다.
- $a=17$이므로 ^{2a+1}X와 ^{2a+3}X의 질량수는 각각 35, 37이고, X_2 중 분자량이 70, 72, 74인 분자의 자연계 존재 비율은 각각 ④ ____ , ⑤ ____ , ⑥ ____ 이다.

③ 현대의 원자 모형과 양자수 05강_ 44쪽 5번

표는 바닥상태의 원자 (가)에 들어 있는 서로 다른 전자 A~D의 4가지 양자수에 대한 자료이다.

전자	A	B	C	D
주 양자수(n)	1	1	2	2
부 양자수(l)	0		1	ⓒ
자기 양자수(m_l)	㉠	0	-1	$+1$
스핀 자기 양자수(m_s)	$+\dfrac{1}{2}$	㉡	$+\dfrac{1}{2}$	$-\dfrac{1}{2}$

분석 포인트 ▶▶▶

서로 다른 전자의 4가지 양자수가 모두 같지는 않아야 하며, 주 양자수(n)가 1인 전자의 가능한 부 양자수(l)는 0이고, 주 양자수(n)가 2인 전자의 가능한 부 양자수(l)는 0, 1이다.

자료 집중 분석

- ㉠ : 주 양자수(n)=1인 경우 가능한 부 양자수(l)는 0, 자기 양자수는(m_l)는 ⑦ ____ 이다.
- ㉡ : B의 주 양자수(n)가 1이므로 가능한 오비탈은 s 오비탈 1개뿐이고, A와 B는 같은 오비탈에 들어 있는 전자이므로 스핀 자기 양자수(m_s)는 서로 달라야 한다. 따라서 ㉡은 ⑧ ____ 이다.
- ⓒ : D의 주 양자수(n)는 2이므로 s 오비탈과 p 오비탈이 가능하고, 자기 양자수(m_l)가 $+1$이므로 부 양자수(l)는 ⑨ ____ 이다.

④ 현대의 원자 모형과 오비탈 05강_ 45쪽 8번

표는 원자 번호가 20 이하인 바닥상태 원자 X~Z에 대한 자료이다.

원자	X	Y	Z
부 양자수(l)가 1인 전자가 들어 있는 오비탈 수	1	3	6
홀전자 수	1	㉠	0
$\dfrac{p \text{ 오비탈의 전자 수}}{s \text{ 오비탈의 전자 수}}$ (상댓값)	1	6	6

분석 포인트 ▶▶▶

부 양자수(l)=1인 오비탈은 p 오비탈이므로 조건을 만족하는 바닥상태 원자 X의 전자 배치는 $1s^2 2s^2 2p^1$이고, X의 $\dfrac{p \text{ 오비탈의 전자 수}}{s \text{ 오비탈의 전자 수}}=\dfrac{1}{4}$이다. 따라서 Y와 Z의 $\dfrac{p \text{ 오비탈의 전자 수}}{s \text{ 오비탈의 전자 수}}$ 는 각각 $\dfrac{3}{2}$이다.

자료 집중 분석

- X : 바닥상태에서 전자가 들어 있는 p 오비탈 수가 1, 홀전자 수가 1인 X의 전자 배치는 ⑩ ____ 으로, $\dfrac{p \text{ 오비탈의 전자 수}}{s \text{ 오비탈의 전자 수}}=\dfrac{1}{4}$이다.
- Y : 바닥상태에서 전자가 들어 있는 p 오비탈 수가 3, $\dfrac{p \text{ 오비탈의 전자 수}}{s \text{ 오비탈의 전자 수}}=\dfrac{3}{2}$인 Y의 전자 배치는 ⑪ ____ 이고, ㉠은 ⑫ ____ 이다.
- Z : 바닥상태에서 전자가 들어 있는 p 오비탈 수가 6, 홀전자 수가 0, $\dfrac{p \text{ 오비탈의 전자 수}}{s \text{ 오비탈의 전자 수}}=\dfrac{3}{2}$인 Z의 전자 배치는 $1s^2 2s^2 2p^6 3s^2 3p^6 4s^2$이다.

5 원소의 주기적 성질　　06강_ 51쪽 2번

그림은 2, 3주기 원소 A~D에 대한 자료이다. A~D 이온의 전자 배치는 모두 Ne과 같고, 이온 반지름과 원자 반지름은 각각 ㉠과 ㉡ 중 하나이다.

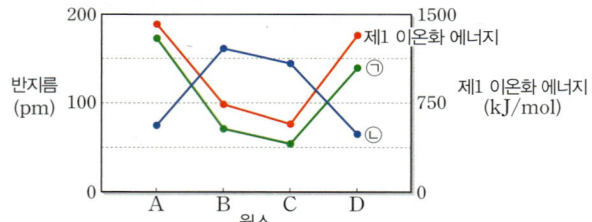

분석 포인트 ▶▶▶
A~D 이온의 전자 배치가 모두 Ne과 같을 때, 2주기 비금속 원소의 제1 이온화 에너지는 3주기 금속 원소의 제1 이온화 에너지보다 크다.

자료 집중 분석
- 제1 이온화 에너지가 큰 A와 D는 2주기 비금속 원소이고, 제1 이온화 에너지가 작은 B와 C는 3주기 금속 원소이다.
- 금속 원소(B, C)는 이온 반지름이 원자 반지름보다 ⑬ 　 다. 따라서 ㉠은 ⑭ 　 반지름이고, ㉡은 ⑮ 　 반지름이다.
- 비금속 원소인 A, D는 제1 이온화 에너지가 A>D이고, 원자 반지름도 A>D이다. 따라서 원자 번호는 D>A이므로 A는 질소(N), D는 산소(O)이다.
- 금속 원소인 B, C는 제1 이온화 에너지가 B>C이고, 원자 반지름도 B>C이다. 따라서 원자 번호는 C>B이므로 B는 마그네슘(Mg), C는 알루미늄(Al)이다.

6 원소의 주기적 성질　　06강_ 52쪽 3번

다음은 바닥상태 원자 A~D에 대한 자료이다.

- A~D의 원자 번호는 각각 7, 8, 9, 11 중 하나이다.
- A~D 이온의 전자 배치는 모두 Ne과 같다.
- 이온 반지름은 B>A이다.

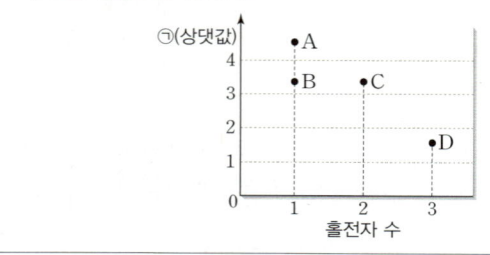

분석 포인트 ▶▶▶
원자 번호 7, 8, 9, 11인 바닥상태 원자의 홀전자 수를 파악한다.

자료 집중 분석
- 원소의 종류와 바닥상태에서의 홀전자 수

원자 번호	7	8	9	10
원소	N	O	F	Na
홀전자 수	⑯	⑰	⑱	⑱

- F과 Na은 모두 홀전자 수가 ⑱ 　 이다. F^-과 Na^+ 중 이온 반지름은 ⑲ 　 이 더 크다. 이온 반지름이 B>A이므로 A는 ⑳ 　 , B는 ㉑ 　 이다.

7 원소의 주기적 성질　　06강_ 53쪽 5번

그림은 원자 번호가 8~13 중 각각 하나인 바닥상태 원자 A~D에 대한 자료이다. A~D 이온의 전자 배치는 모두 Ne과 같고, D의 원자 번호는 12이다.

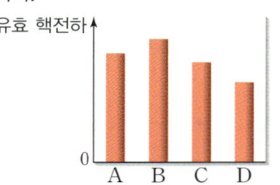
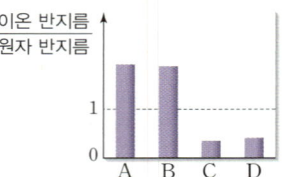

분석 포인트 ▶▶▶
$\dfrac{\text{이온 반지름}}{\text{원자 반지름}}$ >1이면 비금속 원소이고, $\dfrac{\text{이온 반지름}}{\text{원자 반지름}}$ <1이면 금속 원소이다.

자료 집중 분석
- 금속과 비금속 원소의 구분 : $\dfrac{\text{이온 반지름}}{\text{원자 반지름}}$ >1인 A와 B는 2주기 ㉒ 　 원소이고, $\dfrac{\text{이온 반지름}}{\text{원자 반지름}}$ <1인 C와 D는 3주기 ㉓ 　 원소이다.
- A와 B : 같은 주기에서 원자 번호가 증가할수록 원자가 전자가 느끼는 유효 핵전하는 커진다. 따라서 O와 F 중 원자가 전자가 느끼는 유효 핵전하가 작은 A는 산소(O)이고, 원자가 전자가 느끼는 유효 핵전하가 큰 B는 플루오린(F)이다.
- C와 D : D는 Mg이다. D(Mg)보다 원자가 전자가 느끼는 유효 핵전하가 큰 C는 Na과 Al 중 ㉔ 　 이다.

8 순차 이온화 에너지　　06강_ 54쪽 7번

그림은 원자 번호가 연속인 2, 3주기 원자 A~E의 제1~제4 이온화 에너지를 나타낸 것이다. A~E는 원자 번호 순서가 아니다.

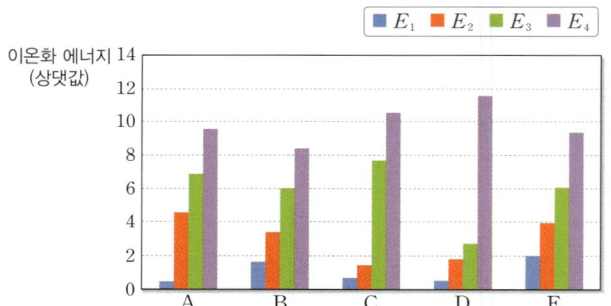

분석 포인트 ▶▶▶
원자에서 전자를 차례대로 떼어 낼 때 순차 이온화 에너지는 차수가 커질수록 증가한다. 특히, 안쪽 전자 껍질에 위치한 전자를 떼어 낼 때, 순차 이온화 에너지가 크게 증가하므로 제n 이온화 에너지가 급격히 증가하면 원자가 전자 수는 $(n-1)$이다.

자료 집중 분석
- A : E_2가 급격히 증가했으므로 1족 원소이다.
- C : E_3이 급격히 증가했으므로 2족 원소이다.
- D : E_4가 급격히 증가했으므로 13족 원소이다.
- B와 E : B와 E는 금속 원소인 A, C, D보다 제1 이온화 에너지가 크므로 ㉕ 　 주기 원소이다. A~E의 원자 번호가 연속이므로 F과 Ne 중 제1 이온화 에너지가 작은 B는 ㉖ 　 이고 E는 ㉗ 　 이다.

III

화학 결합과 분자의 세계

531 PROJECT

S 07강 화학 결합

A 이온 결합		B 공유 결합		C 금속 결합	
화학 결합과 전기적 성질	★☆☆	공유 결합	★★☆	금속 결합과 자유 전자	★★☆
이온 결합	★★☆	공유 결합의 종류	★☆☆	금속의 성질	★★★
이온 결합 물질의 성질	★★★	공유 결합의 형성과 에너지 변화	★★★		
		공유 결합 물질의 성질	★★★		

전기 분해
전기 에너지를 이용하여 물질을 분해하는 방법으로, (−)극에서 전자를 얻는 환원 반응이, (+)극에서 전자를 잃는 산화 반응이 일어난다.

물을 전기 분해할 때 황산 나트륨 (Na$_2$SO$_4$)을 넣는 까닭
순수한 물은 전류가 거의 흐르지 않으므로 전해질인 황산 나트륨(Na$_2$SO$_4$)을 소량 넣어 전기 분해해야 한다.

• 금속 원소와 비금속 원소 → 이온 결합 형성
• 비금속 원소와 비금속 원소 → 공유 결합 형성

정전기적 인력(전하와 전하 사이의 힘)
두 전하 사이에 작용하는 인력으로, 이온의 전하량(q)의 곱에 비례하고, 이온 사이의 거리(r)의 제곱에 반비례한다.

$$F = k \times \frac{q_1 q_2}{r^2} \ (k : 상수)$$

A 이온 결합

1. 화학 결합과 전기적 성질
공유 결합이 형성될 때 전자가 관여한다는 것을 알 수 있다.
• 물의 전기 분해 : 물(H$_2$O)에 황산 나트륨(Na$_2$SO$_4$)을 소량 넣고 전류를 흘려주면 (−)극에서 수소(H$_2$) 기체, (+)극에서 산소(O$_2$) 기체가 2 : 1의 부피비(몰비)로 발생한다.

전원 장치
황산 나트륨을 녹인 수용액

2. 이온 결합 금속 양이온과 비금속 음이온 사이의 정전기적 인력에 의해 형성되는 결합이다.
(1) 옥텟 규칙 : 원자들이 화학 결합을 형성할 때 18족 원소와 같이 가장 바깥 전자 껍질에 8개의 전자가 배치되어 안정해지려는 경향이다.
(2) 화학 결합과 옥텟 규칙 : 18족 원소 이외의 원자들은 화학 결합을 통해 18족 원소와 같은 전자 배치를 이루려고 한다.
(3) 이온의 형성

양이온의 형성	음이온의 형성
금속 원소의 원자가 전자를 잃고 양이온이 되면서 네온(Ne)과 같은 전자 배치를 갖는다. 예 나트륨 이온(Na$^+$)의 형성	비금속 원소의 원자가 전자를 얻어 음이온이 되면서 아르곤(Ar)과 같은 전자 배치를 갖는다. 예 염화 이온(Cl$^-$)의 형성

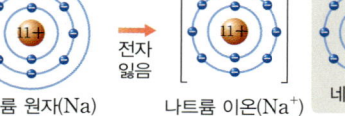

나트륨 원자(Na) — 전자 잃음 → 나트륨 이온(Na$^+$) / 네온(Ne)

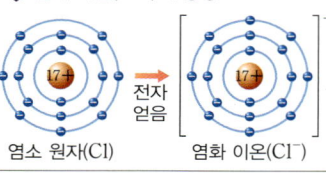 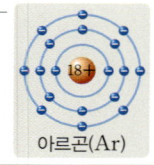

염소 원자(Cl) — 전자 얻음 → 염화 이온(Cl$^-$) / 아르곤(Ar)

(4) 이온 결합의 형성

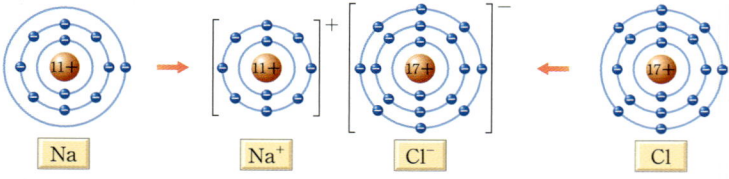

Na → Na$^+$ Cl$^-$ ← Cl

(5) 이온 결합의 형성과 에너지 변화

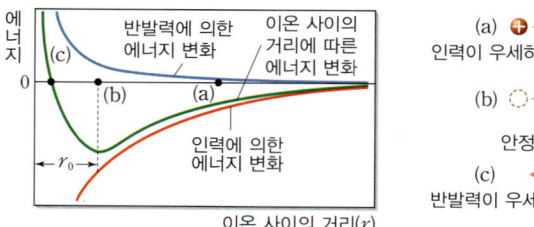

에너지
(c) 반발력에 의한 에너지 변화
이온 사이의 거리에 따른 에너지 변화
(b) (a)
인력에 의한 에너지 변화
r_0
이온 사이의 거리(r)

(a) ⊕→ ←⊖ 인력이 우세하게 작용하는 상태($r > r_0$)
(b) ⊕⊖ 안정한 상태($r = r_0$)
(c) ⊕⊖ 반발력이 우세하게 작용하는 상태($r < r_0$)

(a) : 두 이온이 가까워질수록 정전기적 인력이 우세하여 에너지가 낮아지며 안정한 상태가 된다.
(b) : 인력과 반발력이 균형을 이루어 에너지가 가장 낮은 지점($r = r_0$)에서 이온 결합이 형성된다.
(c) : 두 이온 사이의 거리가 너무 가까워지면 반발력이 커져 에너지가 높아지며 불안정한 상태가 된다.

3. 이온 결합 물질의 성질

(1) **이온 결합 물질의 결정 구조** : 이온 결합 물질은 대부분 실온에서 고체로 존재하며, 수많은 양이온과 음이온이 3차원적으로 서로를 둘러싸며 규칙적으로 배열된 결정으로 존재한다.

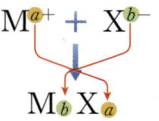

▲ 염화 나트륨(NaCl)

(2) **이온 결합 물질의 화학식** : 이온 결합 물질은 전기적으로 중성이므로 이온 결합 물질을 구성하는 양이온의 총 전하량과 음이온의 총 전하량이 같아야 한다. 따라서 이온의 전하에 따라 결합하는 이온의 개수비는 달라진다.

(3) **전기 전도성** : 이온 결합 물질은 고체 상태에서는 전기가 통하지 않지만 액체나 수용액 상태에서는 양이온과 음이온이 자유롭게 이동할 수 있으므로 전류가 흐른다.

(4) **결정의 쪼개짐과 부스러짐** : 이온 결합 물질에 외부에서 힘을 가하면 같은 전하를 띤 이온들 사이에 반발력이 작용하여 쉽게 쪼개지거나 부스러진다.

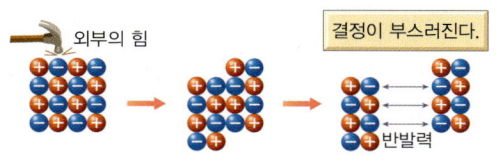

▲ 이온 결합 물질의 쪼개짐과 부스러짐

(5) **물에 녹는 정도** : 이온 결합 물질은 대체로 물에 잘 녹으며, 물에 녹으면 양이온과 음이온이 물 분자에 의해 둘러싸여 안정한 상태로 존재한다.

(6) **이온 결합 물질의 녹는점과 끓는점** : 녹는점과 끓는점이 매우 높아 실온에서 대부분 고체 상태로 존재한다. 이온 사이의 거리가 가까울수록, 이온의 전하량이 클수록 정전기적 인력이 크므로 녹는점과 끓는점이 높다.

양이온과 음이온의 전하량 크기가 같은 경우	이온 사이의 거리가 가까울수록 녹는점이 높다. 예 녹는점 : NaI<NaBr<NaCl<NaF
이온 사이의 거리가 비슷한 경우	이온의 전하량이 클수록 녹는점이 높다. 예 녹는점 : NaCl<BaO

B 공유 결합

1. **공유 결합** 비금속 원소의 원자들이 18족 원소와 같은 전자 배치를 가지기 위해 전자쌍을 서로 공유하여 형성되는 결합이다.

2. **공유 결합의 종류** 공유 전자쌍의 수에 따라 단일 결합, 2중 결합, 3중 결합이 있다.

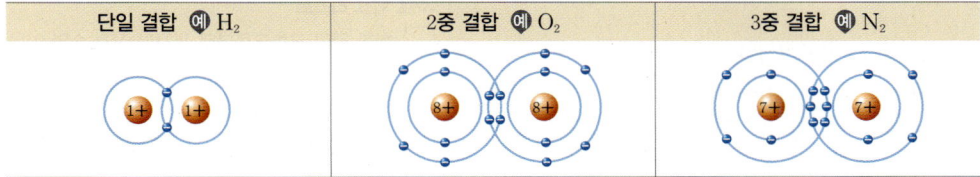

| 단일 결합 예 H_2 | 2중 결합 예 O_2 | 3중 결합 예 N_2 |

3. **공유 결합의 형성과 에너지 변화**

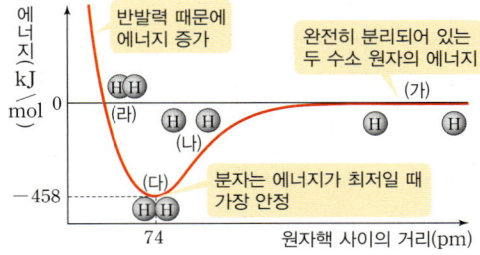

(가) : 수소 원자가 멀리 떨어져 있어 인력이 거의 작용하지 않는다.

(나) : 수소 원자가 가까워지면 원자핵과 전자 사이의 인력이 우세하여 에너지가 낮아진다.

(다) : 원자핵, 전자 사이의 인력과 반발력이 균형을 이루어 공유 결합이 형성된다.

(라) : 수소 원자가 공유 결합 길이보다 더 가까워지면 전자 사이의 반발력과 원자핵 사이의 반발력이 우세하여 에너지가 급증하므로 불안정해진다.

이온 결합 물질의 화학식 나타내기

$$M^{a+} + X^{b-}$$

$$M_b X_a$$

(양이온의 전하량×양이온의 수)=(음이온의 전하량×음이온의 수)이고, a와 b가 1인 경우는 생략하며, 가장 간단한 정수비로 나타낸다.

이온 결합 물질의 녹는점

물질	이온 사이의 거리(pm)	녹는점(℃)
NaF	235	996
NaCl	283	801
NaBr	298	747
NaI	322	661

물질	이온 사이의 거리(pm)	녹는점(℃)
MgO	212	2825
CaO	240	2613
SrO	258	2531
BaO	275	1973

공유 전자쌍과 비공유 전자쌍

공유 결합에 참여하는 두 원자가 공유하고 있는 전자쌍을 '공유 전자쌍'이라고 하며, 원자가 전자 중 공유 결합에 참여하지 않은 전자쌍을 '비공유 전자쌍'이라고 한다.

공유 결합 길이와 공유 결합 반지름

· 공유 결합 길이 : 두 원자가 공유 결합을 형성했을 때 두 원자핵 사이의 거리

· 공유 결합 반지름 : 공유 결합 길이의 $\frac{1}{2}$

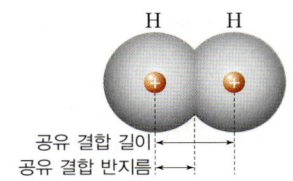

다이아몬드와 흑연

일반적으로 공유 결합 물질은 분자로 이루어져 있으나, 다이아몬드나 흑연과 같이 원자들이 공유 결합하여 그물처럼 연결되어 분자로 존재하지 않는 공유 결합 물질도 있다. 특히, 흑연은 고체 상태에서 전기 전도성이 있는 공유 결합 물질이다.

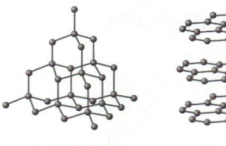

▲ 다이아몬드   ▲ 흑연

4. 공유 결합 물질의 성질

(1) **녹는점과 끓는점** : 대부분의 공유 결합 물질은 녹는점과 끓는점이 낮아 상온에서 기체 상태나 액체 상태로 존재한다. ── 대부분의 공유 결합 물질은 분자로 이루어져 있고, 원자 사이의 결합력은 강하지만, 분자 사이의 인력이 약하기 때문이다.

(2) **전기 전도성** : 공유 결합 물질은 이온으로 구성되어 있지 않으므로 고체 상태나 액체 상태에서 전기 전도성이 없다(단, 흑연(C) 제외).

(3) **물에 녹는 정도** : 극성 분자는 극성 용매에 잘 녹고, 무극성 분자는 무극성 용매에 잘 녹는다.

C 금속 결합

1. 금속 결합과 자유 전자

(1) **금속 결합** : 금속 양이온과 자유 전자 사이의 정전기적 인력에 의해 형성되는 결합이다.

(2) **자유 전자** : 금속 원자가 양이온이 되면서 내놓은 원자가 전자로, 금속 양이온 사이를 자유롭게 움직이면서 금속 양이온을 결합시키는 역할을 한다.

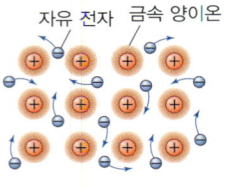
자유 전자 금속 양이온
▲ 금속 결합 모형

2. 금속의 성질 금속의 성질이 나타나는 것은 자유 전자 때문이다.

(1) **광택** : 자유 전자가 다양한 파장의 빛을 흡수한 후 방출하므로 대부분의 금속은 은백색 광택을 띤다.

(2) **열전도성** : 금속을 가열하면 자유 전자가 에너지를 얻게 되고, 자유 전자가 인접한 자유 전자와 금속 양이온에 열에너지를 전달하므로 금속은 열전도성이 매우 크다.

(3) **전기 전도성** : 자유 전자가 금속 내부를 자유롭게 움직이므로 금속은 고체 상태와 액체 상태에서 전기 전도성이 크다.

(4) **녹는점과 끓는점** : 금속 양이온과 자유 전자 사이에 강한 정전기적 인력이 작용하므로 대부분의 금속은 녹는점과 끓는점이 높아 실온에서 고체 상태로 존재한다(단, 수은(Hg) 제외). ── 수은(Hg)은 실온에서 액체로 존재하는 금속이다.

(5) **뽑힘성(연성)과 펴짐성(전성)** : 외부에서 금속에 힘을 가하면 양이온 층은 미끄러져 이동하여 변형되지만, 자유 전자들이 움직이면서 결합을 유지시켜 주므로 금속은 뽑힘성과 펴짐성이 크다.

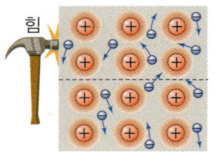
힘
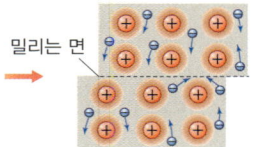
밀리는 면
▲ 금속의 뽑힘성과 펴짐성

물질의 상태에 따른 전기 전도성

상태 물질	고체	액체
염화 나트륨	없음	있음
포도당	없음	없음
나트륨	있음	있음

• 염화 나트륨 : 이온 결합 물질
• 포도당 : 공유 결합 물질
• 나트륨 : 금속

기출 자료 | 분석

그림은 화합물 AB_2와 CA를 화학 결합 모형으로 나타낸 것이다.

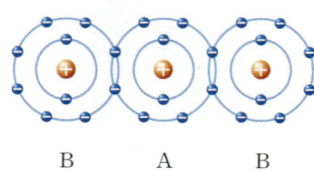
B   A   B

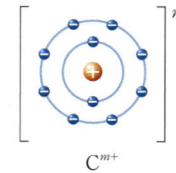
C^{m+}

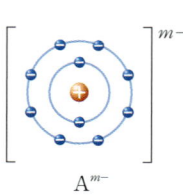
A^{m-}

자료 체크 리스트

☐ 화학 결합 모형으로부터 원자가 전자 수와 이온의 전하량 구하기

☐ 물질에 따른 화학 결합의 종류 비교

☐ 분자의 공유 전자쌍 수, 비공유 전자쌍 수 구하기

---

step 1 **화학 결합 모형으로부터 각 원자의 원자가 전자 수를 구한다.**
화합물 AB_2에서 A의 원자가 전자 수는 6, B의 원자가 전자 수는 7이므로 화합물 CA에서 A 이온의 전하는 -2이고, C 이온의 전하는 $+2$이다($m=2$). 따라서 C 원자의 원자가 전자 수는 2이다.

step 2 **A~C로 이루어진 화합물이 어떤 화학 결합을 하고 있는지 파악한다.**
A는 2주기 16족 원소인 산소(O), B는 2주기 17족 원소인 플루오린(F), C는 3주기 2족 원소인 마그네슘(Mg)이다.
• AB_2는 O와 F이 전자를 공유하여 결합한 OF_2이므로 공유 결합 물질이다.
• CA는 Mg^{2+}과 O^{2-}이 결합한 MgO이므로 이온 결합 물질이다.
• CB_2는 Mg^{2+}과 F^-이 결합한 MgF_2이므로 이온 결합 물질이다.

step 3 **A와 B로 이루어진 분자의 공유 전자쌍 수와 비공유 전자쌍 수를 구한다.**
• A_2는 O_2이므로 공유 전자쌍 수는 2, 비공유 전자쌍 수는 4이다.
• B_2는 F_2이므로 공유 전자쌍 수는 1, 비공유 전자쌍 수는 6이다.
• $A_2(O_2)$와 $B_2(F_2)$의 루이스 전자점식은 각각 다음과 같다.

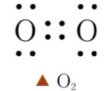
▲ O_2

▲ F_2

01 다음은 물질의 성질을 알아보기 위한 실험이다. X와 Y는 각각 공유 결합 물질, 이온 결합 물질 중 하나이다.

[실험 과정]
그림과 같이 장치한 후 물질 X와 Y의 상태에 따라 전구의 켜짐 여부를 확인한다.

[실험 결과]

물질	X		Y	
상태	고체	액체	고체	액체
결과	켜지지 않음	켜짐	켜지지 않음	켜지지 않음

X와 Y에 대한 설명으로 옳은 것만을 〈보기〉에서 있는 대로 고른 것은?

┌─ 보기 ┐
ㄱ. X는 외부에서 힘을 가하면 쉽게 부스러진다.
ㄴ. Y는 이온 사이의 정전기적 인력에 의해 결합되어 있다.
ㄷ. 고체 상태의 X와 Y에는 모두 자유 전자가 있다.
└─────┘

① ㄱ   ② ㄴ   ③ ㄱ, ㄴ
④ ㄱ, ㄷ   ⑤ ㄴ, ㄷ

02 표는 물질의 성질을 구별하기 위한 실험을 나타낸 것이다.

(가) 외부의 충격에 대한 부스러짐 확인	(나) 불꽃 반응의 불꽃색 확인	(다) 액체 상태에서 전기 전도성 확인

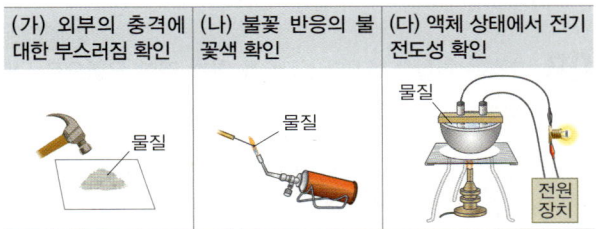

Na(s)과 NaCl(s)으로 실험 (가)~(다)를 수행했을 때, 각 실험의 결과에 대한 설명으로 옳은 것만을 〈보기〉에서 있는 대로 고른 것은?

┌─ 보기 ┐
ㄱ. (가)에서 NaCl(s)은 쉽게 부스러진다.
ㄴ. Na(s)과 NaCl(s)을 이용하면 실험 (나)에서 결과가 같다.
ㄷ. (다)에서 Na(s)은 전류가 흐르지 않는다.
└─────┘

① ㄱ   ② ㄴ   ③ ㄷ
④ ㄱ, ㄴ   ⑤ ㄴ, ㄷ

03 다음은 물의 전기 분해 실험 과정이다.

[실험 과정]
(가) 그림과 같이 물에 황산 나트륨(Na_2SO_4)을 조금 넣어 녹인 수용액을 유리관 양쪽에 가득 채운 후 꼭지를 닫는다.
(나) 전원 장치를 사용하여 전류를 흘려 준다.
(다) 유리관 내 수면의 높이 변화를 확인한다.
(라) (+)극과 (−)극에서 발생한 기체의 종류를 확인한다.

이에 대한 설명으로 옳은 것만을 〈보기〉에서 있는 대로 고른 것은? (단, H와 O의 원자량은 각각 1, 16이다.)

┌─ 보기 ┐
ㄱ. A극은 (+)극이다.
ㄴ. 생성된 기체의 질량은 B극에서가 A극에서보다 크다.
ㄷ. B극에서 전자를 얻는 반응이 일어난다.
└─────┘

① ㄴ   ② ㄷ   ③ ㄱ, ㄴ
④ ㄱ, ㄷ   ⑤ ㄴ, ㄷ

04 그림은 물질 A~C를 주어진 기준에 따라 분류한 것이다. A~C는 각각 철, 설탕, 염화 나트륨 중 하나이다.

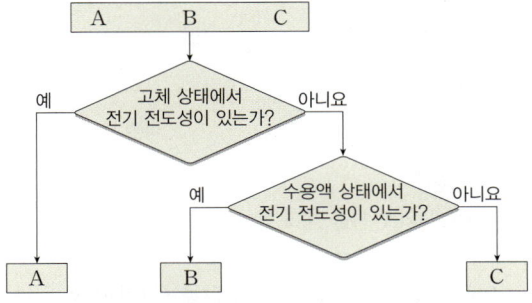

A~C에 대한 설명으로 옳은 것만을 〈보기〉에서 있는 대로 고른 것은?

┌─ 보기 ┐
ㄱ. A는 액체 상태에서 전기 전도성이 있다.
ㄴ. B는 외부에서 힘을 가하면 쉽게 부스러진다.
ㄷ. C는 양이온과 음이온으로 이루어진 물질이다.
└─────┘

① ㄴ   ② ㄷ   ③ ㄱ, ㄴ
④ ㄱ, ㄷ   ⑤ ㄱ, ㄴ, ㄷ

05 교육청 기출 변형

그림은 실온에서 3가지 물질의 입자 모형을 나타낸 것이다. X와 Y는 모두 3주기 원소이다.

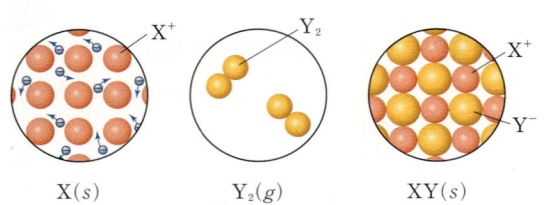

X(s)   Y₂(g)   XY(s)

이에 대한 설명으로 옳은 것만을 〈보기〉에서 있는 대로 고른 것은?

|보기|
ㄱ. 원자 번호는 Y가 X보다 크다.
ㄴ. XY는 뽑힘성(연성)이 없다.
ㄷ. 녹는점은 Y₂가 X보다 높다.

① ㄴ   ② ㄷ   ③ ㄱ, ㄴ
④ ㄱ, ㄷ   ⑤ ㄱ, ㄴ, ㄷ

06 평가원 기출 변형

다음은 이온 결합 물질과 관련하여 학생 A가 세운 가설과 이를 검증하기 위해 수행한 탐구 활동이다.

[가설]
• 이온 결합 물질은   ㉠

[탐구 과정]
• 몇 가지 이온 결합 물질의 녹는점과 이온 사이의 거리를 조사한다.

[탐구 결과]

녹는점(℃)
(가) CaO • SrO
3000
2000
(나) NaF
1000
0 200 300
이온 사이의 거리(pm)

[결론]
• (가)와 (나)를 비교할 때, 가설은 옳다.

이에 대한 설명으로 옳은 것만을 〈보기〉에서 있는 대로 고른 것은?

|보기|
ㄱ. ㉠으로 '이온 사이의 거리가 가까울수록 녹는점이 높다.'가 적절하다.
ㄴ. 녹는점은 MgO이 (가)보다 높다.
ㄷ. 녹는점은 NaCl이 (나)보다 낮다.

① ㄱ   ② ㄴ   ③ ㄷ
④ ㄴ, ㄷ   ⑤ ㄱ, ㄴ, ㄷ

07 교육청 기출 변형

다음은 이온 결합 물질의 화학식에 대하여 학습한 내용을 적용한 것이다.

[학습 내용]
• 이온 결합 물질의 화학식에서 양이온의 전하량 합과 음이온의 전하량 합은 같다.

[적용]
• 마그네슘 이온(Mg^{2+})과 염화 이온(Cl^-)은 $x : y$의 개수비로 결합하여 염화 마그네슘을 형성한다.
• 알루미늄 이온(Al^{a+})과 산화 이온(O^{2-})이 결합한 산화 알루미늄의 화학식은 Al_2O_3이다.

$\dfrac{x+y}{a}$ 는? (단, $x : y$는 가장 간단한 정수비이다.)

① $\dfrac{1}{3}$ ② $\dfrac{1}{2}$ ③ 1
④ $\dfrac{3}{2}$ ⑤ 2

08 평가원 기출 변형

그림은 화합물 AB와 CDB를 화학 결합 모형으로 나타낸 것이다.

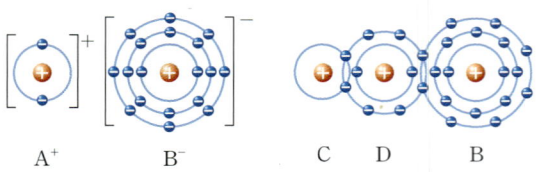

A⁺   B⁻   C D B

이에 대한 설명으로 옳은 것만을 〈보기〉에서 있는 대로 고른 것은? (단, A~D는 임의의 원소 기호이다.)

|보기|
ㄱ. A와 D는 같은 주기 원소이다.
ㄴ. 공유 전자쌍 수는 B₂가 D₂보다 크다.
ㄷ. CB는 액체 상태에서 전기 전도성이 있다.

① ㄱ   ② ㄷ   ③ ㄱ, ㄴ
④ ㄱ, ㄷ   ⑤ ㄴ, ㄷ

09
그림은 화합물 AB_2와 CA를 화학 결합 모형으로 나타낸 것이다.

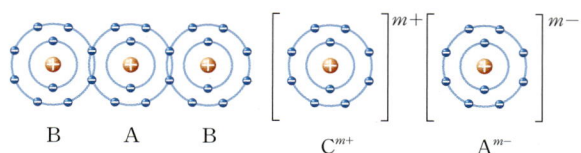

이에 대한 설명으로 옳은 것만을 〈보기〉에서 있는 대로 고른 것은? (단, A~C는 임의의 원소 기호이다.)

┌─ 보기 ┐
ㄱ. $m=2$이다.
ㄴ. 원자가 전자 수는 B가 C보다 크다.
ㄷ. 비공유 전자쌍 수는 B_2가 A_2보다 크다.
└──────┘

① ㄱ
② ㄷ
③ ㄱ, ㄴ
④ ㄴ, ㄷ
⑤ ㄱ, ㄴ, ㄷ

10
다음은 탄산수소 나트륨($NaHCO_3$) 분해 반응의 화학 반응식과 자료이다.

[화학 반응식]
• $2NaHCO_3 \rightarrow Na_2CO_3 +$ ⬚ㄱ + ⬚ㄴ

[자료]
• ㄱ과 ㄴ은 모두 원소 X를 포함한다.
• 분자당 X 원자 수는 ㄴ이 ㄱ의 2배이다.

이에 대한 설명으로 옳은 것만을 〈보기〉에서 있는 대로 고른 것은? (단, X는 임의의 원소 기호이다.)

┌─ 보기 ┐
ㄱ. X는 산소(O)이다.
ㄴ. ㄱ은 액체 상태에서 전류가 잘 흐른다.
ㄷ. ㄴ은 고체 상태에서 펴짐성(전성)이 있다.
└──────┘

① ㄱ
② ㄷ
③ ㄱ, ㄴ
④ ㄱ, ㄷ
⑤ ㄴ, ㄷ

11
그림은 화합물 ABC와 (가)의 반응을 화학 결합 모형으로 나타낸 것이다.

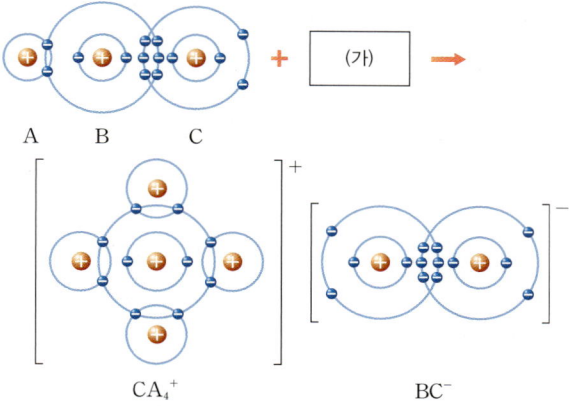

이에 대한 설명으로 옳은 것만을 〈보기〉에서 있는 대로 고른 것은? (단, A~C는 임의의 원소 기호이다.)

┌─ 보기 ┐
ㄱ. 원자 번호는 B가 C보다 크다.
ㄴ. (가)는 B를 포함한다.
ㄷ. (가)는 고체 상태에서 전기 전도성이 없다.
└──────┘

① ㄴ
② ㄷ
③ ㄱ, ㄴ
④ ㄱ, ㄷ
⑤ ㄴ, ㄷ

12
그림은 화합물 ABC와 CD의 반응을 화학 결합 모형으로 나타낸 것이다.

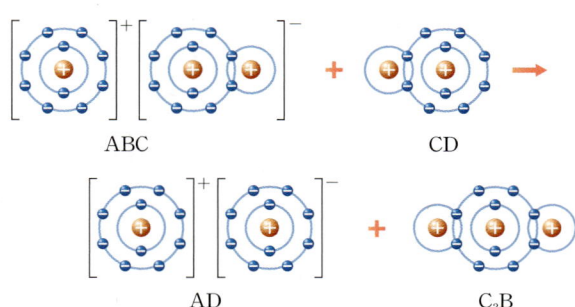

이에 대한 설명으로 옳은 것만을 〈보기〉에서 있는 대로 고른 것은? (단, A~D는 임의의 원소 기호이다.)

┌─ 보기 ┐
ㄱ. A는 고체 상태에서 전기 전도성이 있다.
ㄴ. C와 D는 같은 주기 원소이다.
ㄷ. 녹는점은 ABC가 B_2보다 높다.
└──────┘

① ㄱ
② ㄷ
③ ㄱ, ㄴ
④ ㄱ, ㄷ
⑤ ㄴ, ㄷ

기본 개념 확인

01 물을 전기 분해할 때 (−)극에서
[　　　　] 기체가, (＋)극에서
[　　　　] 기체가 발생한다.

01 다음은 물(H_2O)을 전기 분해하는 실험이다.

[실험 과정 및 결과]
그림과 같이 $H_2O(l)$을 전기 분해하였더니, 생성되는 기체의 몰비($A_2 : B_2$)는 $1 : 2$이었다.

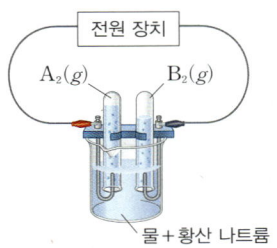

물＋황산 나트륨

이에 대한 설명으로 옳은 것만을 〈보기〉에서 있는 대로 고른 것은? (단, A와 B는 임의의 원소 기호이고, H와 O의 원자량은 각각 1, 16이다.)

─┤ 보기 ├─
ㄱ. A_2가 발생하는 전극은 (−)극이다.
ㄴ. B_2는 다른 물질이 불에 잘 타도록 도와주는 성질이 있다.
ㄷ. 생성되는 기체의 질량은 A_2가 B_2보다 크다.

① ㄱ　　　　　　　② ㄴ　　　　　　　③ ㄷ
④ ㄱ, ㄴ　　　　　　⑤ ㄴ, ㄷ

02 이온 결합 물질, 공유 결합 물질, 금속 중
액체와 고체 상태에서 모두 전기 전도성
이 있는 것은 [　　　　] 이다.

02 다음은 분류 기준 (가)와 (나)에 따라 물질을 분류하는 벤 다이어그램이다.

[분류 기준]
(가) 액체 상태에서 전류가 흐른다.
(나) 고체 상태에서 전류가 흐른다.

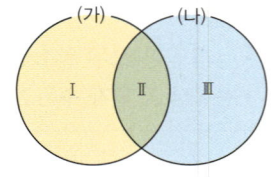

이에 대한 설명으로 옳은 것만을 〈보기〉에서 있는 대로 고른 것은?

─┤ 보기 ├─
ㄱ. 산화 나트륨(Na_2O)은 영역 Ⅰ에 속한다.
ㄴ. 고체 상태에서 펴짐성(전성)이 있는 물질은 영역 Ⅱ에 속한다.
ㄷ. 양이온과 음이온으로 이루어진 물질은 영역 Ⅲ에 속한다.

① ㄴ　　　　　　　② ㄷ　　　　　　　③ ㄱ, ㄴ
④ ㄱ, ㄷ　　　　　　⑤ ㄱ, ㄴ, ㄷ

03 표는 3가지 물질 (가)~(다)에 대한 자료이다.

물질		(가)	(나)	(다)
구성 입자		양이온, 음이온	분자	㉠, 자유 전자
전기 전도성	고체	㉡	없음	있음
	액체	있음	㉢	있음

이에 대한 설명으로 옳은 것만을 〈보기〉에서 있는 대로 고른 것은?

┌─ 보기 ├─
ㄱ. ㉠은 (+)전하를 띤다.
ㄴ. ㉡과 ㉢은 모두 '없음'이다.
ㄷ. (나)는 공유 결합 물질이다.
└─────

① ㄱ ② ㄷ ③ ㄱ, ㄴ
④ ㄴ, ㄷ ⑤ ㄱ, ㄴ, ㄷ

03 금속은 금속 양이온과 [　　　　]로 구성되어 있다.

04 그림은 실온에서 고체 상태로 존재하는 어떤 물질의 온도에 따른 전기 전도도의 변화를 나타낸 것이다.

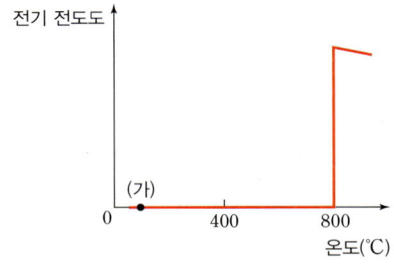

이 물질에 대한 설명으로 옳은 것만을 〈보기〉에서 있는 대로 고른 것은?

┌─ 보기 ├─
ㄱ. 구성 원자들이 전자쌍을 공유하여 결합을 형성한다.
ㄴ. (가)에서 양이온과 음이온이 결합한 상태로 존재한다.
ㄷ. 외부에서 힘을 가하면 넓게 펴진다.
└─────

① ㄱ ② ㄴ ③ ㄱ, ㄷ
④ ㄴ, ㄷ ⑤ ㄱ, ㄴ, ㄷ

04 이온 결합 물질은 고체 상태에서 전기 전도도가 [　　　　]이다.

기본 개념 확인

05 양이온의 반지름이 $C^+ > A^+$이고, 음이온의 반지름이 $B^- > D^-$일 때, 물질 AD와 CB 중 이온 사이의 거리가 먼 물질은 ☐ 이다.

05 다음은 A~D 이온의 전자 배치와, A~D 이온으로 이루어진 4가지 물질에 대한 자료이다.

- A^+, D^-의 전자 배치 : $1s^2 2s^2 2p^6$
- B^-, C^+의 전자 배치 : $1s^2 2s^2 2p^6 3s^2 3p^6$

물질	AB	(가)	(나)	(다)
이온 사이의 거리(pm)	283	269	235	314

이에 대한 설명으로 옳은 것만을 〈보기〉에서 있는 대로 고른 것은? (단, A~D는 임의의 원소 기호이다.)

┤ 보기 ├
ㄱ. (가)와 (다)에 포함된 양이온의 종류는 같다.
ㄴ. (가)와 (나)에 포함된 음이온의 종류는 서로 다르다.
ㄷ. (다)에 포함된 양이온의 반지름은 (나)에 포함된 양이온 반지름보다 크다.

① ㄱ   ② ㄴ   ③ ㄱ, ㄷ
④ ㄴ, ㄷ   ⑤ ㄱ, ㄴ, ㄷ

06 NaF이 MgO보다 이온 사이의 거리가 멀다면 NaF과 MgO 중 녹는점이 높은 물질은 ☐ 이다.

06 그림은 분자 B_2A_2와 이온 C^+, D^{2+}을 각각 화학 결합 모형과 전자 배치 모형으로 나타낸 것이다. 이온 사이의 거리는 CA가 DB보다 멀다.

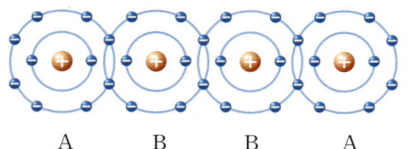
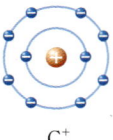
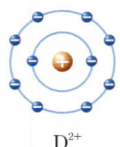

A   B   B   A C^+ D^{2+}

이에 대한 설명으로 옳은 것만을 〈보기〉에서 있는 대로 고른 것은? (단, A~D는 임의의 원소 기호이다.)

┤ 보기 ├
ㄱ. 원자 번호는 A가 B보다 크다.
ㄴ. 원자 반지름은 C가 D보다 크다.
ㄷ. 녹는점은 CA가 DB보다 높다.

① ㄱ   ② ㄷ   ③ ㄱ, ㄴ
④ ㄴ, ㄷ   ⑤ ㄱ, ㄴ, ㄷ

07 다음은 원자 X~Z의 전자 배치 모형과, X와 Y가 각각 Z_2와 반응할 때의 화학 반응식이다.

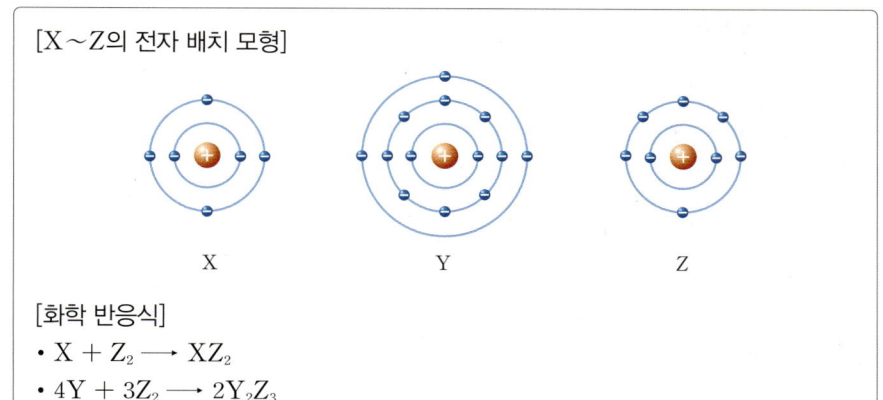

[X~Z의 전자 배치 모형]

X   Y   Z

[화학 반응식]
- $X + Z_2 \longrightarrow XZ_2$
- $4Y + 3Z_2 \longrightarrow 2Y_2Z_3$

이에 대한 설명으로 옳은 것만을 〈보기〉에서 있는 대로 고른 것은? (단, X~Z는 임의의 원소 기호이다.)

┌─| 보기 |─────────────────────────
ㄱ. XZ_2는 고체 상태에서 전기 전도성이 있다.
ㄴ. Y는 액체 상태에서 전기 전도성이 있다.
ㄷ. Y_2Z_3은 실온에서 기체 상태로 존재한다.
────────────────────────────────

① ㄱ   ② ㄴ   ③ ㄷ
④ ㄱ, ㄴ   ⑤ ㄴ, ㄷ

07 이온 결합 물질은 양이온과 음이온의 정전기적 인력으로 강하게 결합되어 있으므로 대체로 녹는점이 높아 상온에서 [ ] 상태로 존재한다.

---

08 표는 4가지 이온 결합 물질의 이온 사이의 거리에 따른 녹는점을, 그림은 이온 결합 물질이 형성될 때 이온 사이의 거리에 따른 에너지를 나타낸 것이다.

물질	이온 사이의 거리(pm)	녹는점 (℃)	물질	이온 사이의 거리(pm)	녹는점 (℃)
NaF	235	996	MgO	212	2825
NaCl	283	801	CaO	240	2613

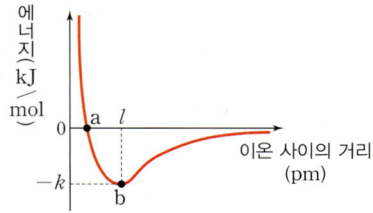

이에 대한 설명으로 옳은 것만을 〈보기〉에서 있는 대로 고른 것은?

┌─| 보기 |─────────────────────────
ㄱ. a에서 이온 사이의 인력과 반발력이 같다.
ㄴ. k가 클수록 이온 결합 물질의 녹는점이 높다.
ㄷ. 이온의 전하량 곱이 같을 때, l이 클수록 이온 결합 물질의 녹는점이 높다.
────────────────────────────────

① ㄴ   ② ㄷ   ③ ㄱ, ㄴ
④ ㄱ, ㄷ   ⑤ ㄱ, ㄴ, ㄷ

08 이온의 전하량 곱이 같을 때 이온 사이의 거리가 가까울수록 이온 결합 물질의 녹는점이 [ ]다.

기본 개념 확인

09 공유 결합 물질은 비금속 원소의 원자들이 [   ]족 원소와 같은 전자 배치를 가지기 위해 [   ]을(를) 공유하여 형성된 물질이다.

09 그림은 어떤 화학 반응을 화학 결합 모형으로 나타낸 것이다.

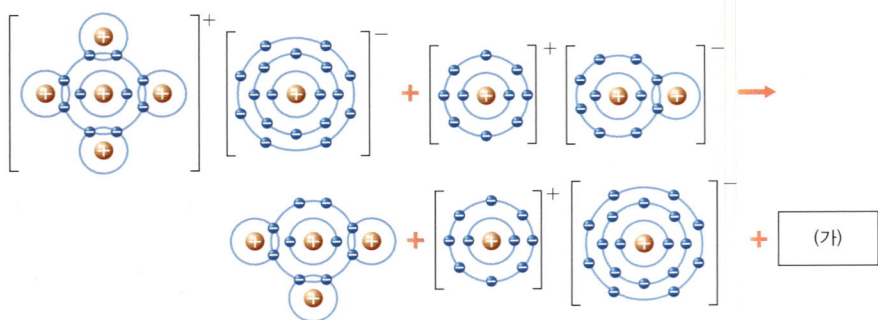

(가)에 대한 설명으로 옳은 것만을 〈보기〉에서 있는 대로 고른 것은?

┤보기├
ㄱ. 구성 원소의 가짓수는 2이다.
ㄴ. 양이온과 음이온의 정전기적 인력으로 결합된 물질이다.
ㄷ. 25 ℃, 1기압에서 고체 상태로 존재한다.

① ㄱ   ② ㄴ   ③ ㄷ
④ ㄱ, ㄴ   ⑤ ㄴ, ㄷ

10 Ca, CaO, CO_2 중 고체 상태에서 양이온과 음이온이 존재하는 물질은 [   ]이다.

10 다음은 분류 기준 Ⅰ~Ⅲ과, 3가지 물질을 기준 (가)와 (나)에 따라 분류한 것이다. (가)와 (나)는 Ⅰ~Ⅲ 중 하나이고, ㉠~㉢은 각각 Ca, CaO, CO_2 중 하나이다.

[분류 기준]
Ⅰ. 고체 상태에서 양이온과 음이온이 존재하는가?
Ⅱ. 외부에서 힘을 가하면 구부러지는가?
Ⅲ. 액체 상태에서 전류가 흐르는가?

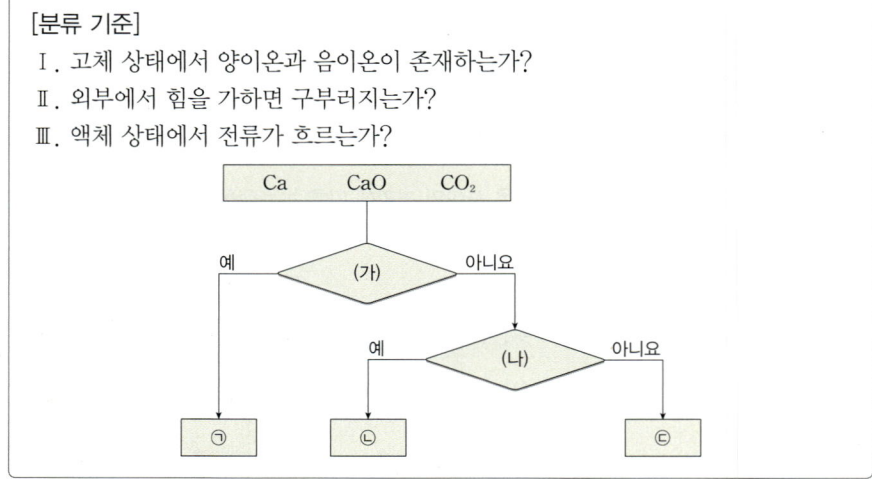

이에 대한 설명으로 옳은 것만을 〈보기〉에서 있는 대로 고른 것은?

┤보기├
ㄱ. (가)가 Ⅰ이면 ㉠은 Ca이다.
ㄴ. (가)가 Ⅱ이면 (나)는 Ⅰ이 가능하다.
ㄷ. ㉡이 CaO이면 (가)는 Ⅱ이다.

① ㄱ   ② ㄷ   ③ ㄱ, ㄴ
④ ㄴ, ㄷ   ⑤ ㄱ, ㄴ, ㄷ

11 그림은 화학 결합의 종류가 서로 다른 고체 물질 A~C의 구조를 각각 모형으로 나타낸 것이다. A~C는 각각 이온 결합 물질, 공유 결합 물질, 금속 중 하나이며, 흑연이 아니다.

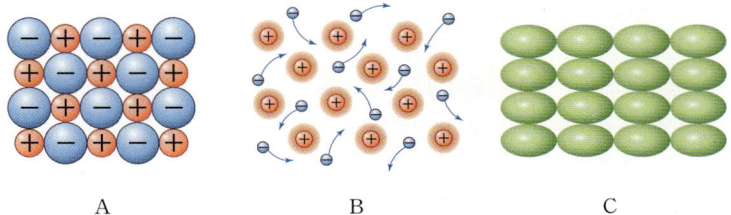

A   B   C

A~C에 대한 설명으로 옳은 것만을 〈보기〉에서 있는 대로 고른 것은?

┤보기├
ㄱ. 고체 상태에서 전류가 흐르는 물질은 1가지이다.
ㄴ. 외부에서 힘을 가했을 때 구부러지는 물질은 2가지이다.
ㄷ. 액체 상태에서 전류가 흐르는 물질은 1가지이다.

① ㄱ   ② ㄴ   ③ ㄷ
④ ㄱ, ㄷ   ⑤ ㄴ, ㄷ

○─ **11** 고체 상태의 이온 결합 물질은 외부에서 힘이 가해질 때 이온 사이의 [＿＿＿＿] 이 작용하므로 쉽게 부스러진다.

12 그림은 혼합물 A를 분리하는 과정을 모식적으로 나타낸 것이다. A는 철가루, 유리 가루, 염화 나트륨(NaCl), 설탕의 혼합물이다.

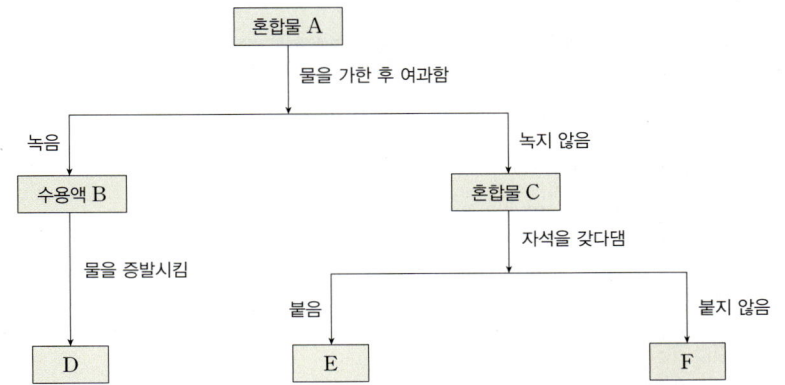

혼합물 A
│ 물을 가한 후 여과함
├── 녹음 ────────────── 녹지 않음
수용액 B   혼합물 C
│ 물을 증발시킴   │ 자석을 갖다댐
D   붙음   붙지 않음
    E   F

이에 대한 설명으로 옳은 것만을 〈보기〉에서 있는 대로 고른 것은? (단, 물은 반응하지 않는다.)

┤보기├
ㄱ. D는 1가지 물질이다.
ㄴ. E는 공유 결합 물질이다.
ㄷ. F는 고체 상태에서 전기 전도성이 없다.

① ㄱ   ② ㄷ   ③ ㄱ, ㄴ
④ ㄴ, ㄷ   ⑤ ㄱ, ㄴ, ㄷ

○─ **12** 철은 금속, 염화 나트륨(NaCl)은 이온 결합 물질, 설탕은 [＿＿＿＿] 이다.

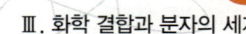

531
PROJECT
S
08
강

분자의 구조와 성질

전기 음성도와 유효 핵전하
같은 주기에서 원자 번호가 증가할수록 전기 음성도는 커지며, 원자가 전자가 느끼는 유효 핵전하가 증가하여 원자핵과 전자 사이의 인력이 강하게 작용한다.

A 결합의 극성

1. 전기 음성도

(1) **전기 음성도** : 공유 결합을 하는 원자가 공유 전자쌍을 끌어당기는 힘의 크기를 상대적인 수치로 나타낸 값이다. 플루오린(F)의 전기 음성도를 4.0으로 정하고, 이를 기준으로 다른 원소들의 전기 음성도를 상대적으로 정하였다.

(2) **전기 음성도의 주기적 변화**
- 같은 주기에서는 원자 번호가 증가할수록 전기 음성도는 대체로 커진다.
  예 Li < Be < B < C < N < O < F
- 같은 족에서는 원자 번호가 증가할수록 전기 음성도는 대체로 작아진다.
  예 I < Br < Cl < F └전자 껍질 수가 커져 원자핵과 전자 사이의 인력이 감소하기 때문이다.
- 18족 원소는 다른 원자들과 결합을 거의 하지 않으므로 전기 음성도를 다룰 때 제외한다.

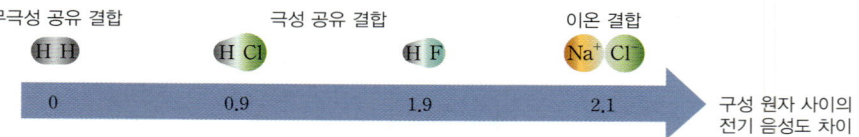

2. 결합의 극성

전기 음성도 차이와 화학 결합의 종류
전기 음성도 차이가 1.9인 HF는 공유 결합 물질이며, 전기 음성도 차이가 1.8인 LiBr은 이온 결합 물질이다. 즉, 전기 음성도 차이가 화학 결합의 종류를 결정하는 절대적인 기준은 아니다.

(1) **전기 음성도 차이에 따른 화학 결합** : 결합을 이룬 두 원자의 전기 음성도가 같으면 무극성 공유 결합을, 전기 음성도 차이가 작으면 극성 공유 결합을, 전기 음성도 차이가 매우 크면 이온 결합을 형성한다. 공유 결합을 이룬 두 원자의 전기 음성도 차이가 클수록 전기 음성도가 큰 원자 쪽으로 공유 전자쌍이 더 많이 치우친다.

무극성 공유 결합	극성 공유 결합		이온 결합
H H	H Cl	H F	Na⁺ Cl⁻
0	0.9	1.9	2.1

구성 원자 사이의 전기 음성도 차이

▲ 구성 원자 사이의 전기 음성도 차이에 따른 화학 결합의 종류

(2) **무극성 공유 결합과 극성 공유 결합**

무극성 공유 결합	• 전기 음성도가 같은 두 원자 사이의 공유 결합이다. • 결합한 두 원자에 부분적인 전하가 없다. **예** H−H, Cl−Cl, O=O, N≡N
극성 공유 결합	• 전기 음성도가 다른 두 원자 사이의 공유 결합이다. • 전기 음성도가 큰 원자는 부분적인 음전하(δ^-)를 띠고, 전기 음성도가 작은 원자는 부분적인 양전하(δ^+)를 띤다. **예** $\overset{\delta^+}{H}-\overset{\delta^-}{F}$, $\overset{\delta^+}{H}-\overset{\delta^-}{Cl}$

쌍극자 모멘트의 표시
쌍극자 모멘트는 부분적인 양전하(δ^+)를 띠는 원자에서 부분적인 음전하(δ^-)를 띠는 원자 쪽으로 화살표가 향하도록 표시한다.

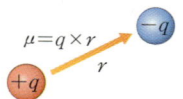

$\mu = q \times r$

▲ 쌍극자 모멘트의 표시

예 HCl의 쌍극자 모멘트

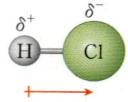

(3) **쌍극자 모멘트**

① **쌍극자** : 극성 공유 결합 분자 내에서 일정한 거리를 두고 존재하는 크기가 같고 부호가 반대인 서로 다른 두 부분 전하이다.

② **쌍극자 모멘트(μ)** : 결합의 극성 또는 분자의 극성 정도를 나타내는 물리량으로, 결합하는 두 원자의 전하량(q)과 두 전하 사이의 거리(r)를 곱한 값으로 나타낸다.

$$\mu = q \times r$$

B 분자의 구조와 성질

1. 루이스 전자점식

(1) 원자의 루이스 전자점식 : 원자 사이의 화학 결합을 나타내기 위해 원소 기호 주위에 원자가 전자를 점으로 나타낸 식이다.

족 주기	1	2	13	14	15	16	17
2	Li·	·Be·	·Ḃ·	·Ċ·	·N̈·	:Ö·	:F̈:
3	Na·	·Mg·	·Äl·	·S̈i·	·P̈·	:S̈·	:C̈l:

(2) 분자의 루이스 전자점식과 루이스 구조식

┌ 공유 결합에 참여하는 두 원자가 공유하고 있는 전자쌍

① 분자의 루이스 전자점식 : 분자를 구성하는 원자 주위의 공유 전자쌍과 비공유 전자쌍을 점으로 표시한다.

원자가 전자 중 공유 결합에 참여하지 않은 전자쌍 ┘

② 분자의 루이스 구조식 : 공유 결합 분자의 전자 배치를 간단하게 나타나기 위해 공유 전자쌍을 결합선(—)으로 나타내고, 비공유 전자쌍은 1쌍의 점으로 나타내거나 생략하기도 한다.

2. 전자쌍 반발 이론

(1) 전자쌍 반발 이론 : 분자에서 중심 원자의 주위에 있는 전자쌍들은 모두 음전하를 띠고 있으므로 전자쌍들이 정전기적 반발력을 최소화하기 위해 가능한 서로 멀리 떨어져 있으려고 한다.

(2) 전자쌍 반발 이론에 따른 전자쌍의 배치 : 중심 원자에 있는 전자쌍 수에 따라 전자쌍의 배열이 달라진다.

전자쌍 수	2	3	4
전자쌍의 배치	 2개의 전자쌍이 서로 정반대 위치에 놓일 때 반발력이 최소가 된다.	 3개의 전자쌍이 정삼각형의 꼭짓점에 놓일 때 반발력이 최소가 된다.	 4개의 전자쌍이 정사면체의 꼭짓점에 놓일 때 반발력이 최소가 된다.
결합각	180°	120°	109.5°

(3) 전자쌍의 종류에 따른 반발력의 크기 : 비공유 전자쌍은 공유 전자쌍에 비해 중심 원자 주위의 공간을 더 많이 차지하므로 비공유 전자쌍 사이의 반발력이 공유 전자쌍 사이의 반발력보다 크다.

> 비공유 전자쌍 사이의 반발력 > 비공유 전자쌍과 공유 전자쌍 사이의 반발력 > 공유 전자쌍 사이의 반발력

3. 분자의 구조

(1) 중심 원자에 공유 전자쌍만 있는 경우 중심 원자에 결합한 원자 수에 따라 분자의 구조가 결정된다.

분자식	BeF_2	BCl_3	CH_4
중심 원자의 공유 전자쌍 수	2	3	4
분자 모형과 결합각			
분자의 구조	직선형	평면 삼각형	정사면체형

(2) 중심 원자에 비공유 전자쌍이 있는 경우 중심 원자에 결합한 원자 수와 비공유 전자쌍 수에 따라 분자 구조가 결정된다.
중심 원자의 비공유 전자쌍 수가 클수록 결합각이 작아지는 경향이 있다.

분자식		H_2O	NH_3
중심 원자의 전자쌍 수	공유 전자쌍	2	3
	비공유 전자쌍	2	1
분자 모형과 결합각			
분자의 구조		굽은 형	삼각뿔 형

○─ 단일 결합과 다중 결합

두 원자가 전자쌍 1개를 공유하는 결합을 단일 결합이라고 하며, 전자쌍 2개를 공유하는 결합을 2중 결합, 전자쌍 3개를 공유하는 결합을 3중 결합이라고 한다. 단일 결합이 아닌 2중 결합과 3중 결합은 다중 결합이라고 한다.

○─ 분자의 루이스 전자점식과 구조식

분자	루이스 전자점식	루이스 구조식
O_2	Ö::Ö	Ö=Ö
NH_3	H:N:H ··H	H—N—H ·H
C_2H_4	H H H:C::C:H	H H H—C=C—H
H_2O	H:Ö: H	H—Ö: H

○─ 이온의 루이스 전자점식

루이스 전자점식에서 양이온은 양전하당 점 1개를 제거하고, 음이온은 음전하당 점 1개를 추가하여 나타낸다.

수산화 이온 (OH^-)	$\left[:Ö:H \right]^-$
염화 이온 (Cl^-)	$\left[:C̈l: \right]^-$
암모늄 이온 (NH_4^+)	$\left[\begin{matrix} H \\ H:N:H \\ H \end{matrix} \right]^+$

폼알데하이드(CH_2O)의 분자 구조
CH_2O의 중심 원자인 탄소(C)에는 비공유 전자쌍이 없고, 결합한 원자 수가 3이다. 그러나 산소(O) 원자는 탄소(C) 원자와 2중 결합을, 수소(H) 원자는 탄소(C) 원자와 단일 결합을 형성하므로 전자쌍 사이의 반발력이 같지 않아 결합각 ∠HCO와 ∠HCH는 같지 않다.

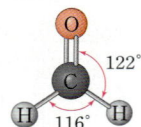

▲ 폼알데하이드(CH_2O)의 분자 구조

결합의 쌍극자 모멘트와 분자의 쌍극자 모멘트
분자의 쌍극자 모멘트는 분자 내에 존재하는 결합의 쌍극자 모멘트를 모두 합한 값이다.
예 CO_2에서 C=O 결합의 쌍극자 모멘트는 0이 아니지만, 분자의 쌍극자 모멘트는 0이다.

액체 상태인 극성 물질의 전기적 성질
뷰렛에 극성 물질인 물(H_2O)을 넣고 가늘게 흘러 내리게 한 후, 대전체를 가까이 가져가면 물줄기가 대전체 쪽으로 휘어진다.

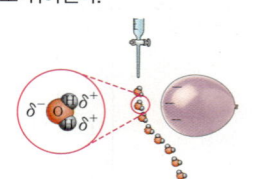

4. 분자의 성질

(1) 무극성 분자 : 분자의 쌍극자 모멘트가 0인 분자 예 H_2, O_2, N_2, $\underline{CO_2}$, $\underline{BCl_3}$, $\underline{CH_4}$ 등 ┈ 무극성 공유 결합이 있는 구성 원자 수가 2인 분자

(2) 극성 분자 : 분자의 쌍극자 모멘트가 0이 아닌 분자 예 HF, H_2O, NH_3 등 ┈ 극성 공유 결합이 있지만 분자의 쌍극자 모멘트가 0인 분자

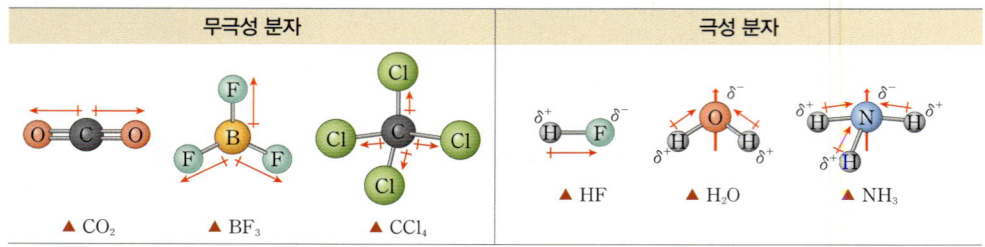

무극성 분자			극성 분자		
▲ CO_2	▲ BF_3	▲ CCl_4	▲ HF	▲ H_2O	▲ NH_3

(3) 무극성 분자와 극성 분자의 성질 비교

① 물에 녹는 정도 : 무극성 분자는 무극성 용매에 잘 녹고, 극성 분자는 극성 용매에 잘 녹는다.
→ 극성 용매와 무극성 용매는 서로 잘 섞이지 않는다. 대표적인 극성 용매로는 물(H_2O), 대표적인 무극성 용매로는 사염화 탄소(CCl_4)가 있다.

② 녹는점과 끓는점 : 분자량이 비슷한 경우, 일반적으로 녹는점과 끓는점은 극성 물질이 무극성 물질보다 높다.

물질	CH_4	H_2O
분자량	16	18
끓는점(℃)	-162	100

③ 전기적 성질 : 기체 상태의 극성 분자는 전기장 속에서 일정한 방향으로 배열한다.

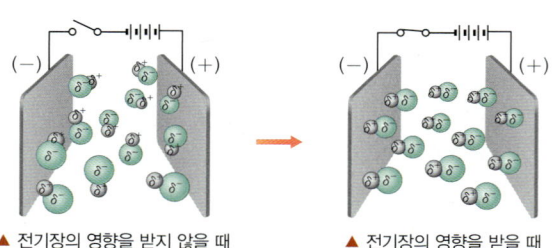

▲ 전기장의 영향을 받지 않을 때   ▲ 전기장의 영향을 받을 때

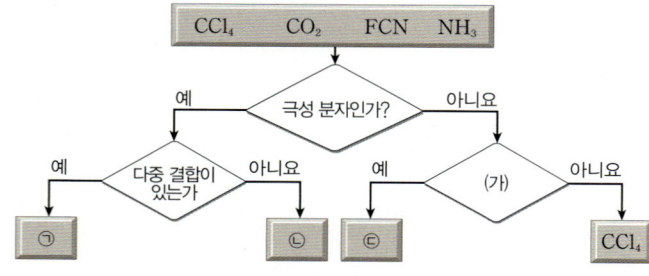

기출 자료 | 분석

그림은 4가지 분자를 주어진 기준에 따라 분류한 것이다. ㉠~㉢은 각각 CO_2, FCN, NH_3 중 하나이다.

자료 체크 리스트
☐ 제시된 4가지 분자의 구조와 성질 비교
 → 극성 분자와 무극성 분자의 분류
☐ 구조식으로부터 다중 결합의 유무 파악
☐ 분류된 분자로부터 분류 기준 (가)의 판단

step 1 분자식으로부터 각 물질의 분자 구조와 성질을 비교한다.

분자식	CCl_4	CO_2	FCN	NH_3
분자 구조	정사면체형	직선형	직선형	삼각뿔형
결합각	109.5°	180°	180°	107°
입체/평면	입체	평면	평면	입체
극성/무극성	무극성	무극성	극성	극성

step 2 구조식으로부터 다중 결합의 유무를 파악한다.
CO_2와 FCN의 구조식은 각각 O=C=O, F−C≡N이므로 다중 결합이 있으며, CCl_4와 NH_3에는 단일 결합만 있다.

step 3 분류 기준에 따라 4가지 분자를 분류했을 때, 분류된 분자로부터 분류 기준 (가)를 판단할 수 있다.
• 극성 분자는 FCN과 NH_3이고, 다중 결합이 있는 분자는 CO_2와 FCN이다. 따라서 ㉠은 FCN이고, ㉡은 NH_3이다.
• 무극성 분자는 CCl_4와 CO_2이다.
• CCl_4는 입체 구조이고, CO_2는 직선형 구조이다. 따라서 (가)는 '분자 모양은 직선형인가?'가 될 수 있다.

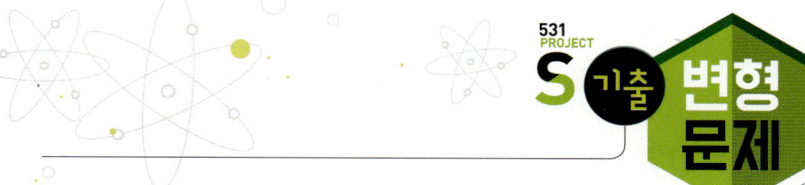

정답 및 해설 17쪽

01 수능 기출 변형

그림은 2주기 원소 X∼Z로 이루어진 분자 (가)와 (나)를 루이스 전자점식으로 나타낸 것이다.

$$:X ::: X: \qquad :\ddot{Z}:\ddot{Y}:\ddot{Z}:$$

(가)   (나)

이에 대한 설명으로 옳은 것만을 〈보기〉에서 있는 대로 고른 것은? (단, X∼Z는 임의의 원소 기호이다.)

─┤보기├─
ㄱ. Y_2에는 다중 결합이 있다.
ㄴ. (가)에는 무극성 공유 결합이 있다.
ㄷ. 분자의 쌍극자 모멘트는 (나)가 (가)보다 크다.

① ㄱ   ② ㄷ   ③ ㄱ, ㄴ
④ ㄴ, ㄷ   ⑤ ㄱ, ㄴ, ㄷ

02 교육청 기출 변형

표는 원소 W∼Z로 이루어진 분자 (가)와 (나)에 대한 자료이다. W∼Z는 각각 C, N, O, F 중 하나이고, (가)와 (나)를 구성하는 모든 원자는 옥텟 규칙을 만족한다. 구조식에서 비공유 전자쌍과 다중 결합은 표시하지 않았다.

분자	(가)	(나)
구조식	W−X−X−W	Y−Z−W
비공유 전자쌍 수 / 공유 전자쌍 수	$\dfrac{6}{5}$	2

이에 대한 설명으로 옳은 것만을 〈보기〉에서 있는 대로 고른 것은?

─┤보기├─
ㄱ. 공유 전자쌍 수는 (가)가 (나)보다 크다.
ㄴ. 비공유 전자쌍 수는 (가)와 (나)가 같다.
ㄷ. 분자의 쌍극자 모멘트는 (나)가 (가)보다 크다.

① ㄴ   ② ㄷ   ③ ㄱ, ㄴ
④ ㄱ, ㄷ   ⑤ ㄱ, ㄴ, ㄷ

03 교육청 기출 변형

표는 2주기 원소로 이루어진 분자 (가)와 (나)에 대한 자료이다. (가)와 (나)의 구성 원소는 각각 C, N, O, F 중 3가지이고, (가)와 (나)를 구성하는 모든 원자는 옥텟 규칙을 만족한다.

분자	(가)	(나)
중심 원자	탄소(C)	질소(N)
공유 전자쌍 수	4	3
분자 구조	직선형	굽은 형

이에 대한 설명으로 옳은 것만을 〈보기〉에서 있는 대로 고른 것은?

─┤보기├─
ㄱ. (가)는 분자의 쌍극자 모멘트가 0이다.
ㄴ. (나)에서 중심 원자인 질소(N)에는 비공유 전자쌍이 있다.
ㄷ. (나)에서 중심 원자는 다른 두 원자와의 결합에서 모두 부분적인 양전하(δ^+)를 띤다.

① ㄱ   ② ㄷ   ③ ㄱ, ㄴ
④ ㄱ, ㄷ   ⑤ ㄴ, ㄷ

04 교육청 기출 변형

그림은 3가지 분자를 주어진 기준에 따라 분류한 것이다. (가)∼(다)는 각각 CH_4, N_2H_4, H_2O 중 하나이다.

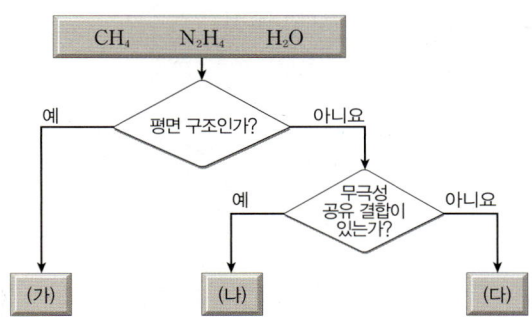

이에 대한 설명으로 옳은 것만을 〈보기〉에서 있는 대로 고른 것은?

─┤보기├─
ㄱ. (가)는 무극성 분자이다.
ㄴ. (나)에는 다중 결합이 있다.
ㄷ. 결합각은 (다)가 (가)보다 크다.

① ㄱ   ② ㄴ   ③ ㄷ
④ ㄱ, ㄴ   ⑤ ㄴ, ㄷ

05 교육청 기출 변형

표는 플루오린(F)을 포함한 분자 (가)와 (나)에 대한 자료이다. X와 Y는 2주기 원소이고, (가)와 (나)를 구성하는 모든 원자는 옥텟 규칙을 만족한다.

분자	(가)	(나)
분자식	X_2F_2	YF_2
공유 전자쌍 수	5	2

(나)가 (가)보다 큰 값을 갖는 것만을 〈보기〉에서 있는 대로 고른 것은? (단, X와 Y는 임의의 원소 기호이다.)

┤보기├
ㄱ. 비공유 전자쌍 수
ㄴ. 분자의 쌍극자 모멘트
ㄷ. 결합각

① ㄴ   ② ㄷ   ③ ㄱ, ㄴ
④ ㄱ, ㄷ   ⑤ ㄱ, ㄴ, ㄷ

06 교육청 기출 변형

표는 4가지 분자와 2가지 분류 기준을, 그림은 4가지 분자를 기준 (가)와 (나)에 따라 분류하는 벤 다이어그램을 나타낸 것이다.

분자	O_2, H_2O, CO_2, H_2O_2
분류 기준	(가) 극성 공유 결합이 있다. (나) 무극성 공유 결합이 있다.

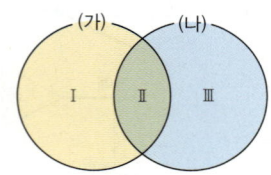

이에 대한 설명으로 옳은 것만을 〈보기〉에서 있는 대로 고른 것은?

┤보기├
ㄱ. O_2는 영역 I에 속한다.
ㄴ. 영역 II에 속하는 분자는 1가지이다.
ㄷ. 영역 III에 속하는 분자는 $\dfrac{\text{비공유 전자쌍 수}}{\text{공유 전자쌍 수}} = 1$이다.

① ㄱ   ② ㄴ   ③ ㄷ
④ ㄱ, ㄴ   ⑤ ㄴ, ㄷ

07 교육청 기출 변형

표는 중심 원자가 탄소(C)인 분자 (가)~(다)에 대한 자료이다. (가)~(다)를 구성하는 모든 원자는 옥텟 규칙을 만족한다.

분자	(가)	(나)	(다)
구성 원소	C, O	C, F	C, O, F
구성 원자 수	3	5	4
비공유 전자쌍 수	4	12	8

(가)~(다)에 대한 설명으로 옳은 것만을 〈보기〉에서 있는 대로 고른 것은?

┤보기├
ㄱ. 입체 구조는 2가지이다.
ㄴ. 분자의 쌍극자 모멘트는 (다)가 (나)보다 크다.
ㄷ. 기체 상태인 (다)에 전기장을 걸어주면 일정한 방향으로 배열된다.

① ㄱ   ② ㄷ   ③ ㄱ, ㄴ
④ ㄴ, ㄷ   ⑤ ㄱ, ㄴ, ㄷ

08 평가원 기출 변형

다음은 분류 기준 (가)~(다)와, 4가지 분자를 기준 A~C에 따라 분류한 것이다. ㉠~㉣은 각각 C_2H_2, $COCl_2$, FCN, N_2 중 하나이고, A~C는 각각 (가)~(다) 중 하나이다.

[분류 기준]
(가) 3중 결합이 있는가?
(나) 극성 공유 결합이 있는가?
(다) 분자의 쌍극자 모멘트는 0인가?

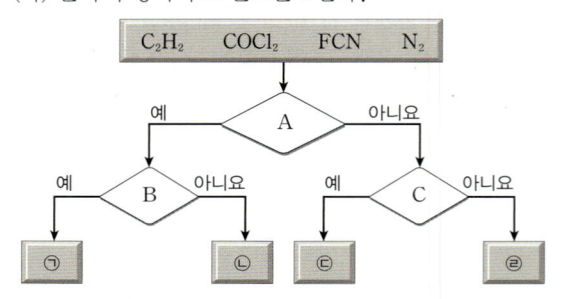

㉠~㉣로 옳은 것은?

	㉠	㉡	㉢	㉣
①	N_2	C_2H_2	$COCl_2$	FCN
②	FCN	C_2H_2	N_2	$COCl_2$
③	FCN	N_2	$COCl_2$	C_2H_2
④	C_2H_2	N_2	FCN	$COCl_2$
⑤	$COCl_2$	FCN	C_2H_2	N_2

09 표는 분자 (가)~(다)를 구성하는 각 원자의 비공유 전자쌍 수(a)와 각 원자에 결합한 원자 수(b)의 합에 대한 자료이다. (가)~(다)는 각각 CO_2, OF_2, FCN 중 하나이다.

분자	(가)	(나)	(다)
$a+b=4$인 원자 수	1	3	0
$a+b=3$인 원자 수	0	0	x
$a+b=2$인 원자 수	2	0	y

이에 대한 설명으로 옳은 것만을 〈보기〉에서 있는 대로 고른 것은?

┌─ 보기 ├─
ㄱ. $\dfrac{x}{y}=2$이다.
ㄴ. 결합각은 (나)가 (가)보다 크다.
ㄷ. $a=2$인 원자 수는 (다)가 (나)보다 크다.
└────────

① ㄱ   ② ㄷ   ③ ㄱ, ㄴ
④ ㄱ, ㄷ   ⑤ ㄴ, ㄷ

10 그림은 2주기 원소 W~Z로 구성된 2가지 분자의 구조식을 나타낸 것이다. 분자 내 모든 구성 원자는 옥텟 규칙을 만족한다.

$$\begin{array}{ccc} & W & W \\ & | & |\,\rlap{\raise2pt{\beta}}{} \\ W-X-X-X-W & & W-Z-W \\ |\,\rlap{\raise-2pt{\alpha}}{}\ \ || & & | \\ W & Y & W & \quad W \end{array}$$

이에 대한 설명으로 옳은 것만을 〈보기〉에서 있는 대로 고른 것은? (단, W~Z는 임의의 원소 기호이다.)

┌─ 보기 ├─
ㄱ. 결합각은 $\alpha=\beta$이다.
ㄴ. 분자의 쌍극자 모멘트는 ZW_3이 XW_4보다 크다.
ㄷ. $\dfrac{\text{비공유 전자쌍 수}}{\text{공유 전자쌍 수}}$ 는 Y_2와 Z_2W_2가 같다.
└────────

① ㄱ   ② ㄴ   ③ ㄷ
④ ㄴ, ㄷ   ⑤ ㄱ, ㄴ, ㄷ

11 표는 2주기 원소 X~Z로 이루어진 분자 (가)~(라)에 대한 자료이다. (가)~(라)의 중심 원자는 각각 1개이고, X~Z는 각각 C, F, O 중 하나이며, 분자 내 모든 원자는 옥텟 규칙을 만족한다.

분자	(가)	(나)	(다)	(라)
구성 원소	X, Y	Y, Z	X, Z	X, Y, Z
분자당 원자 수	3	3	x	4
$\dfrac{\text{비공유 전자쌍 수}}{\text{공유 전자쌍 수}}$	1	4	3	y

이에 대한 설명으로 옳은 것만을 〈보기〉에서 있는 대로 고른 것은?

┌─ 보기 ├─
ㄱ. $x+y=7$이다.
ㄴ. 다중 결합이 있는 분자는 3가지이다.
ㄷ. 결합각은 (가)가 (라)보다 크다.
└────────

① ㄱ   ② ㄷ   ③ ㄱ, ㄴ
④ ㄱ, ㄷ   ⑤ ㄴ, ㄷ

12 그림은 분자 Ⅰ~Ⅲ의 특성을 나타낸 벤 다이어그램이다. Ⅰ~Ⅲ은 각각 CH_4, NH_3, CO_2이다.

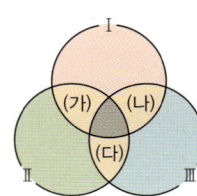

(가): Ⅰ과 Ⅱ만의 공통된 특성
(나): Ⅰ과 Ⅲ만의 공통된 특성
(다): Ⅱ와 Ⅲ만의 공통된 특성

이에 대한 설명으로 옳은 것만을 〈보기〉에서 있는 대로 고른 것은?

┌─ 보기 ├─
ㄱ. '입체 구조이다.'는 (가) 영역에 해당한다.
ㄴ. '분자의 쌍극자 모멘트가 0이다.'는 (나) 영역에 해당한다.
ㄷ. '$\dfrac{\text{비공유 전자쌍 수}}{\text{공유 전자쌍 수}}<1$이다.'는 (다) 영역에 해당한다.
└────────

① ㄱ   ② ㄷ   ③ ㄱ, ㄴ
④ ㄴ, ㄷ   ⑤ ㄱ, ㄴ, ㄷ

기본 개념 확인

01 구성 원자 수가 3인 분자에서 구성 원자가 모두 옥텟 규칙을 만족한다면 총 24개의 전자가 필요하며, 분자를 구성하는 모든 원자의 원자가 전자 수의 합이 20이면 4개의 전자가 부족하다. 따라서 공유 전자쌍 수는 ☐☐☐ 이다.

01 표는 2주기 원소 $X \sim Z$로 이루어진 분자 (가)와 (나)에 대한 자료이다. 분자 내 모든 원자는 옥텟 규칙을 만족한다.

분자	(가)	(나)
분자식	XY_2	ZY_3
분자를 구성하는 모든 원자의 원자가 전자 수의 합	20	26

이에 대한 설명으로 옳은 것만을 〈보기〉에서 있는 대로 고른 것은? (단, $X \sim Z$는 임의의 원소 기호이다.)

―― 보기 ――
ㄱ. 원자 번호는 X가 Z보다 크다.
ㄴ. (나)에는 다중 결합이 있다.
ㄷ. 비공유 전자쌍 수의 비는 (가) : (나) = 4 : 5이다.

① ㄱ ② ㄴ ③ ㄱ, ㄷ
④ ㄴ, ㄷ ⑤ ㄱ, ㄴ, ㄷ

02 CCl_4의 $\dfrac{\text{비공유 전자쌍 수}}{\text{공유 전자쌍 수}}$ 는 ☐☐☐ 이다.

02 그림은 4가지 분자를 주어진 기준에 따라 분류한 것이다. ㉠~㉣은 각각 BCl_3, Cl_2O, CCl_4, NCl_3 중 하나이다.

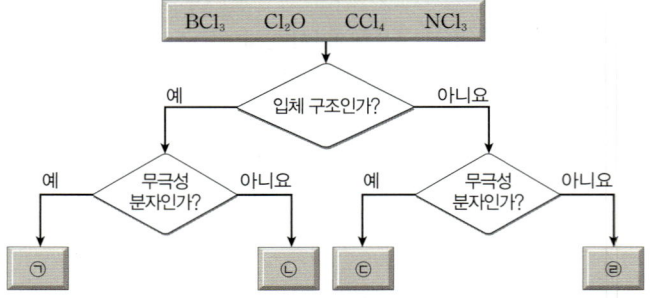

이에 대한 설명으로 옳은 것만을 〈보기〉에서 있는 대로 고른 것은?

―― 보기 ――
ㄱ. ㉠은 중심 원자에 비공유 전자쌍이 있다.
ㄴ. 분자당 공유 전자쌍 수는 ㉡과 ㉢이 같다.
ㄷ. ㉣은 $\dfrac{\text{비공유 전자쌍 수}}{\text{공유 전자쌍 수}} = 4$이다.

① ㄱ ② ㄴ ③ ㄷ
④ ㄴ, ㄷ ⑤ ㄱ, ㄴ, ㄷ

03 표는 2주기 원소 X~Z로 이루어진 분자 (가)~(다)에 대한 자료이다. X~Z는 각각 C, N, F 중 하나이고, 분자 내 모든 원자는 옥텟 규칙을 만족한다.

분자	구성 원자의 종류와 수			비공유 전자쌍 수 / 공유 전자쌍 수 (상댓값)
	X	Y	Z	
(가)	2	4	0	14
(나)	1	1	1	5
(다)	0	2	2	6

이에 대한 설명으로 옳은 것만을 〈보기〉에서 있는 대로 고른 것은?

┤ 보기 ├
ㄱ. 원자 번호는 Y가 X보다 크다.
ㄴ. (가)에 다중 결합이 존재한다.
ㄷ. 결합각은 (나)가 (다)보다 크다.

① ㄱ   ② ㄴ   ③ ㄷ
④ ㄴ, ㄷ   ⑤ ㄱ, ㄴ, ㄷ

○─ **03** C_2F_4와 N_2F_4 중 $\dfrac{\text{비공유 전자쌍 수}}{\text{공유 전자쌍 수}} = \dfrac{14}{5}$인 분자는 [ ]이다.

04 그림은 수소(H)와 2주기 원소 X로 이루어진 분자 또는 이온을 화학 결합 모형으로 나타낸 것이다.

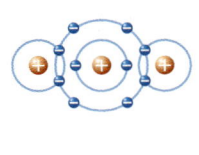

(가)

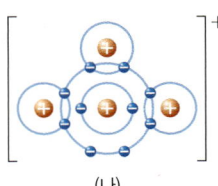

(나)

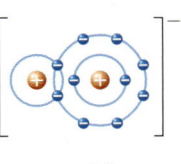
(다)

이에 대한 설명으로 옳은 것만을 〈보기〉에서 있는 대로 고른 것은? (단, X는 임의의 원소 기호이다.)

┤ 보기 ├
ㄱ. (가)에서 X 원자는 부분적인 음전하(δ^-)를 띤다.
ㄴ. (나) 1개와 (다) 1개가 반응하면 (가) 2개가 생성된다.
ㄷ. 결합각은 (가)가 (나)보다 크다.

① ㄱ   ② ㄴ   ③ ㄷ
④ ㄱ, ㄴ   ⑤ ㄱ, ㄴ, ㄷ

○─ **04** H_3O^+은 공유 전자쌍 수와 비공유 전자쌍 수의 합이 [ ]이다.

기본 개념 확인

05 ONF, CO₂, FCN 중 비공유 전자쌍 수 가 가장 큰 것은 [   ]이다.

05 다음은 분자 (가)~(다)에 대한 자료이다. (가)~(다)는 각각 ONF, CO_2, FCN 중 하나이다.

> • 분자의 쌍극자 모멘트는 (나)>(가)이다.
> • 분자당 공유 전자쌍 수는 (나)>(다)이다.
> • 분자당 비공유 전자쌍 수는 [㉠]>(가)이다.

이에 대한 설명으로 옳은 것만을 〈보기〉에서 있는 대로 고른 것은?

> ─┤보기├─
> ㄱ. (가)에는 다중 결합이 있다.
> ㄴ. (나)의 결합각은 180°이다.
> ㄷ. ㉠은 (다)이다.

① ㄱ　　　　　　② ㄷ　　　　　　③ ㄱ, ㄴ
④ ㄴ, ㄷ　　　　⑤ ㄱ, ㄴ, ㄷ

06 C_2F_2의 쌍극자 모멘트는 [   ] 이다.

06 그림은 화합물 WX_2와 YZ_2의 화학 결합 모형을, 표는 분자 (가)~(다)를 구성하는 원자의 종류와 수를 나타낸 것이다.

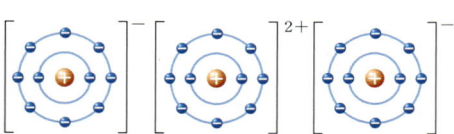

WX_2

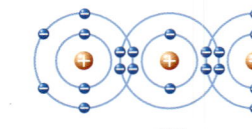

YZ_2

분자	구성 원자의 종류와 수		
	X	Y	Z
(가)	2	2	0
(나)	2	1	1
(다)	2	0	1

(가)~(다)에 대한 설명으로 옳은 것만을 〈보기〉에서 있는 대로 고른 것은? (단, W~Z는 임의의 원소 기호이다.)

> ─┤보기├─
> ㄱ. 입체 구조는 2가지이다.
> ㄴ. 다중 결합이 있는 것은 1가지이다.
> ㄷ. 분자의 쌍극자 모멘트가 0이 아닌 것은 2가지이다.

① ㄴ　　　　　　② ㄷ　　　　　　③ ㄱ, ㄴ
④ ㄱ, ㄷ　　　　⑤ ㄱ, ㄴ, ㄷ

07 표는 2주기 원소 X~Z의 플루오린(F) 화합물 (가)~(다)에 대한 자료이다. (가)~(다)의 분자 당 구성 원자 수는 6 이하이고, (가)~(다)에서 모든 원자는 옥텟 규칙을 만족한다.

분자	(가)	(나)	(다)
분자식	X_aF_{2a}	Y_bF_{2b}	Z_cF_{2c}
공유 전자쌍 수(상댓값)	1	3	

이에 대한 설명으로 옳은 것만을 〈보기〉에서 있는 대로 고른 것은? (단, X~Z는 임의의 원소 기호이다.)

┌─ 보기 ┐
ㄱ. $a > c$이다.
ㄴ. (나)에는 무극성 공유 결합이 있다.
ㄷ. (다)에는 다중 결합이 있다.

① ㄴ   ② ㄷ   ③ ㄱ, ㄴ
④ ㄱ, ㄷ   ⑤ ㄴ, ㄷ

07 N_2F_4의 공유 전자쌍 수는 [ ] 이다.

---

08 다음은 학생 A가 X_2Y_2의 분자 구조에 대하여 작성한 활동지이다.

[X_2Y_2의 분자 구조]
⑴ X의 원자가 전자 수는 a, Y의 원자가 전자 수는 b이다.
⑵ X_2Y_2 분자에서 X 원자 1개는 c개의 공유 전자쌍과 1개의 비공유 전자쌍을 가지고, Y 원자 1개는 d개의 공유 전자쌍과 2개의 비공유 전자쌍을 가진다.
⑶ X_2Y_2에서 모든 원자는 옥텟 규칙을 만족한다.
⑷ X_2Y_2의 가능한 구조식은 다음과 같다.

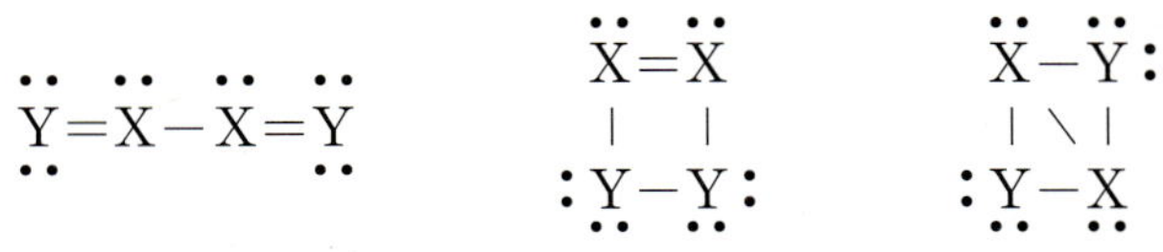

$$\ddot{Y}=X-X=\ddot{Y}$$ (가)

$$X=X$$
$$|\quad|$$
$$:Y-Y:$$ (나)

$$X-\ddot{Y}:$$
$$|\ \backslash\ |$$
$$:Y-X$$ (다)

$\dfrac{a}{b} + \dfrac{c}{d}$ 는? (단, X와 Y는 임의의 원소 기호이다.)

① $\dfrac{9}{10}$ ② $\dfrac{7}{3}$ ③ $\dfrac{12}{5}$

④ $\dfrac{9}{2}$ ⑤ $\dfrac{14}{3}$

08 X_2Y_2 분자에서 모든 원자가 옥텟 규칙을 만족할 때, 공유 전자쌍 c개와 비공유 전자쌍 1개를 가진 원자 X의 가장 바깥 전자 껍질에 존재하는 전자 수는 [ ] 이다.

기본 개념 확인

09 비공유 전자쌍 2개를 가진 원자가 옥텟 규칙을 만족하려면 공유 전자쌍은 [   ]개를 가져야 한다.

09 표는 2주기 원자 W~Z로 이루어진 분자 (가)~(다)의 화학 결합 모형을 ㉠과 ㉡에 의해 일부가 가려진 모습으로 각각 나타낸 것이다. (가)~(다)에서 모든 원자는 옥텟 규칙을 만족한다.

분자	분자식	화학 결합 모형
(가)	WX_2	
(나)	XYZ	
(다)	XZ_2	

이에 대한 설명으로 옳은 것만을 〈보기〉에서 있는 대로 고른 것은? (단, W~Z는 임의의 원소 기호이다.)

┤보기├
ㄱ. 전자의 수는 ㉠에서가 ㉡에서보다 크다.
ㄴ. (가)~(다) 중 분자의 쌍극자 모멘트가 0이 아닌 것은 2가지이다.
ㄷ. (가)~(다) 중 중심 원자에 비공유 전자쌍이 있는 것은 2가지이다.

① ㄱ   ② ㄷ   ③ ㄱ, ㄴ
④ ㄴ, ㄷ   ⑤ ㄱ, ㄴ, ㄷ

10 물에는 녹지 않지만 사염화 탄소(CCl_4)에 녹는 아이오딘(I_2)은 [   ] 물질이다.

10 다음은 물질의 성질을 알아보기 위한 자료와 실험이다.

[자료]
• 극성 용매 : 물($H_2O(l)$), 무극성 용매 : 사염화 탄소($CCl_4(l)$), 사이클로 헥세인($C_6H_{12}(l)$)
• 용매의 밀도 : 사염화 탄소($CCl_4(l)$) > 물($H_2O(l)$) > 사이클로 헥세인($C_6H_{12}(l)$)

[실험 과정]
(가) 빈 시험관에 사염화 탄소($CCl_4(l)$)를 넣는다.
(나) 이전 과정의 시험관에 소량의 아이오딘($I_2(s)$) 가루를 넣는다.
(다) 이전 과정의 시험관에 물($H_2O(l)$)을 넣는다.
(라) 이전 과정의 시험관에 사이클로 헥세인($C_6H_{12}(l)$)을 넣는다.
(마) 이전 과정의 시험관에 소량의 황산 구리($CuSO_4(s)$) 가루를 넣는다.

[실험 결과]
• 충분한 시간이 흐른 후에도 시험관 속 액체가 3개의 층으로 나뉘었으며, 아랫층은 보라색, 중간층은 푸른색, 윗층은 무색을 나타내었다.

실험 과정을 (가)-(다)-(라)-(나)-(마) 순으로 수행한다면 시험관 속 액체의 층별 색으로 옳은 것은?

	아랫층	중간층	윗층
①	보라색	무색	푸른색
②	무색	푸른색	보라색
③	무색	보라색	푸른색
④	푸른색	보라색	무색
⑤	푸른색	무색	보라색

대단원 예상 적중 자료 정리

① 물의 전기 분해
7강_ 64쪽 1번

다음은 물(H_2O)을 전기 분해하는 실험이다.

[실험 과정 및 결과]
그림과 같이 $H_2O(l)$을 전기 분해하였더니, 생성되는 기체의 몰비($A_2 : B_2$)는 1 : 2이었다.

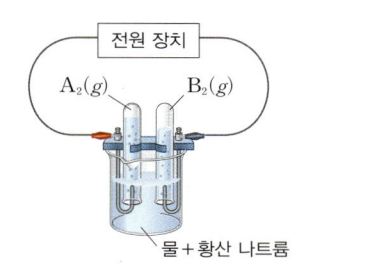

전원 장치
$A_2(g)$ $B_2(g)$
물 + 황산 나트륨

분석 포인트▶▶▶
물의 전기 분해 실험에서 수소(H_2) 기체와 산소(O_2) 기체는 2 : 1의 몰비로 생성된다.

자료 집중 분석
- 생성되는 기체의 몰비($H_2 : O_2$)는 ① [   ]이다.
- (−)극에서 수소(H_2) 기체가 생성되고, (＋)극에서 다른 물질이 불에 잘 타도록 도와주는 ② [   ]이 있는 산소(O_2) 기체가 생성된다.
- (−)극에서 전자를 얻는 ③ [   ] 반응이, (＋)극에서 전자를 잃는 ④ [   ] 반응이 일어난다.

② 이온 결합의 형성과 에너지 변화
7강_ 67쪽 8번

표는 4가지 이온 결합 물질의 이온 사이의 거리에 따른 녹는점을, 그림은 이온 결합 물질이 형성될 때 이온 사이의 거리에 따른 에너지를 나타낸 것이다.

물질	이온 사이의 거리(pm)	녹는점(℃)	물질	이온 사이의 거리(pm)	녹는점(℃)
NaF	235	996	MgO	212	2825
NaCl	283	801	CaO	240	2613

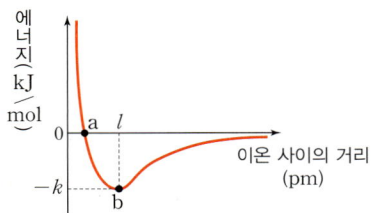

분석 포인트▶▶▶
이온의 전하량이 클수록, 이온 사이의 거리가 가까울수록 이온 결합 물질의 녹는점이 높다.

자료 집중 분석
- MgO은 NaF보다 이온 사이의 거리가 가깝고, ⑤ [   ]이 크므로 녹는점이 높다.
- NaF은 NaCl보다 ⑥ [   ]가 가까우므로 녹는점이 높다.
- 에너지가 가장 ⑦ [   ] 지점에서 이온 결합이 형성된다.

③ 화학 결합 모형
7강_ 68쪽 9번

그림은 어떤 화학 반응을 화학 결합 모형으로 나타낸 것이다.

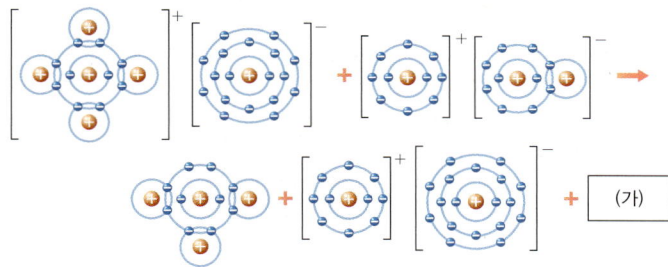

(가)

분석 포인트▶▶▶
화학 결합 모형으로부터 반응물과 생성물을 화학식으로 나타내어 화학 반응식을 작성한다.

자료 집중 분석
- 여러 가지의 원소로 구성된 하나의 이온을 ⑧ [   ]이라고 한다.
- 화학 반응식에서 반응 전후 전체 ⑨ [   ]의 수는 같다.
- $NH_4Cl + NaOH \longrightarrow NH_3 + NaCl +$ [(가)] 에서 (가)는 ⑩ [   ]이다.
- (가)는 ⑪ [   ] 결합 물질이다.
- (가)를 구성하는 원소의 가짓수는 ⑫ [   ]이다.

④ 분자의 구조
8강_ 77쪽 3번

표는 2주기 원소 X~Z로 이루어진 분자 (가)~(다)에 대한 자료이다. X~Z는 각각 C, N, F 중 하나이고, 분자 내 모든 원자는 옥텟 규칙을 만족한다.

분자	구성 원자의 종류와 수			비공유 전자쌍 수 / 공유 전자쌍 수 (상댓값)
	X	Y	Z	
(가)	2	4	0	14
(나)	1	1	1	5
(다)	0	2	2	6

분석 포인트▶▶▶
구성 원자 수가 3이면서 C, N, F 원자 1개씩으로 이루어진 분자는 FCN이며, 비공유 전자쌍 수가 4, 공유 전자쌍 수가 4이다.

자료 집중 분석
- 옥텟 규칙을 만족하는 C 원자 1개는 공유 전자쌍 수가 ⑬ [   ], 비공유 전자쌍 수가 0이다.
- 옥텟 규칙을 만족하는 F 원자 1개는 공유 전자쌍 수가 1, 비공유 전자쌍 수가 ⑭ [   ]이다.
- 옥텟 규칙을 만족하는 N 원자 1개는 공유 전자쌍 수가 ⑮ [   ], 비공유 전자쌍 수가 1이다.
- FCN의 $\dfrac{비공유 \ 전자쌍 \ 수}{공유 \ 전자쌍 \ 수} = 1$이므로 (가)의 $\dfrac{비공유 \ 전자쌍 \ 수}{공유 \ 전자쌍 \ 수} =$ ⑯ [   ]이다.

5 분자의 구조와 결합의 극성　　8강_ 78쪽 6번

그림은 화합물 WX_2와 YZ_2의 화학 결합 모형을, 표는 분자 (가)~(다)를 구성하는 원자의 종류와 수를 나타낸 것이다.

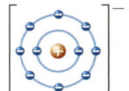 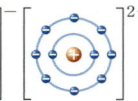 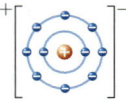 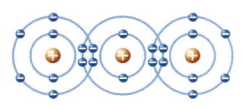

WX_2 　　　　　　　　　YZ_2

분자	구성 원자의 종류와 수		
	X	Y	Z
(가)	2	2	0
(나)	2	1	1
(다)	2	0	1

분석 포인트 ▶▶▶

W 이온과 X 이온의 전자 배치가 같으므로 W의 원자가 전자 수는 2, X의 원자가 전자 수는 7이다. Y와 Z는 2중 결합을 하고 있으므로 Y의 원자가 전자 수는 4, Z의 원자가 전자 수는 6이다.

자료 집중 분석

- (가)는 Y_2X_2이며, 분자 내에 단일 결합 2개, 2중 결합 0개, 3중 결합 ⑰ [　　] 개가 있다.
- (나)의 분자 구조는 ⑱ [　　] 이다.
- (다)의 분자 구조는 ⑲ [　　] 이다.
- (가)의 Y 원자 사이의 결합은 전기 음성도가 같은 원자 사이의 결합이므로 ⑳ [　　] 공유 결합이고, Y 원자와 X 원자 사이의 결합은 ㉑ [　　] 공유 결합이다.

6 분자의 루이스 구조식　　8강_ 79쪽 8번

다음은 학생 A가 X_2Y_2의 분자 구조에 대하여 작성한 활동지이다.

[X_2Y_2의 분자 구조]

(1) X의 원자가 전자 수는 a, Y의 원자가 전자 수는 b이다.

(2) X_2Y_2 분자에서 X 원자 1개는 c개의 공유 전자쌍과 1개의 비공유 전자쌍을 가지고, Y 원자 1개는 d개의 공유 전자쌍과 2개의 비공유 전자쌍을 가진다.

(3) X_2Y_2에서 모든 원자는 옥텟 규칙을 만족한다.

(4) X_2Y_2의 가능한 구조식은 다음과 같다.

$$\ddot{Y}=X-X=\ddot{Y}$$
(가)

$$\begin{matrix} X=X \\ | \quad | \\ \ddot{Y}-\ddot{Y} \end{matrix}$$
(나)

$$\begin{matrix} X-\ddot{Y} \\ | \backslash | \\ \ddot{Y}-X \end{matrix}$$
(다)

분석 포인트 ▶▶▶

옥텟 규칙을 만족하는 원자의 공유 전자쌍 수가 x라면 비공유 전자쌍 수는 $(4-x)$이다.

자료 집중 분석

- (가)~(다)에서 X 원자 1개당 공유 전자쌍 수가 3, 비공유 전자쌍 수가 1이므로 X의 원자가 전자 수는 ㉒ [　　] 이다.
- (가)~(다)에서 Y 원자 1개당 공유 전자쌍 수가 2, 비공유 전자쌍 수가 2이므로 Y의 원자가 전자 수는 ㉓ [　　] 이다.
- (가)에서 X 원자에 비공유 전자쌍이 있으므로 (가)는 ㉔ [　　] 분자이다.

7 옥텟 규칙과 화학 결합 모형　　8강_ 80쪽 9번

표는 2주기 원자 W~Z로 이루어진 분자 (가)~(다)의 화학 결합 모형을 나타낸 것이다. (가)~(다)에서 모든 원자는 옥텟 규칙을 만족한다.

분자	분자식	화학 결합 모형
(가)	WX_2	
(나)	XYZ	
(다)	XZ_2	

분석 포인트 ▶▶▶

원자에서 가장 바깥 전자 껍질에 존재하는 공유 전자쌍 수와 비공유 전자쌍 수의 합이 4가 되어야 옥텟 규칙을 만족한다.

자료 집중 분석

- (가)에서 중심 원자인 W의 비공유 전자쌍 수가 0이므로 W의 공유 전자쌍 수는 ㉕ [　　] 이다.
- (나)에서 중심 원자인 Y의 비공유 전자쌍 수가 1이므로 Y의 공유 전자쌍 수는 ㉖ [　　] 이다.
- (다)에서 중심 원자인 X의 비공유 전자쌍 수가 2이므로 X의 공유 전자쌍 수는 ㉗ [　　] 이다.

8 분자의 성질　　8강_ 80쪽 10번

다음은 물질의 성질을 알아보기 위한 자료와 실험이다.

[자료]

- 극성 용매 : 물, 무극성 용매 : 사염화 탄소, 사이클로 헥세인
- 용매의 밀도 : 사염화 탄소>물>사이클로 헥세인

[실험 과정]

(가) 빈 시험관에 사염화 탄소($CCl_4(l)$)를 넣는다.

(나) 이전 과정의 시험관에 소량의 아이오딘($I_2(s)$) 가루를 넣는다.

(다) 이전 과정의 시험관에 물($H_2O(l)$)을 넣는다.

(라) 이전 과정의 시험관에 사이클로 헥세인($C_6H_{12}(l)$)을 넣는다.

(마) 이전 과정의 시험관에 소량의 황산 구리($CuSO_4(s)$) 가루를 넣는다.

[실험 결과]

- 충분한 시간이 흐른 후에도 시험관 속 액체가 3개의 층으로 나뉘었으며, 아랫층은 보라색, 중간층은 푸른색, 윗층은 무색을 나타내었다.

분석 포인트 ▶▶▶

극성 용매와 무극성 용매는 서로 섞이지 않으며, 무극성 물질은 무극성 용매에 녹고, 극성 물질은 극성 용매에 녹는다.

자료 집중 분석

- 보라색 액체에는 ㉘ [　　] 이(가) 녹아 있고, 푸른색 액체에는 ㉙ [　　] 이(가) 녹아 있다.
- 물이 극성 용매이므로 물과 섞이지 않는 사염화 탄소와 사이클로 헥세인은 모두 ㉚ [　　] 용매이다.
- 아이오딘(I_2)은 사염화 탄소에 녹았으므로 ㉛ [　　] 물질이고, 황산 구리($CuSO_4$)는 물에 녹았으므로 ㉜ [　　] 물질이다.

역동적인 화학 반응

531 PROJECT S

531
PROJECT

S 09강 동적 평형

A	가역 반응과 비가역 반응		B	동적 평형		C	물의 자동 이온화	
	가역 반응과 비가역 반응의 의미	☆☆★		동적 평형의 의미	☆★★		물의 이온화 상수의 의미	☆★★
	가역 반응과 비가역 반응의 종류	☆☆★		상평형과 용해 평형의 원리	☆★★		수용액의 액성과 pH 구하기	☆★★

정반응과 역반응
- 정반응 : 화학 반응식에서 오른쪽으로 진행되는 반응으로, '→'로 표시한다.
- 역반응 : 화학 반응식에서 왼쪽으로 진행되는 반응으로, '←'로 표시한다.

$$A + B \underset{역반응}{\overset{정반응}{\rightleftharpoons}} C$$

A 가역 반응과 비가역 반응

1. **가역 반응** : 반응 조건(온도, 농도, 압력)에 따라 정반응과 역반응이 모두 일어날 수 있는 반응으로, 화학 반응식에서 $\rightleftharpoons$로 나타낸다.

물의 상태 변화	$H_2O(l) \rightleftharpoons H_2O(g)$
석회 동굴과 종유석의 생성	$CaCO_3(s) + CO_2(g) + H_2O(l) \underset{종유석, 석순, 석주}{\overset{석회 동굴}{\rightleftharpoons}} Ca(HCO_3)_2(aq)$
염화 코발트 종이의 색 변화	$CoCl_2 + 6H_2O \rightleftharpoons CoCl_2 \cdot 6H_2O$ 푸른색　　　　　　　　　　붉은색

2. **비가역 반응** : 한쪽 방향으로만 진행되는 반응으로, 역반응은 거의 일어나지 않아 무시할 수 있다.
   예 연소 반응, 기체 생성 반응, 앙금 생성 반응, 중화 반응 등

$Br_2(l) \rightleftharpoons Br_2(g)$의 상평형
밀폐된 용기 속에 $Br_2(l)$을 넣으면 시간이 지날수록 $Br_2(g)$ 분자 수가 많아져 용기 내부의 색깔이 점점 진해지다가 어느 순간부터 색 변화가 일어나지 않는다. 더 이상 색 변화가 없는 상태가 상평형 상태이다.

$Br_2(l)$ ━ $Br_2(g)$
━ $Br_2(l)$

B 동적 평형

1. **동적 평형** : 가역 반응에서 겉보기에는 반응이 일어나지 않는 것처럼 보이지만 실제로는 정반응과 역반응이 같은 속도로 일어나고 있는 상태

2. **상평형** : 같은 물질에서 2가지 이상의 상태가 공존할 때 각 물질의 상태 변화 속도가 같아서 겉보기에는 변화가 일어나지 않는 것처럼 보이는 상태

밀폐 용기에서의 $H_2O(l)$과 $H_2O(g)$ 사이의 동적 평형
일정한 온도에서 밀폐 용기 속에 물을 넣어두면 물의 양이 점점 줄다가 어느 순간 더 이상 줄어들지 않는다. ➡ 밀폐 용기에서의 증발 속도는 일정하지만 응축 속도는 점점 증가하면서 증발 속도와 응축 속도가 같은 동적 평형에 도달하기 때문이다.

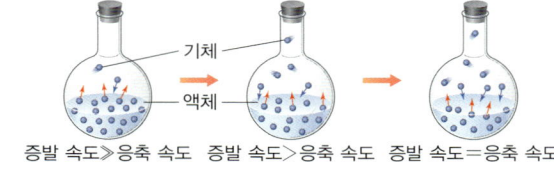

기체
액체

증발 속도≫응축 속도　증발 속도＞응축 속도　증발 속도＝응축 속도

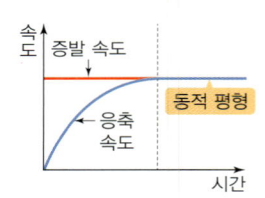

속도
증발 속도
동적 평형
응축 속도
시간

용해도 곡선
- 용해도 : 일정한 온도에서 일정한 양의 용매에 최대로 녹을 수 있는 용질의 양을 용해도라 한다.
- 용해도 곡선 : 온도와 용해도의 관계를 나타낸 그래프로, 용해도 곡선 상에 있는 용액은 포화 용액, 용해도 곡선 아래의 용액은 불포화 용액이다.

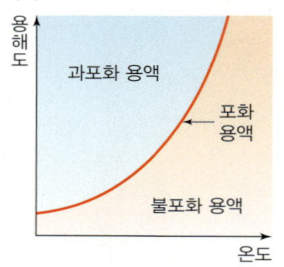

용해도
과포화 용액
포화 용액
불포화 용액
온도

3. **용해 평형** : 고체가 액체에 녹을 때, 용질이 용해되는 속도와 석출되는 속도가 같아서 겉보기에 용해와 석출이 일어나지 않는 것처럼 보이는 상태

고체 용질이 액체 용매에 녹을 때
처음에는 고체의 용해 속도가 석출 속도보다 빠르지만 시간이 지나면서 석출 속도가 점점 증가하여 용해 속도와 석출 속도가 같아져 용해 평형에 도달한다.

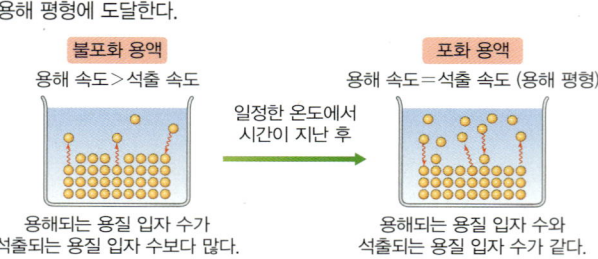

불포화 용액
용해 속도＞석출 속도

포화 용액
용해 속도＝석출 속도 (용해 평형)

일정한 온도에서
시간이 지난 후

용해되는 용질 입자 수가
석출되는 용질 입자 수보다 많다.

용해되는 용질 입자 수와
석출되는 용질 입자 수가 같다.

C 물의 자동 이온화

1. **물의 자동 이온화** : 대부분의 물은 분자 상태로 존재하지만 매우 적은 양의 물이 하이드로늄 이온 (H_3O^+)과 수산화 이온(OH^-)으로 이온화한다.

$$H_2O(l) + H_2O(l) \rightleftharpoons H_3O^+(aq) + OH^-(aq)$$

2. **물의 이온화 상수(K_W)** : 물이 자동 이온화하여 동적 평형을 이룰 때 하이드로늄 이온(H_3O^+)의 농도와 수산화 이온(OH^-)의 농도를 곱한 값이다.

$$K_W = [H_3O^+][OH^-]$$

   (1) K_W는 단위가 없고, 온도가 일정하면 일정한 값을 가지며, 온도가 높을수록 커진다.
   (2) 순수한 물에서 하이드로늄 이온(H_3O^+)과 수산화 이온(OH^-)의 농도는 같다.

3. **수소 이온 농도 지수(pH)** : 수용액의 액성을 쉽게 나타낼 수 있도록 $[H_3O^+]$의 상용로그 값에 (−)부호를 붙인 값을 수소 이온 농도 지수라고 한다.

$$pH = -\log[H_3O^+]$$

4. **25 ℃에서의 수용액의 액성과 pH**
   (1) 수용액 중 H_3O^+의 몰 수가 OH^-의 몰 수보다 크면 산성, 같으면 중성, 작으면 염기성이다.
   (2) 25 ℃에서 액성에 따른 H_3O^+과 OH^-의 농도

	산성 용액	중성 용액	염기성 용액
H_3O^+의 농도	$[H_3O^+] > 1.0 \times 10^{-7}$ M	$[H_3O^+] = 1.0 \times 10^{-7}$ M	$[H_3O^+] < 1.0 \times 10^{-7}$ M
OH^-의 농도	$[OH^-] < 1.0 \times 10^{-7}$ M	$[OH^-] = 1.0 \times 10^{-7}$ M	$[OH^-] > 1.0 \times 10^{-7}$ M
pH	pH < 7	pH = 7	pH > 7
pOH	pOH > 7	pOH = 7	pOH < 7
pH+pOH	14	14	14

예 25 ℃에서 $[H_3O^+] = 1.0 \times 10^{-3}$ M이면 $[OH^-] = 1.0 \times 10^{-11}$이고, pH=3, pOH=11이다.

---

25 ℃에서 물의 이온화 상수(K_W)
물의 자동 이온화 반응은 가역 반응이므로 H_3O^+과 OH^-의 몰 농도는 25 ℃에서 1.0×10^{-7} M로 일정하다. 즉, $K_W = 1.0 \times 10^{-14}$이다.

pOH
수산화 이온의 농도($[OH^-]$)의 상용로그 값에 (−)부호를 붙인 값을 pOH라고 한다.

$$pOH = -\log[OH^-]$$

25 ℃에서 pH와 pOH
$K_W = [H_3O^+][OH^-] = 1.0 \times 10^{-14}$ 이므로 상용로그를 취하면 pH+pOH=14이다.

기출 자료 | 분석

그림 (나)는 $H_2(g)$와 $O_2(g)$가 모두 반응하여 $H_2O(l)$이 생성되고 동적 평형에 도달한 이후 시간에 따른 용기 내 $H_2O(g)$의 분자 수를 나타낸 것이다. 그림 (나)에서 t초일 때 밀폐 용기의 칸막이를 제거하였다. (단, 온도는 일정하다.)

자료 체크 리스트
- ☐ 밀폐 용기 안에 $H_2O(g)$이 존재하는 이유 파악
- ☐ $H_2O(g)$의 분자 수가 일정한 이유 파악
- ☐ A, B, C에서의 물의 증발 속도와 응축 속도 비교

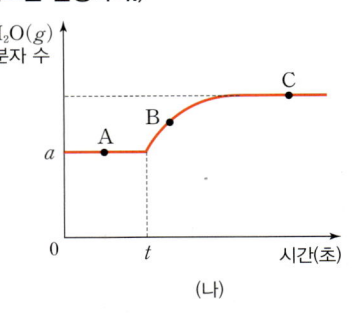

(가)   (나)

---

step 1 밀폐 용기에 $H_2O(l)$이 존재할 때, $H_2O(g)$이 생성되면서 가역 반응이 진행됨을 파악

밀폐 용기 안의 $H_2(g)$ 2몰과 $O_2(g)$ 1몰이 모두 반응하면 $H_2O(l)$ 2몰이 생성된다. 밀폐 용기 안에서 $H_2O(l)$이 증발하면서 $H_2O(g)$이 생성되고, 가역 반응인 $H_2O(l) \rightleftharpoons H_2O(g)$이 진행되면서 동적 평형에 도달한다. 그래프 (나)는 동적 평형에 도달한 이후 밀폐 용기 내 $H_2O(g)$ 분자 수를 나타낸 것이다.

step 2 그래프 (나)에서 동적 평형 상태 파악

(나)의 A와 C에서는 $H_2O(g)$ 분자 수가 일정하게 유지되므로 동적 평형 상태임을 알 수 있다.

step 3 A, B, C에서의 증발 속도와 응축 속도 비교

A, C는 동적 평형 상태이므로 증발 속도와 응축 속도가 같고, B는 $H_2O(g)$ 분자 수가 증가하므로 증발 속도가 응축 속도보다 빠르다.

01 그림은 냄비에 물을 넣고 가열할 때, 냄비 뚜껑에 물방울이 맺힌 것을 나타낸 것이다.

● 액체 상태
○ 기체 상태

이에 대한 설명으로 옳은 것만을 〈보기〉에서 있는 대로 고른 것은?

┤보기├
ㄱ. 냄비 뚜껑에 물방울이 맺히는 것을 반응식으로 나타내면 $H_2O(g) \longrightarrow H_2O(l)$이다.
ㄴ. $H_2O(l)$은 열을 흡수하여 $H_2O(g)$로 된다.
ㄷ. $H_2O(l)$과 $H_2O(g)$ 사이의 상태 변화는 가역 반응이다.

① ㄱ   ② ㄴ   ③ ㄷ
④ ㄱ, ㄷ   ⑤ ㄱ, ㄴ, ㄷ

02 다음은 2가지 반응에 대한 설명이다.

(가) 메테인이 연소하면 이산화 탄소와 수증기가 생성된다.
(나) 푸른색 염화 코발트($CoCl_2$) 종이에 물을 묻히면 붉은색이 되고, 붉은색 염화 코발트($CoCl_2 \cdot 6H_2O$)에서 물을 제거하면 다시 푸른색이 된다.

이에 대한 설명으로 옳은 것만을 〈보기〉에서 있는 대로 고른 것은?

┤보기├
ㄱ. (가)를 화학 반응식으로 나타내면
　 $CH_4(g) + 2O_2(g) \rightleftharpoons CO_2(g) + 2H_2O(g)$이다.
ㄴ. (나)는 가역 반응이다.
ㄷ. 붉은색 염화 코발트 종이를 드라이어로 건조시키면 푸른색이 된다.

① ㄱ   ② ㄴ   ③ ㄷ
④ ㄴ, ㄷ   ⑤ ㄱ, ㄴ, ㄷ

03 다음은 양초의 연소에 관한 설명이다.

(가) 양초의 심지에 불을 붙이면 양초가 녹아 촛농이 흘러내리면서 굳는다.
(나) 양초가 완전 연소되면 이산화 탄소와 수증기가 생성된다.

이에 대한 설명으로 옳은 것만을 〈보기〉에서 있는 대로 고른 것은?

┤보기├
ㄱ. (가)는 가역 반응이다.
ㄴ. (나)는 비가역 반응이다.
ㄷ. (나)에서 반응물은 양초와 산소이다.

① ㄱ   ② ㄴ   ③ ㄷ
④ ㄱ, ㄴ   ⑤ ㄱ, ㄴ, ㄷ

교육청 기출 변형

04 그림은 콕이 있는 둥근 플라스크에 에탄올을 넣고, 콕을 닫은 후의 모습을 나타낸 것이다.

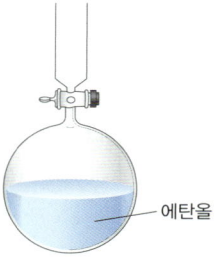

—에탄올

에탄올의 증발 속도와 응축 속도의 그래프로 옳은 것은? (단, 온도는 일정하다.)

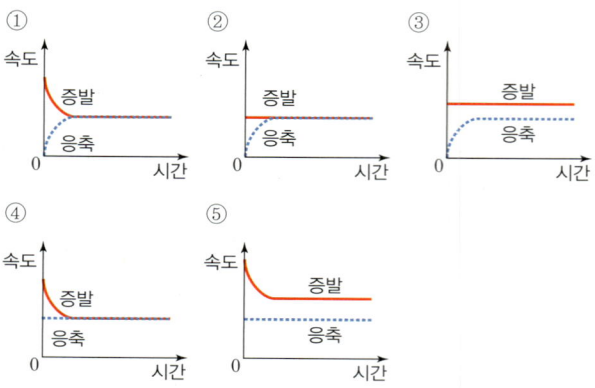

05 그림은 밀폐 용기에 일정량의 물을 넣었을 때, 증발하는 물 분자와 응축하는 물 분자를 시간에 따라 모형으로 나타낸 것이다.

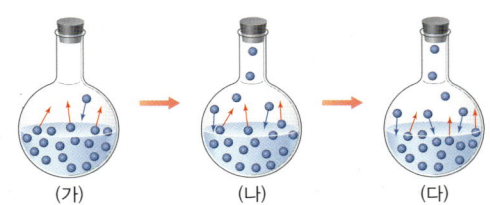

(가)   (나)   (다)

이에 대한 설명으로 옳은 것만을 〈보기〉에서 있는 대로 고른 것은? (단, 온도는 일정하다.)

┤보기├
ㄱ. (가)~(다)의 증발 속도는 일정하다.
ㄴ. (다)는 동적 평형 상태이다.
ㄷ. (다) 이후에 응축 속도는 증가한다.

① ㄱ   ② ㄴ   ③ ㄷ
④ ㄱ, ㄴ   ⑤ ㄱ, ㄴ, ㄷ

06 그림은 일정량의 물에 같은 양의 설탕 조각을 두 차례로 나누어 넣고, 충분히 저어 주었을 때 각 수용액의 상태를 나타낸 것이다.

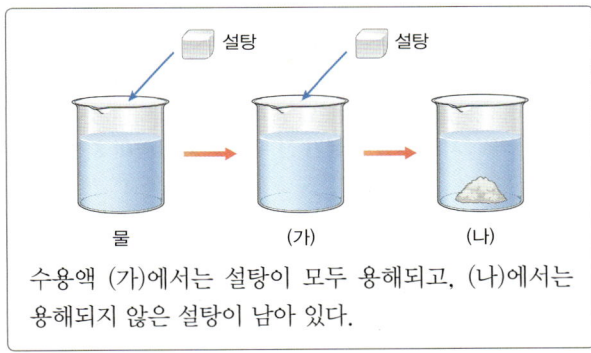

물   (가)   (나)

수용액 (가)에서는 설탕이 모두 용해되고, (나)에서는 용해되지 않은 설탕이 남아 있다.

이에 대한 설명으로 옳은 것만을 〈보기〉에서 있는 대로 고른 것은? (단, 온도는 일정하고, 수용액에서 물의 증발은 일어나지 않는다.)

┤보기├
ㄱ. (가)에서는 설탕의 용해만 일어난다.
ㄴ. (나)에서는 설탕의 용해와 석출이 모두 일어나지 않는다.
ㄷ. (나)에서 설탕물의 농도는 일정하다.

① ㄱ   ② ㄴ   ③ ㄷ
④ ㄱ, ㄴ   ⑤ ㄱ, ㄴ, ㄷ

07 표는 25 ℃에서 수용액 (가)와 (나)에 들어 있는 H_3O^+과 OH^-의 몰 농도(M)에 대한 자료이다. 25 ℃에서 물(H_2O)의 이온화 상수(K_W)는 1.0×10^{-14}이다.

수용액	$[H_3O^+]$(M)	$[OH^-]$(M)
(가)	1.0×10^{-3}	
(나)	㉠	1.0×10^{-4}

A~C에 대한 설명으로 옳은 것만을 〈보기〉에서 있는 대로 고른 것은?

┤보기├
ㄱ. ㉠은 1.0×10^{-10}이다.
ㄴ. (가)는 염기성이다.
ㄷ. pH는 (가)<(나)이다.

① ㄱ   ② ㄴ   ③ ㄷ
④ ㄱ, ㄷ   ⑤ ㄱ, ㄴ, ㄷ

08 그림은 25 ℃에서 pH=12인 NaOH(aq) 1 L가 들어 있는 비커 (가)에서 NaOH(aq) 10 mL를 취하여 부피 플라스크에 넣은 후, 증류수를 가하여 1 L의 수용액 (나)를 만든 것을 나타낸 것이다.

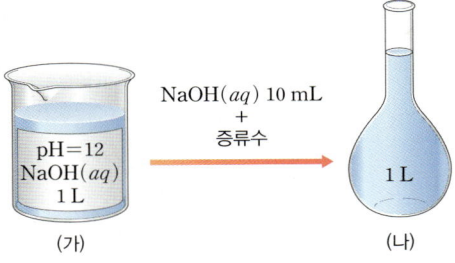

pH=12
NaOH(aq)
1 L
(가)

NaOH(aq) 10 mL
+
증류수

1 L
(나)

이에 대한 설명으로 옳은 것만을 〈보기〉에서 있는 대로 고른 것은? (단, 온도는 일정하고, 25 ℃에서 물의 이온화 상수 K_W= 1.0×10^{-14}이다.)

┤보기├
ㄱ. (가)에서 $[OH^-]$=0.01 M이다.
ㄴ. (나)에 포함된 OH^-의 몰 수는 1.0×10^{-4}몰이다.
ㄷ. (나)에서 pOH=4이다.

① ㄱ   ② ㄴ   ③ ㄷ
④ ㄱ, ㄴ   ⑤ ㄱ, ㄴ, ㄷ

01 반응 조건에 따라 정반응과 역반응이 모두 일어날 수 있는 반응을 ☐☐☐ 반응이라 하고, 화학 반응식에서 ☐☐☐☐☐의 화살표로 나타낸다.

01 그림은 3가지 화합물과 관련된 반응 (가)~(다)를 나타낸 것이다.

$$Ca(OH)_2(aq) \xrightarrow[\ H_2O(l)\ ]{\ CO_2(g)\ (가)\ } CaCO_3(s) \underset{(다)}{\overset{(나)}{\rightleftharpoons}} Ca(HCO_3)_2(aq)$$

$CO_2(g)+H_2O(l)$ (나)

$CO_2(g)+H_2O(l)$ (다)

이에 대한 설명으로 옳은 것만을 〈보기〉에서 있는 대로 고른 것은?

┤보기├
ㄱ. (가)는 석회수와 이산화 탄소의 반응으로 비가역 반응이다.
ㄴ. 석회 동굴이 형성되는 과정은 가역 반응이다.
ㄷ. 석회 동굴 내부에서 종유석이 생성되는 과정은 (나)로 설명할 수 있다.

① ㄱ   ② ㄴ   ③ ㄷ
④ ㄱ, ㄴ   ⑤ ㄱ, ㄴ, ㄷ

02 일정한 온도에서 밀폐 용기 안 액체의 증발 속도는 ☐☐☐☐하고, 응축 속도는 점점 빨라지다가 증발 속도와 응축 속도가 같아지면 ☐☐☐☐ 상태에 도달한다.

02 그림 (가)는 진공 용기에 에탄올(C_2H_5OH)을 넣고 a초가 지났을 때의 수은 기둥의 높이를 나타낸 것이고, (나)는 밀폐 용기 내 에탄올의 증발 속도와 응축 속도를 나타낸 것이다. ㉠은 증발 속도와 응축 속도 중 하나이고, (가)에서 에탄올을 넣기 전 수은 기둥의 높이 차는 0이다.

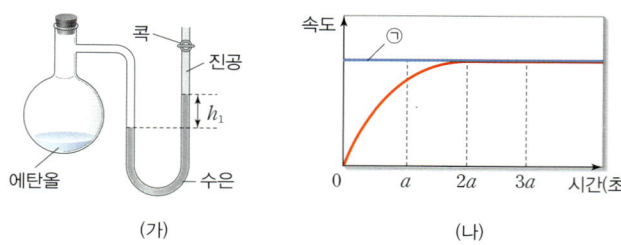

(가)   (나)

이에 대한 설명으로 옳은 것만을 〈보기〉에서 있는 대로 고른 것은? (단, 온도는 일정하다.)

┤보기├
ㄱ. ㉠은 에탄올의 증발 속도를 나타낸 것이다.
ㄴ. $2a$초에서 수은 기둥의 높이 차는 h_1보다 작다.
ㄷ. $3a$초에서 에탄올의 응축은 일어나지 않는다.

① ㄱ   ② ㄴ   ③ ㄱ, ㄴ
④ ㄱ, ㄷ   ⑤ ㄱ, ㄴ, ㄷ

03 다음은 KCl 수용액의 용해 평형에 관한 실험이다.

(가) 물 100 g에 $^{39}KCl(s)$ 40 g을 넣어 포화 용액을 만든다. 이때 용해되지 않고 남아 있는 $^{39}KCl(s)$은 9 g이다.

(나) (가)의 포화 용액에 $^{41}KCl(s)$ 2 g을 넣고 충분한 시간을 방치한다.

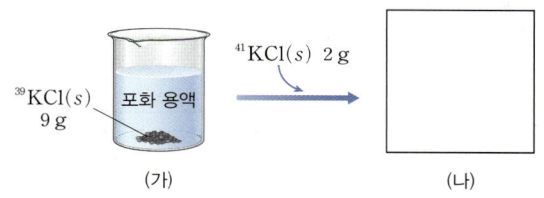

이에 대한 세 학생의 대화 중 옳은 학생만을 있는 대로 고른 것은? (단, 온도는 일정하다.)

┤ 보기 ├
해영 : (가)와 (나)의 수용액에 녹아 있는 Cl^-의 몰 수는 같아.
재호 : (가)의 수용액에 녹아 있는 $^{39}K^+$의 몰 수와 (나)의 수용액에 녹아 있는 $^{39}K^+$과 $^{41}K^+$의 몰 수의 합은 같아.
준영 : (나)의 수용액에서 $^{39}KCl(s)$은 용해되지 않아.

① 해영　　　　　　② 재호　　　　　　③ 준영
④ 해영, 재호　　　⑤ 해영, 준영

04 다음은 용액 (가)~(다)에 관한 자료이다.

• (가) : pH=3인 HCl(aq) 1 L
• (나) : 0.01 M HCl(aq) 100 mL
• (다) : (나)에 증류수를 넣어 500 mL로 희석시킨 HCl(aq)

이에 대한 설명으로 옳은 것만을 〈보기〉에서 있는 대로 고른 것은? (단, 온도는 25 ℃로 일정하고, 물에 용해된 HCl(aq)은 모두 이온화된다. 물의 이온화 상수 $K_W=1.0 \times 10^{-14}$이며, $\log 2 = 0.3$이다.)

┤ 보기 ├
ㄱ. (가)의 pOH=11이다.
ㄴ. (다)의 농도는 0.001 M이다.
ㄷ. (다)의 pH=2.7이다.

① ㄱ　　　　　　② ㄴ　　　　　　③ ㄱ, ㄴ
④ ㄱ, ㄷ　　　　⑤ ㄱ, ㄴ, ㄷ

03 포화 용액에서 용질의 용해 속도와 석출 속도는 □□□□. 포화 용액에 용질을 추가로 더 넣어도 동적 평형 상태는 □□□□된다.

04 pH=$-\log$□□□이며, $K_W=1.0 \times 10^{-14}$일 때 pH+pOH=□□□이다.

산 염기와 중화 반응

	A 산과 염기의 정의		B 중화 반응		C 중화 반응의 양적 관계와 중화 적정	
	아레니우스 정의	☆★★	중화 반응에서 이온 수의 변화	★★★	중화 반응에서의 양적 관계	★★★
	브뢴스테드-로리 정의	★★★	중화 반응의 입자 모형	☆★★	중화 적정 실험	☆★★

A 산과 염기의 정의

1. 아레니우스 정의

	산	염기
정의	수용액에서 이온화하여 수소 이온(H^+)을 내놓는 물질	수용액에서 이온화하여 수산화 이온(OH^-)을 내놓는 물질
예	HCl, H_2SO_4, HNO_3, CH_3COOH 등 $HCl(aq) \longrightarrow H^+(aq) + Cl^-(aq)$	$NaOH$, KOH, $Ca(OH)_2$, $Ba(OH)_2$ 등 $NaOH(aq) \longrightarrow Na^+(aq) + OH^-(aq)$

> **아레니우스 정의의 한계**
> • 수용액에서만 정의된다.
> • 수용액에서 H^+이나 OH^-을 직접 내놓지 않는 물질에는 적용할 수 없다. ➡ 암모니아(NH_3) 수용액은 염기성이지만, NH_3가 이온화하여 OH^-을 내놓지 않으므로 NH_3는 아레니우스 염기가 아니다.

2. 브뢴스테드-로리 정의

	산	염기
정의	양성자(H^+)를 주는 물질	양성자(H^+)를 받는 물질
예	$HCl + NH_3 \rightleftharpoons Cl^- + NH_4^+$ 정반응에서 산은 HCl, 염기는 NH_3이고, 역반응에서 산은 NH_4^+, 염기는 Cl^-이다.	

> **짝산과 짝염기**
> • 양성자(H^+)의 이동에 의해 산과 염기가 되는 한 쌍의 산과 염기
> • $NH_3 + H_2O \rightleftharpoons NH_4^+ + OH^-$에서 OH^-의 짝산은 H_2O이고, NH_4^+의 짝염기는 NH_3이다.

B 중화 반응

1. 중화 반응 : 산과 염기가 반응하여 물과 염을 생성하는 반응

$$\underset{산}{HA(aq)} + \underset{염기}{BOH(aq)} \rightleftharpoons \underset{물}{H_2O(l)} + \underset{염}{BA(aq)}$$
염 —— 앙금으로 생성될 수도 있음

2. 중화 반응에서의 이온 수 변화 : $HA(aq)$에 $BOH(aq)$을 넣을 때

그래프: 세로축 이온 수, 가로축 $BOH(aq)$의 부피, 곡선 A^-, B^+, H^+, OH^-

• H^+ : 넣어 준 OH^-과 반응하여 점점 감소하다가 중화점 이후 존재하지 않는다.
• A^- : 반응에 참여하지 않으므로 이온 수가 일정하다.
• B^+ : 반응에 참여하지 않으므로 넣어 준 양만큼 이온 수가 증가한다.
• OH^- : H^+과 반응하므로 처음에는 존재하지 않다가 중화점 이후부터 증가한다.

> **$HA(aq)$와 $BOH(aq)$의 중화 반응에서의 알짜 이온 반응식과 구경꾼 이온**
> • 알짜 이온 반응식 : 실제 반응에 참여한 이온만으로 나타낸 화학 반응식이다.
> • 구경꾼 이온 : 반응에 참여하지 않고, 수용액에 남아 있는 이온으로, 중화 반응에서의 구경꾼 이온은 산의 음이온(A^-)과 염기의 양이온(B^+)이다.
> • 중화 반응의 알짜 이온 반응식 : H^+과 OH^-이 반응하여 H_2O을 생성하는 반응
> $H^+(aq) + OH^-(aq) \longrightarrow H_2O(l)$

3. 중화 반응의 입자 모형($HA(aq)$에 $BOH(aq)$을 넣을 때)

① 중화점 전까지는 혼합 용액의 이온 수는 일정하고, 중화점 이후에는 혼합 용액의 이온 수가 증가한다.

② 모형으로 나타낸 중화 반응의 입자 수 변화 ─ 중화점 이전 혼합 용액의 총 이온 수는 혼합 전 $HA(aq)$의 이온 수와 같고, 중화점 이후 혼합 용액의 총 이온 수는 넣어 준 $BOH(aq)$의 총 이온 수와 같다.

이온 모형	(비커 그림) → (비커 그림) → (비커 그림) → (비커 그림)			
수용액의 액성	산성	산성	중성	염기성
수용액의 pH	$pH < 7$	$pH < 7$	$pH = 7$	$pH > 7$

> **중화점**
> 중화 반응에서 산의 H^+과 염기의 OH^-의 양이 같은 지점을 중화점이라 한다.

C 중화 반응의 양적 관계와 중화 적정

1. 중화 반응에서의 양적 관계

① H^+과 OH^-은 $1:1$의 몰 비로 반응하여 물(H_2O)이 된다.

② 산과 염기의 가수에 따른 중화 반응에서의 양적 관계

$$n_1 M_1 V_1 = n_2 M_2 V_2 \left(\begin{array}{l} n_1, n_2 : \text{산, 염기의 가수, } M_1, M_2 : \text{산, 염기 수용액의 몰 농도} \\ V_1, V_2 : \text{산, 염기 수용액의 부피} \end{array} \right)$$

예 x M $H_2SO_4(aq)$ 200 mL가 0.2 M $NaOH(aq)$ 200 mL와 반응하여 중화점에 도달했을 때 H_2SO_4의 몰 농도 구하면, $2 \times x \times 200 = 1 \times 0.2 \times 200$이므로 $x = 0.1$이다.

2. 중화 적정

① 중화 반응의 양적 관계를 이용하여 농도를 모르는 산 또는 염기의 농도를 알아내는 실험 방법을 중화 적정이라고 한다. 이때 농도를 알고 있는 산 또는 염기를 표준 용액이라고 한다.

② 중화 적정의 예

표준 용액인 $NaOH(aq)$으로 $HCl(aq)$의 농도 구하기

(가) 피펫을 사용하여 $HCl(aq)$ V_1 mL를 취하여 삼각 플라스크에 넣고, 페놀프탈레인 용액을 2~3방울 떨어뜨린다.

(나) 뷰렛에 몰 농도가 M_2인 $NaOH(aq)$ 표준 용액을 넣는다.

(다) 그림과 같이 장치한 후 뷰렛에 들어 있는 표준 용액을 삼각 플라스크에 조금씩 떨어뜨리면서 용액이 잘 섞이도록 삼각 플라스크를 흔들어 준다.

(라) 용액의 색이 붉게 변하는 순간에 뷰렛의 꼭지를 잠그고, 넣어 준 $NaOH(aq)$ 표준 용액의 부피(V_2)를 구한다.

(마) HCl과 $NaOH$은 모두 1가 산, 1가 염기이므로 $M_1 V_1 = M_2 V_2$를 이용하여 $HCl(aq)$의 몰 농도인 M_1을 구한다.

뷰렛
$NaOH$ 표준 용액
염산 + 페놀프탈레인 용액

> **산과 염기의 가수**
> 산 또는 염기 1몰이 최대로 내놓을 수 있는 H^+ 또는 OH^-의 몰 수에 해당하는 수를 가수라고 한다.
>
> - 1가 산 : HCl, HF, HNO_3
> - 2가 산 : H_2SO_4, H_2CO_3
> - 3가 산 : H_3PO_4
>
> - 1가 염기 : $NaOH$, KOH
> - 2가 염기 : $Ca(OH)_2$, $Ba(OH)_2$
> - 3가 염기 : $Al(OH)_3$

기출 자료 | 분석

그림은 $HCl(aq)$ V mL에 $NaOH(aq)$ 15 mL를 조금씩 넣었을 때, $NaOH(aq)$의 부피에 따른 단위 부피당 총 이온 수를 나타낸 것이고, 표는 $NaOH(aq)$을 각각 a mL, b mL 넣었을 때 액성 및 혼합 용액의 단위 부피당 총 이온 수를 나타낸 것이다. a와 b를 구하시오.

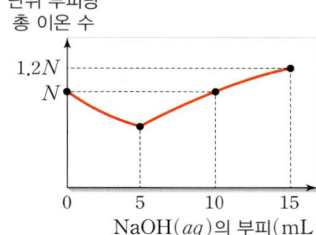

단위 부피당 총 이온 수

$NaOH(aq)$의 부피(mL)

$NaOH(aq)$의 부피(mL)	혼합 용액의 단위 부피당 총 이온 수	혼합 용액의 액성
a	$\frac{3}{4}N$	산성
b	$\frac{3}{4}N$	염기성

> **자료 체크 리스트**
> - [ ] 중화점 파악
> - [ ] $NaOH(aq)$ 5 mL에 포함된 이온 수를 이용하여 V 값 파악
> - [ ] 혼합 용액의 총 이온 수를 파악하여 a, b 구함

---

step 1 중화점 및 $NaOH(aq)$ 5 mL에 포함된 이온 수 파악

$NaOH(aq)$ 5 mL를 가했을 때의 단위 부피당 총 이온 수가 가장 적으므로 중화점이다. 따라서 $NaOH(aq)$ 15 mL와 10 mL의 이온 수의 차이는 $NaOH$ 5 mL에 포함된 이온 수와 같은데 이는 $HCl(aq)$ V mL에 포함된 이온 수와 같다.

$(V+15) \times 1.2N - (V+10) \times N = VN$, $V = 10$ mL이다.

따라서 $HCl(aq)$ 10 mL에 포함된 이온 수와 $NaOH(aq)$ 5 mL에 포함된 이온 수가 같다.

➡ 단위 부피에 포함된 이온 수 비는 $HCl(aq) : NaOH(aq) = 1 : 2$이다.

step 2 a 구하기

$NaOH(aq)$ a mL를 가했을 때 혼합 용액의 부피는 $(a+10)$이고, 혼합 용액에 포함된 총 이온 수는 $HCl(aq)$ 10 mL에 포함된 이온 수와 같다.

$(a+10) \times \frac{3}{4}N = 10N$, $a = \frac{10}{3}$(mL)이다.

step 3 b 구하기

$NaOH(aq)$ b mL를 가했을 때 혼합 용액의 부피는 $(b+10)$이고, 혼합 용액에 포함된 총 이온 수는 $NaOH(aq)$ b mL에 포함된 이온 수와 같다.

$(b+10) \times \frac{3}{4}N = 2bN$, $b = 6$(mL)이다.

01 교육청 기출 변형

다음은 25 ℃에서 HA와 BOH을 각각 물(H_2O)에 녹였을 때, 수용액에 존재하는 이온의 모형을 나타낸 것이다.

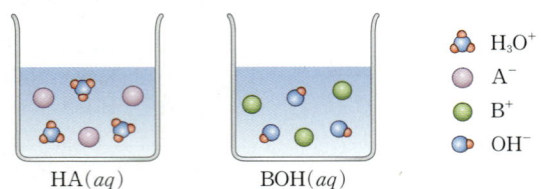

이에 대한 설명으로 옳은 것만을 〈보기〉에서 있는 대로 고른 것은? (단, 온도는 일정하고, 25 ℃에서 물의 이온화 상수 $K_w = 1.0 \times 10^{-14}$이다.)

┤보기├
ㄱ. HA는 아레니우스 산이다.
ㄴ. HA와 H_2O의 반응에서 H_2O은 브뢴스테드−로리 염기로 작용한다.
ㄷ. BOH(aq)의 pOH는 7보다 크다.

① ㄱ   ② ㄴ   ③ ㄷ
④ ㄱ, ㄴ   ⑤ ㄱ, ㄴ, ㄷ

02 교육청 기출 변형

다음은 HCl(g)와 NH_3(g)가 각각 H_2O(l)과 반응하는 것을 모형으로 나타낸 것이다.

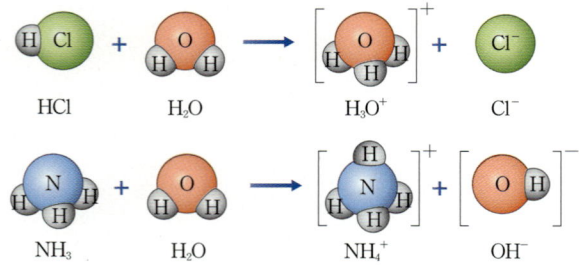

이에 대한 설명으로 옳은 것만을 〈보기〉에서 있는 대로 고른 것은?

┤보기├
ㄱ. HCl는 아레니우스 산이다.
ㄴ. NH_3 수용액은 염기성이다.
ㄷ. NH_3는 브뢴스테드−로리 염기이다.

① ㄱ   ② ㄴ   ③ ㄷ
④ ㄱ, ㄴ   ⑤ ㄱ, ㄴ, ㄷ

03 평가원 기출 변형

다음은 산 염기 반응의 화학 반응식이다.

(가) $HBr(aq) + H_2O(l) \longrightarrow Br^-(aq) + H_3O^+(aq)$
(나) $CH_3COO^-(aq) + H_2O(l) \longrightarrow$
$\qquad\qquad\qquad CH_3COOH(aq) + OH^-(aq)$
(다) $NH_2^-(aq) + H_2O(l) \longrightarrow NH_3(aq) + OH^-(aq)$

이에 대한 설명으로 옳은 것만을 〈보기〉에서 있는 대로 고른 것은?

┤보기├
ㄱ. (가)에서 HBr는 아레니우스 산이다.
ㄴ. (나)에서 H_2O은 브뢴스테드−로리 염기이다.
ㄷ. (다)에서 NH_2^-은 아레니우스 염기이다.

① ㄱ   ② ㄴ   ③ ㄷ
④ ㄱ, ㄷ   ⑤ ㄱ, ㄴ, ㄷ

04 교육청 기출 변형

다음은 4가지 화학 반응의 반응물 중 ㉠~㉣을 기준 (가)~ (다)에 따라 분류한 벤다이어그램이다.

- ㉠ $\underline{HCOO^-}(aq) + H_2O(l) \longrightarrow$
$\qquad\qquad\qquad HCOOH(l) + OH^-(aq)$
- $H_2O(l) + ㉡ \underline{HF}(g) \longrightarrow H_3O^+(aq) + F^-(aq)$
- ㉢ $\underline{H_2SO_4}(aq) \longrightarrow 2H^+(aq) + SO_4^{2-}(aq)$
- $H_3O^+(aq) + ㉣ \underline{NH_3}(g) \longrightarrow H_2O(l) + NH_4^+(aq)$

[분류 기준]
(가) 브뢴스테드−로리 산이다.
(나) 아레니우스 산이다.
(다) 브뢴스테드−로리 염기이다.

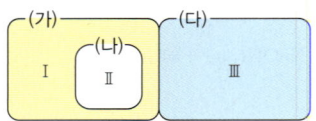

㉠~㉣에 대한 설명으로 옳은 것만을 〈보기〉에서 있는 대로 고른 것은?

┤보기├
ㄱ. ㉡은 영역 Ⅰ에 속하는 물질이다.
ㄴ. ㉢은 영역 Ⅱ에 속하는 물질이다.
ㄷ. 영역 Ⅲ에 속하는 물질은 2가지이다.

① ㄱ   ② ㄴ   ③ ㄱ, ㄴ
④ ㄱ, ㄷ   ⑤ ㄴ, ㄷ

05 그림은 $H_2SO_4(aq)$ 20 mL에 염기 수용액 A, B를 각각 10 mL씩 순서대로 넣었을 때, 수용액 속에 존재하는 이온의 종류를 모형으로 나타낸 것이다.

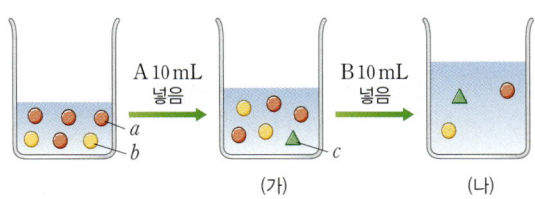

이에 대한 설명으로 옳은 것만을 〈보기〉에서 있는 대로 고른 것은? (단, A, B는 $NaOH(aq)$과 $Ba(OH)_2(aq)$ 중 하나이며, 수용액에서 완전히 이온화한다.)

| 보기 |
ㄱ. b는 SO_4^{2-}이다.
ㄴ. A는 $NaOH(aq)$이다.
ㄷ. (가)와 (나)에서 생성된 물 분자 수의 비는 1:2이다.

① ㄱ   ② ㄴ   ③ ㄷ
④ ㄱ, ㄴ   ⑤ ㄱ, ㄴ, ㄷ

06 그림은 0.1 M $KOH(aq)$ 50 mL에 x M $HCl(aq)$을 조금씩 넣었을 때 $HCl(aq)$의 부피에 따른 혼합 용액 속 이온 A의 수(상댓값)를 나타낸 것이다.

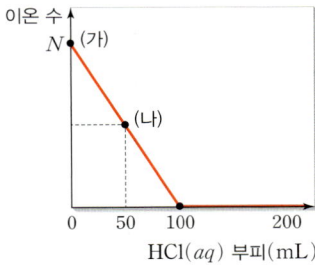

이에 대한 설명으로 옳은 것만을 〈보기〉에서 있는 대로 고른 것은?

| 보기 |
ㄱ. A는 OH^-이다.
ㄴ. $x=0.05$이다.
ㄷ. 용액 (가)와 (나)에서 총 이온 수의 비는 (가):(나) =2:1이다.

① ㄱ   ② ㄴ   ③ ㄷ
④ ㄱ, ㄴ   ⑤ ㄱ, ㄴ, ㄷ

07 표는 염산(HCl)과 수산화 나트륨($NaOH$) 수용액을 각각 다른 부피로 혼합하였을 때, 혼합 용액에 존재하는 총 이온 수와 혼합 용액의 액성을 나타낸 것이다.

구분	실험 I	실험 II
$HCl(aq)$의 부피(mL)	20	50
$NaOH(aq)$의 부피(mL)	50	20
혼합 용액 속에 존재하는 총 이온 수(상대값)	$15N$	$10N$
혼합 용액의 액성	염기성	산성

이에 대한 설명으로 옳은 것만을 〈보기〉에서 있는 대로 고른 것은? (단, $HCl(aq)$과 $NaOH(aq)$은 수용액에서 완전히 이온화한다.)

| 보기 |
ㄱ. $HCl(aq)$과 $NaOH(aq)$의 몰 농도 비는 2:3이다.
ㄴ. 실험 I과 II에서 생성된 물 분자 수의 비는 1:3이다.
ㄷ. 실험 I의 혼합 용액에 존재하는 Na^+과 Cl^-의 개수 비는 2:5이다.

① ㄱ   ② ㄴ   ③ ㄷ
④ ㄱ, ㄴ   ⑤ ㄱ, ㄴ, ㄷ

08 다음은 25 °C에서 0.2 M $H_2SO_4(aq)$, 0.1 M $NaOH(aq)$, 0.1 M $HCl(aq)$을 혼합하는 순서를 달리하여 용액 (가)~(다)를 만드는 과정이다.

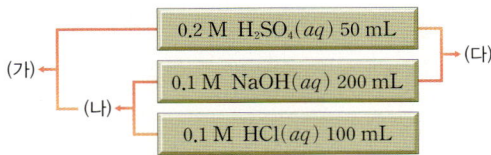

이에 대한 설명으로 옳은 것만을 〈보기〉에서 있는 대로 고른 것은? (단, $H_2SO_4(aq)$, $NaOH(aq)$, $HCl(aq)$은 수용액에서 완전히 이온화한다.)

| 보기 |
ㄱ. (가)는 산성이다.
ㄴ. 생성된 물 분자 수는 (나)=(다)이다.
ㄷ. pH는 (나)<(다)이다.

① ㄱ   ② ㄴ   ③ ㄷ
④ ㄱ, ㄴ   ⑤ ㄱ, ㄴ, ㄷ

기본 개념 확인

01 아레니우스 산은 수용액에서 이온화하여
[   ]을 내놓는 물질이고, 아레니
우스 염기는 수용액에서 이온화하여
[   ]을 내놓는 물질이다.

01 다음은 산 염기 반응인 (가), (나)의 화학 반응식과 이에 대한 세 학생의 대화이다.

> (가) $HCOOH(aq) + H_2O(l) \longrightarrow HCOO^-(aq) + H_3O^+(aq)$
> (나) $NH_3(aq) + H_2O(l) \longrightarrow NH_4^+(aq) + OH^-(aq)$

(가)에서 HCOOH은 아레니우스 산이야. — 준영

(나)에서 암모니아(NH_3) 수용액은 염기성이지. — 해솔

(나)에서 NH_3는 아레니우스 염기야. — 상훈

반응 (가), (나)에 대해 옳게 말한 학생만을 있는 대로 고른 것은?

① 준영 ② 해솔 ③ 준영, 해솔
④ 해솔, 상훈 ⑤ 준영, 해솔, 상훈

02 중화 적정은 중화 반응의 양적 관계를 이
용하여 농도를 모르는 산 또는 염기의 농
도를 알아내는 실험 방법이다. 이때 농도
를 알고 있는 산 또는 염기를 [   ]
용액이라고 한다.

02 다음은 염산(HCl)의 몰 농도(M)를 알아보기 위한 중화 적정 실험이다.

> [실험 과정]
> (가) x M HCl(aq) 100 mL를 삼각 플라스크에 넣고 페놀프탈레인 용액을 2~3방
> 울 떨어뜨린다.
> (나) 1 M NaOH(aq)을 [㉠]에 넣은 후, (가)의 삼각 플라스크에 조금씩 떨어뜨
> 리면서 섞는다.
> (다) (나)의 삼각 플라스크 속 용액이 붉은색으로 변한 후, 색이 사라지지 않는 순간
> 까지 넣어 준 NaOH(aq)의 부피를 측정한다.
>
> [실험 결과]
> • 중화점까지 넣어 준 NaOH(aq)의 부피는 50 mL이다.

위 실험에 대한 설명으로 옳은 것만을 〈보기〉에서 있는 대로 고른 것은?

> ┤보기├
> ㄱ. ㉠은 스포이트이다.
> ㄴ. $x = 0.5$이다.
> ㄷ. 과정 (나)에서 삼각 플라스크의 혼합 용액의 pH는 점점 증가한다.

① ㄱ ② ㄴ ③ ㄷ
④ ㄴ, ㄷ ⑤ ㄱ, ㄴ, ㄷ

03 표는 0.1 M HCl(aq)과 x M NaOH(aq)을 각각 다른 부피로 혼합한 용액 (가)~(다)에 관한 자료이다.

혼합 용액	혼합 전 용액의 부피(mL)		혼합 용액 속 H⁺, OH⁻ 중 많은 이온의 양(몰)
	0.1 M HCl(aq)	x M NaOH(aq)	
(가)	30	50	n
(나)	40	100	$2n$
(다)	30	100	yn

이에 대한 설명으로 옳은 것만을 〈보기〉에서 있는 대로 고른 것은?

┌ 보기 ├──────────────────────────────
ㄱ. (가)는 산성이다.
ㄴ. $x=0.05$이다.
ㄷ. $y=3$이다.
└──────────────────────────────────

① ㄱ   ② ㄴ   ③ ㄷ
④ ㄱ, ㄴ   ⑤ ㄱ, ㄴ, ㄷ

03 HCl(aq)에서 농도가 M_1(M), 부피가 V_1(L)라고 할 때 HCl(aq)에 포함된 H⁺의 몰 수는 M_1과 V_1의 [ ]으로 나타낼 수 있다.

04 표는 1 M HCl(aq) 10 mL에 x M NaOH(aq)의 부피를 달리하여 혼합한 용액 (가), (나)에 존재하는 이온 수의 비율을 이온의 종류에 관계없이 나타낸 것이다.

혼합 용액	(가)	(나)
NaOH(aq)의 부피(mL)	10	40
이온 수의 비율	(원그래프: $\frac{1}{2}$, $\frac{1}{4}$, $\frac{1}{4}$)	(원그래프: $\frac{1}{2}$, $\frac{1}{4}$, $\frac{1}{4}$)

이에 대한 설명으로 옳은 것만을 〈보기〉에서 있는 대로 고른 것은?

┌ 보기 ├──────────────────────────────
ㄱ. $x=0.5$이다.
ㄴ. 총 이온 수의 비는 (가) : (나)=2 : 5이다.
ㄷ. (나)에 1 M HCl(aq) 10 mL을 넣었을 때 혼합 용액은 염기성을 나타낸다.
└──────────────────────────────────

① ㄱ   ② ㄴ   ③ ㄷ
④ ㄱ, ㄴ   ⑤ ㄱ, ㄴ, ㄷ

04 HA(aq)에 BOH(aq)를 넣었을 때, 중화점에서 존재하는 이온의 개수 비는 A⁻ : B⁺=[ ] : [ ]이다. 중화점까지 가한 BOH(aq)의 부피가 V mL이면, BOH(aq) $\frac{V}{2}$ mL를 가했을 때 혼합 용액에 존재하는 이온의 개수 비는 A⁻ : H⁺ : B⁺=[ ] : [ ] : [ ]이다.

기본 개념 확인

05 HA(aq)에 BOH(aq)를 넣었을 때, 중화점에 도달하기 전까지 총 이온 수는 [   ]하고, 중화점 이후에 증가한 이온 수는 중화점 이후에 가한 BOH(aq)에 포함된 이온 수와 [   ].

05 그림은 0.1 M HCl(aq)이 20 mL씩 들어 있는 비커 2개에 몰 농도가 서로 다른 NaOH(aq)을 각각 넣을 때 NaOH(aq)의 부피에 따른 혼합 용액의 총 이온 수를 나타낸 것이다.

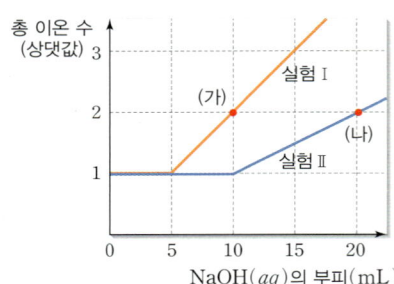

이에 대한 설명으로 옳은 것만을 〈보기〉에서 있는 대로 고른 것은?

> **보기**
> ㄱ. 실험 I 에 사용한 NaOH(aq)의 몰 농도는 0.4 M이다.
> ㄴ. Na$^+$의 개수는 (가) : (나)=1 : 1이다.
> ㄷ. pOH는 (가)=(나)이다.

① ㄱ   ② ㄴ   ③ ㄷ
④ ㄱ, ㄴ   ⑤ ㄱ, ㄴ, ㄷ

06 H$_2$A(aq)와 BOH(aq)의 혼합 용액에서 양이온 수는 수용액의 액성이 산성이면 혼합 전 H$_2$A(aq)의 [   ]의 개수와 같고, 수용액의 액성이 염기성이면 혼합 전 BOH(aq)의 [   ]의 개수와 같다. 혼합 전 H$_2$A(aq)의 H$^+$의 개수가 n이면, 물에 용해된 H$_2$A 분자 수는 [   ]이다.

06 표는 H$_2$SO$_4$(aq), NaOH(aq), KOH(aq)의 부피를 달리하여 혼합한 용액 (가)~(다)에 관한 자료이다.

혼합 용액	혼합 전 용액의 부피(mL)			혼합 용액의 양이온 수
	H$_2$SO$_4$(aq)	NaOH(aq)	KOH(aq)	
(가)	10	60	0	$4N$
(나)	20	0	20	$2N$
(다)	30	60	40	$5N$

이에 대한 설명으로 옳은 것만을 〈보기〉에서 있는 대로 고른 것은? (단, 혼합 용액의 부피는 혼합 전 각 용액의 부피의 합과 같으며, H$_2$SO$_4$(aq), NaOH(aq), KOH(aq)은 수용액에서 완전히 이온화한다.)

> **보기**
> ㄱ. (가)는 pH가 7보다 작다.
> ㄴ. 생성된 물 분자 수의 개수 비는 (가) : (나)=2 : 1이다.
> ㄷ. H$_2$SO$_4$(aq)과 KOH(aq)의 몰 농도 비는 4 : 1이다.

① ㄱ   ② ㄴ   ③ ㄷ
④ ㄴ, ㄷ   ⑤ ㄱ, ㄴ, ㄷ

07 표는 염산(HCl)과 수산화 바륨(Ba(OH)₂) 수용액을 부피를 달리하여 혼합한 용액 (가)와 (나)에 대한 자료이다.

혼합 용액		(가)	(나)
혼합 전 용액의 부피(mL)	HCl(aq)	20	120
	Ba(OH)₂(aq)	20	40
단위 부피당 이온 모형		(이온 모형)	(이온 모형)

이에 대한 설명으로 옳은 것만을 〈보기〉에서 있는 대로 고른 것은? (단, 혼합 용액의 부피는 혼합 전 각 용액의 부피의 합과 같으며, HCl(aq), Ba(OH)₂(aq)은 수용액에서 완전히 이온화한다.)

┤보기├
ㄱ. ⬤는 Cl^-이다.
ㄴ. HCl(aq)과 Ba(OH)₂(aq)의 몰 농도 비는 1 : 2이다.
ㄷ. (나)에 Ba(OH)₂(aq) 20 mL를 가했을 때 혼합 용액은 산성이 된다.

① ㄱ   ② ㄴ   ③ ㄷ
④ ㄱ, ㄴ   ⑤ ㄱ, ㄴ, ㄷ

08 그림은 HCl(aq) 40 mL에 NaOH(aq)을 조금씩 넣을 때, NaOH(aq)의 부피에 따른 혼합 용액의 단위 부피당 A, B 이온의 수를 나타낸 것이다.

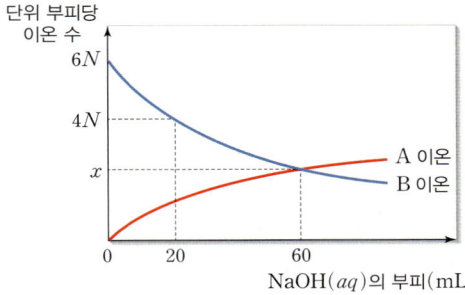

이에 대한 설명으로 옳은 것만을 〈보기〉에서 있는 대로 고른 것은? (단, 혼합 용액의 부피는 혼합 전 각 용액의 부피의 합과 같다.)

┤보기├
ㄱ. B 이온은 Cl^-이다.
ㄴ. $x = 2.4$이다.
ㄷ. NaOH(aq) 160 mL를 넣을 때 혼합 용액의 단위 부피당 총 이온 수는 $6.4N$이다.

① ㄱ   ② ㄴ   ③ ㄷ
④ ㄴ, ㄷ   ⑤ ㄱ, ㄴ, ㄷ

---

07 HA(aq)에 B(OH)₂(aq)을 조금씩 넣으면, A^-의 개수는 일정하고, H^+의 개수는 중화점까지 [   ]한다. B^{2+}의 개수는 [   ]하고, OH^-의 개수는 중화점까지 0이다.

08 HA(aq)을 BOH(aq)로 중화 적정할 때 이온 수가 점점 감소하는 이온은 H^+이고, 일정한 수를 유지하는 이온은 [   ]의 이온이다.

11강 산화 환원 반응과 화학 반응에서 출입하는 열

A	산화 환원 반응과 산화수		B	산화 환원 반응식		C	화학 반응에서 출입하는 열	
	산화 환원 반응의 정의	☆★★		산화제와 환원제의 의미	★★★		발열 반응과 흡열 반응의 의미	☆☆★
	산화수의 의미와 규칙	★★★		산화 환원 반응식의 계수 정하기	☆★★		화학 반응에서 출입하는 열의 측정	☆★★

산소의 이동과 산화 환원
- 연소 반응 : 연소 반응에서 연료는 산화된다.
- 철광석의 제련 : 철광석과 코크스(C)가 반응하면 철광석은 산소(O)를 잃고 환원되고, 코크스는 산소(O)를 얻어 산화된다.

금속염 수용액과 금속의 반응
금속염 수용액(A^{a+})에 다른 종류의 금속(B)을 넣어 수용액 또는 금속판에 색 변화가 일어나면 산화 환원 반응이 진행된 것이다.
$$bA^{a+}(aq) + aB(s) \longrightarrow$$
$$bA(s) + aB^{b+}(aq)$$에서
산화 : $B(s) \longrightarrow B^{b+}(aq) + be^-$
환원 : $A^{a+}(aq) + ae^- \longrightarrow A(s)$
예 $CuSO_4(aq)$와 $Zn(s)$의 반응
푸른색의 황산 구리(Ⅱ) 수용액에 아연판을 넣으면 구리 이온이 석출되면서 수용액의 색은 무색으로 되고, 아연판에는 구리가 석출된다.
산화 : $Zn \longrightarrow Zn^{2+} + 2e^-$
환원 : $Cu^{2+} + 2e^- \longrightarrow Cu$

A 산화 환원 반응과 산화수

1. 산화 환원 반응의 정의

구분	산화	환원	예
산소의 이동	물질이 산소를 얻는 반응	물질이 산소를 잃는 반응	산화 ┐ 환원 ┘ $2CuO + C \longrightarrow 2Cu + CO_2$
전자의 이동	물질이 전자를 잃는 반응	물질이 전자를 얻는 반응	산화 ┐ 환원 ┘ $Mg + Cu^{2+} \longrightarrow Mg^{2+} + Cu$

➡ 산화 환원 반응의 동시성 : 한 물질이 산소를 얻으면 다른 물질이 산소를 잃고, 한 물질이 전자를 읽으면 다른 물질이 그 전자를 얻으므로 산화와 환원은 항상 동시에 일어난다.

2. 산화수 : 물질을 구성하는 원자가 산화되거나 환원되는 정도를 나타내기 위한 값으로, 반응물과 생성물을 이루는 결합의 종류에 관계없이 폭넓게 사용할 수 있다.

(1) 이온 결합 물질의 산화수 : 각 이온의 전하가 그 이온의 산화수이다.
   예 $CaCl_2$: Ca^{2+}과 Cl^-으로 구성 ➡ Ca의 산화수는 +2, Cl의 산화수는 −1이다.

(2) 공유 결합 물질의 산화수 : 전기 음성도가 큰 원자가 공유 전자쌍을 모두 가진다고 가정할 때, 각 구성 원자의 전하가 그 원자의 산화수이다.

3. 산화수 규칙

규칙	예
원소를 구성하는 원자의 산화수는 0이다.	H_2, O_2, Cu에서 H, O, Cu의 산화수는 모두 0이다.
화합물을 구성하는 각 원자의 산화수의 총합은 0이다.	H_2O에서 산화수의 총합 : (H의 산화수)×2+(O의 산화수)×1=(+1)×2+(−2)×1=0
1원자 이온의 산화수는 그 이온의 전하와 같다.	Na^+에서 Na의 산화수는 +1, O^{2-}에서 O의 산화수는 −2이다.
다원자 이온에서 각 원자의 산화수의 총합은 그 이온의 전하와 같다.	SO_4^{2-}에서 산화수의 총합 : (S의 산화수)×1+(O의 산화수)×4=(+6)×1+(−2)×4=−2
플루오린(F)의 산화수는 항상 −1이다.	HF, OF_2에서 F의 산화수는 모두 −1이다.
화합물에서 산소(O)의 산화수는 −2이다. 단, 과산화물에서는 −1, 플루오린 화합물에서는 +1, +2이다.	H_2O에서 O의 산화수 : −2 H_2O_2에서 O의 산화수 : −1 OF_2에서 O의 산화수 : +2
화합물에서 수소(H)의 산화수는 +1이다. 단, 금속의 수소화물에서는 −1이다.	H_2O에서 H의 산화수 : +1 NaH에서 H의 산화수 : −1

4. 산화수와 산화 환원 반응

산화	환원
산화수가 증가하는 반응	산화수가 감소하는 반응

산화 : 산화수 증가 ┐
$$MnO_2 + 4HCl \longrightarrow MnCl_2 + 2H_2O + Cl_2$$
$$+4 -1 +2 0$$
환원 : 산화수 감소 ┘

➡ 산화 환원 반응의 동시성 : 한 원자의 산화수가 증가하면 다른 원자의 산화수는 감소하므로 산화와 환원은 항상 동시에 일어난다.

5. 산화수의 주기성 : 화합물이 생성될 때, 각 원소는 비활성 기체와 같은 전자 배치를 하려는 경향이 있어 원자가 전자 수에 따라 얻거나 잃을 수 있는 최대 전자 수가 결정되므로 산화수는 주기성을 나타낸다.

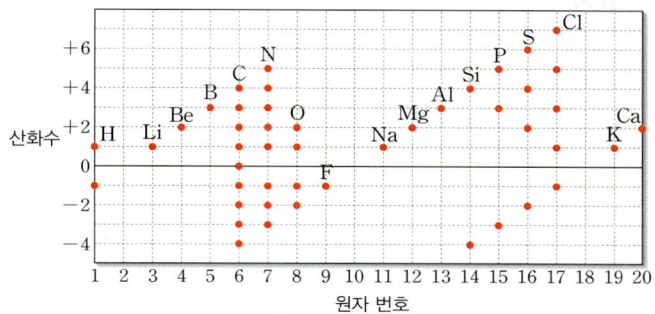

B 산화 환원 반응식

1. 산화제와 환원제

(1) 산화제 : 다른 물질을 산화시키고 자신은 환원되는 물질

(2) 환원제 : 다른 물질을 환원시키고 자신은 산화되는 물질

$$\overset{\text{산화}}{\underset{\text{환원제}\quad\text{산화제}}{H_2 + CuO}} \longrightarrow \underset{\text{환원}}{H_2O + Cu}$$

2. 산화제와 환원제의 상대성 : 같은 물질이라도 반응에 따라 산화제로 작용할 수 있고, 환원제로 작용할 수도 있다.

예 $\underset{-1}{H_2O_2} + \underset{+4}{SO_2} \longrightarrow \underset{+6\ -2}{H_2SO_4}$ ➡ SO_2은 환원제로, SO_2은 H_2O_2보다 산화되기 쉽다. (산화: SO_2, 환원: H_2O_2)

$\underset{+4}{SO_2} + 2\underset{-2}{H_2S} \longrightarrow 3\underset{0}{S} + 2H_2O$ ➡ SO_2은 산화제로, SO_2은 H_2S보다 환원되기 쉽다. (산화, 환원 표시)

➡ 산화되기 쉬운 순서 : $H_2S > SO_2 > H_2O_2$

3. 산화 환원 반응식의 계수 정하기 : 산화 환원 반응에서 증가한 산화수와 감소한 산화수가 항상 같다는 것을 이용하여 산화 환원 반응식을 완성할 수 있다.

예 $Sn^{2+} + MnO_4^- + H^+ \longrightarrow Sn^{4+} + Mn^{2+} + H_2O$의 화학 반응식 완성하기

단계	과정
1단계	① 각 원자의 산화수를 구한다. $\underset{+2}{Sn^{2+}} + \underset{+7\ -2}{MnO_4^-} + \underset{+1}{H^+} \longrightarrow \underset{+4}{Sn^{4+}} + \underset{+2}{Mn^{2+}} + \underset{+1\ -2}{H_2O}$
2단계	② 각 원자의 산화수 변화를 확인한다. (산화수 2 증가 : 산화) $\underset{+2}{Sn^{2+}} + \underset{+7}{MnO_4^-} + H^+ \longrightarrow \underset{+4}{Sn^{4+}} + \underset{+2}{Mn^{2+}} + H_2O$ (산화수 5 감소 : 환원)
3단계	③ 증가한 산화수와 감소한 산화수가 같도록 계수를 맞춘다. $(+2)\times 5$ $5Sn^{2+} + 2MnO_4^- + H^+ \longrightarrow 5Sn^{4+} + 2Mn^{2+} + H_2O$ $(-5)\times 2$
4단계	④ 산화수가 변하지 않는 원자들의 수가 같도록 계수를 맞춘다. $5Sn^{2+} + 2MnO_4^- + 16H^+ \longrightarrow 5Sn^{4+} + 2Mn^{2+} + 8H_2O$

4. 산화 환원 반응의 양적 관계 : 완성된 산화 환원 반응식으로부터 산화제와 환원제의 몰 비를 알 수 있다.

예 $2AgNO_3(aq) + Cu(s) \longrightarrow 2Ag(s) + Cu(NO_3)_2(aq)$에서 산화제는 $AgNO_3$, 환원제는 Cu이며, $AgNO_3$과 Cu의 반응 몰 비=2 : 1이다.

산화 환원 반응과 주고 받는 전자의 수
산화 환원 반응은 동시에 진행되기 때문에 환원제가 잃는 전자 수와 산화제가 얻는 전자 수가 같도록 화학 반응식의 계수를 정해야 한다.
예 $AgNO_3(aq)$과 $Cu(s)$의 반응
Ag^+이 얻는 전자 수와 Cu가 잃는 전자 수가 같아야 하므로 Ag^+과 Cu는 2:1의 몰 비로 반응한다.
⬇
$2Ag^+ + 2e^- \longrightarrow 2Ag$
$\dfrac{Cu \longrightarrow Cu^{2+} + 2e^-}{2Ag^+ + Cu \longrightarrow 2Ag + Cu^{2+}}$

C 화학 반응에서 출입하는 열

1. 화학 반응에서 열의 출입 : 화학 반응에서 반응물과 생성물이 가지고 있는 에너지가 다르기 때문에 화학 반응이 일어날 때 항상 열의 출입이 있다.

2. 발열 반응과 흡열 반응

<table>
<tr><td></td><td style="text-align:center">발열 반응</td><td style="text-align:center">흡열 반응</td></tr>
<tr><td>열 출입</td><td>화학 반응이 일어날 때 열을 방출하는 반응</td><td>화학 반응이 일어날 때 열을 흡수하는 반응</td></tr>
<tr><td>온도 변화</td><td>주위의 온도가 높아짐
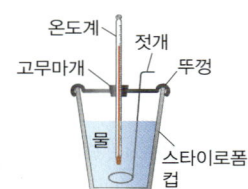</td><td>주위의 온도가 낮아짐
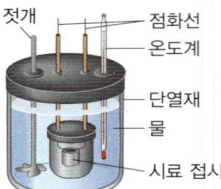</td></tr>
<tr><td>반응물과
생성물의 에너지</td><td>반응물의 에너지 > 생성물의 에너지</td><td>반응물의 에너지 < 생성물의 에너지</td></tr>
</table>

3. 화학 반응에서 출입하는 열의 측정 : 화학 반응에서 출입하는 열은 열량계를 사용하여 측정한다.

<table>
<tr><td style="text-align:center">간이 열량계</td><td style="text-align:center">통열량계</td></tr>
<tr><td>• 화학 반응에서 발생한 열을 용액이 모두 흡수한다고 가정하고 반응열을 구한다.
• 화학 반응 시 방출하는 열(Q) = 용액이 흡수한 열량 = $c \times m \times \Delta t$ (c : 용액의 비열, m : 용액의 질량, Δt : 온도 변화)</td><td>• 화학 반응에서 발생한 열을 물과 용기(통)가 모두 흡수한다고 가정하고 반응열을 구한다.
• 화학 반응 시 방출하는 열(Q) = 물이 흡수한 열량 + 통이 흡수한 열 = $(c \times m \times \Delta t) + (C \times \Delta t)$ (c : 물의 비열, m : 물의 질량, Δt : 온도 변화, C : 통의 열용량)</td></tr>
</table>

수산화 바륨과 질산 암모늄의 반응
수산화 바륨과 질산 암모늄의 반응은 흡열 반응으로 주위의 온도가 낮아져 물이 얼면서 나무판과 삼각 플라스크가 붙게 된다.

삼각 플라스크 — 수산화 바륨 + 질산 암모늄

물 — 나무판

비열과 열용량
• 비열 : 어떤 물질 1 g의 온도를 1 ℃ 높이는 데 필요한 열량으로, 단위는 J/g · ℃이다.
• 열용량 : 어떤 물질의 온도를 1 ℃ 높이는 데 필요한 열량으로, 단위는 J/℃이다.

기출 자료 | 분석

다음은 수용액에서 일어나는 산화 환원 반응의 알짜 이온 반응식이며, $a \sim e$는 화학 반응식의 계수이다.

$$a\mathrm{Cr_2O_7}^{2-} + b\mathrm{Sn}^{2+} + c\,\boxed{\text{(가)}} \longrightarrow d\mathrm{Cr}^{3+} + e\mathrm{Sn}^{4+} + 7\mathrm{H_2O}$$

자료 체크 리스트
☐ 반응 전후 원자의 산화수 파악
☐ 증가한 산화수와 감소한 산화수가 같도록 계수 결정
☐ 반응 전후 원자 수가 같도록 계수 결정

step 1 산화 환원 반응과 관련된 원자의 산화수 파악
$\mathrm{Cr_2O_7}^{2-}$에서 O의 산화수가 -2이므로, Cr의 산화수는 $+6$이 된다.
$\mathrm{Cr_2O_7}^{2-}$의 산화수의 총합
: (Cr의 산화수) $\times 2 +$ (O의 산화수) $\times 7 = (+6) \times 2 + (-2) \times 7 = -2$

$$\underset{+6}{\mathrm{Cr_2O_7}^{2-}} + \underset{+2}{\mathrm{Sn}^{2+}} + \boxed{\text{(가)}} \longrightarrow \underset{+3}{\mathrm{Cr}^{3+}} + \underset{+4}{\mathrm{Sn}^{4+}} + 7\mathrm{H_2O}$$

step 2 원자의 개수에 따른 계수를 맞춘 후, 증가한 산화수와 감소한 산화수가 같도록 계수 결정
$\mathrm{Cr_2O_7}^{2-}$에서 Cr이 2개이다.

$$\underset{+6}{\mathrm{Cr_2O_7}^{2-}} + \underset{+2}{\mathrm{Sn}^{2+}} + \boxed{\text{(가)}} \longrightarrow 2\underset{+3}{\mathrm{Cr}^{3+}} + \underset{+4}{\mathrm{Sn}^{4+}} + 7\mathrm{H_2O}$$

Sn의 증가한 산화수와 Cr의 감소한 산화수가 같도록 계수를 결정하면 다음과 같다.

산화 : 산화수 2×3 증가

$$\underset{+6}{\mathrm{Cr_2O_7}^{2-}} + 3\underset{+2}{\mathrm{Sn}^{2+}} + \boxed{\text{(가)}} \longrightarrow 2\underset{+3}{\mathrm{Cr}^{3+}} + 3\underset{+4}{\mathrm{Sn}^{4+}} + 7\mathrm{H_2O}$$

환원 : 산화수 3×2 감소

step 3 산소(O)와 수소(H) 원자 수 맞추기
산소 원자(O)와 수소 원자(H) 수를 맞추면 다음과 같이 화학 반응식이 완성된다. 즉, a는 1, b는 3, c는 14, d는 2, e는 3, (가)는 H^+이다.

$$\mathrm{Cr_2O_7}^{2-} + 3\mathrm{Sn}^{2+} + 14\mathrm{H}^+ \longrightarrow 2\mathrm{Cr}^{3+} + 3\mathrm{Sn}^{4+} + 7\mathrm{H_2O}$$

평가원 기출 변형

01 다음은 3가지 반응의 화학 반응식이다.

> (가) $C + O_2 \longrightarrow CO_2$
> (나) $Fe_2O_3 + 3CO \longrightarrow 2Fe + 3CO_2$
> (다) $C_6H_{12}O_6 + 6O_2 \longrightarrow 6CO_2 + 6H_2O$

이에 대한 설명으로 옳은 것만을 〈보기〉에서 있는 대로 고른 것은?

> ┤보기├
> ㄱ. (가)에서 O_2는 환원된다.
> ㄴ. (나)에서 Fe_2O_3은 산화제이다.
> ㄷ. (다)에서 $C_6H_{12}O_6$는 산화된다.

① ㄱ   ② ㄴ   ③ ㄷ
④ ㄱ, ㄷ   ⑤ ㄱ, ㄴ, ㄷ

수능 기출 변형

02 다음은 3가지 반응의 화학 반응식이다.

> (가) $CuO + H_2 \longrightarrow Cu + H_2O$
> (나) $CaCO_3 \longrightarrow CaO + CO_2$
> (다) $Cl_2 + H_2O \longrightarrow HCl + HClO$

이에 대한 설명으로 옳은 것만을 〈보기〉에서 있는 대로 고른 것은?

> ┤보기├
> ㄱ. 산화 환원 반응은 3가지이다.
> ㄴ. (나)의 $CaCO_3$에서 C의 산화수는 $+4$이다.
> ㄷ. (다)의 반응물과 생성물에 포함된 염소(Cl)의 산화
>   수는 3가지이다.

① ㄱ   ② ㄴ   ③ ㄱ, ㄴ
④ ㄴ, ㄷ   ⑤ ㄱ, ㄴ, ㄷ

교육청 기출 변형

03 다음은 2가지 산화 환원 반응의 화학 반응식이다.

> (가) $NO + NO_2 + 2NH_3 \longrightarrow 2N_2 + 3H_2O$
> (나) $H_2O_2 + 2KI + H_2SO_4 \longrightarrow$
> $I_2 + K_2SO_4 + 2H_2O$

이에 대한 설명으로 옳은 것만을 〈보기〉에서 있는 대로 고른 것은?

> ┤보기├
> ㄱ. (가)에서 N의 (최고 산화수 − 최저 산화수)는 10이다.
> ㄴ. (가)에서 NH_3는 환원제이다.
> ㄷ. (나)에서 H_2SO_4은 산화제이다.

① ㄱ   ② ㄴ   ③ ㄷ
④ ㄱ, ㄷ   ⑤ ㄱ, ㄴ, ㄷ

평가원 기출 변형

04 다음은 질산 은($AgNO_3$) 수용액에 철(Fe) 못을 넣었을 때의 반응 모형과 화학 반응식이다.

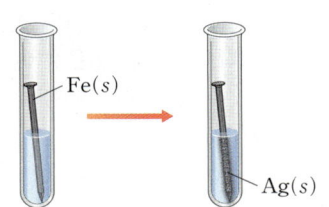

$a AgNO_3(aq) + Fe(s) \longrightarrow a Ag(s) + Fe(NO_3)_2(aq)$

이에 대한 설명으로 옳은 것만을 〈보기〉에서 있는 대로 고른 것은? (단, 음이온은 반응에 관여하지 않는다.)

> ┤보기├
> ㄱ. $a = 1$이다.
> ㄴ. Fe은 산화제이다.
> ㄷ. 수용액 속 양이온 수는 반응 전이 반응 후보다 크다.

① ㄱ   ② ㄴ   ③ ㄷ
④ ㄱ, ㄴ   ⑤ ㄱ, ㄴ, ㄷ

05 교육청 기출 변형

그림은 XNO_3 수용액에 금속 Y를 넣어 반응시킨 후, 충분한 양의 금속 Z를 넣어 반응시켰을 때 수용액 속에 존재하는 금속 양이온만을 모형으로 나타낸 것이다. 용액 (나)에는 금속 Z가 남아 있다.

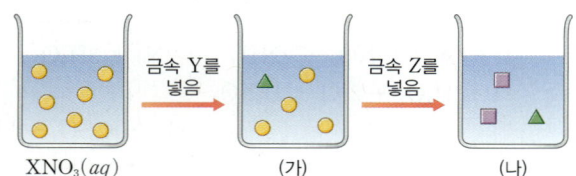

$XNO_3(aq)$ 금속 Y를 넣음   (가)   금속 Z를 넣음   (나)

이에 대한 설명으로 옳은 것만을 〈보기〉에서 있는 대로 고른 것은? (단, X~Z는 임의의 원소 기호이다.)

┤보기├
ㄱ. Y 이온의 산화수는 +3이다.
ㄴ. 산화되기 쉬운 순서는 Z > Y > X이다.
ㄷ. 혼합 용액 (가)에 금속 Z를 넣을 때, 산화제는 XNO_3 이다.

① ㄱ   ② ㄴ   ③ ㄷ
④ ㄱ, ㄷ   ⑤ ㄱ, ㄴ, ㄷ

06 평가원 기출 변형

다음은 알루미늄(Al)을 이용하여 은(Ag)의 녹을 제거하는 반응의 화학 반응식이다. Al의 원자량은 27이다.

$$aAg_2S + bAl \longrightarrow$$
$$cAg + dAl_2S_3 \ (a{\sim}d : \text{반응식의 계수})$$

이에 대한 설명으로 옳은 것만을 〈보기〉에서 있는 대로 고른 것은?

┤보기├
ㄱ. $a + c = 3$이다.
ㄴ. Ag_2S은 환원제이다.
ㄷ. 0.03몰의 Ag_2S과 반응하는 Al의 질량은 0.54 g이다.

① ㄱ   ② ㄴ   ③ ㄷ
④ ㄱ, ㄴ   ⑤ ㄱ, ㄴ, ㄷ

07 교육청 기출 변형

그림은 금속 A 이온이 녹아 있는 수용액에 금속 B를 넣어 반응시켰을 때, 반응한 B 원자 수에 따른 수용액의 전체 금속 이온 수를 나타낸 것이다.

 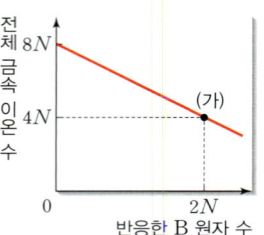

A 이온 / 금속 B / 전체 금속 이온 수 / 반응한 B 원자 수

이에 대한 설명으로 옳은 것만을 〈보기〉에서 있는 대로 고른 것은? (단, 음이온은 반응에 참여하지 않으며, A, B는 임의의 원소 기호이다.)

┤보기├
ㄱ. 금속 B는 산화제이다.
ㄴ. (가)에서 석출된 금속 A는 $4N$이다.
ㄷ. A 이온과 B 이온의 산화수 비는 1 : 3이다.

① ㄱ   ② ㄴ   ③ ㄷ
④ ㄱ, ㄷ   ⑤ ㄱ, ㄴ, ㄷ

08 평가원 기출 변형

그림 (가)는 금속 B 이온이 녹아 있는 수용액에 금속 A 막대를, (나)는 금속 C 이온이 녹아 있는 수용액에 금속 B 막대를 넣은 것을 나타낸 것이다. 그림 (다)는 반응 시간에 따른 용액의 전체 이온 수를, (라)는 (가)에서 반응 시간에 따른 금속 A 막대의 질량을 각각 나타낸 것이다.

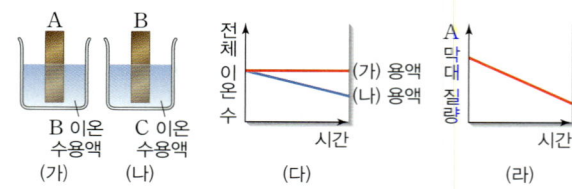

B 이온 수용액 (가) / C 이온 수용액 (나) / 전체 이온 수 — 시간 (다) / A 막대 질량 — 시간 (라)

이에 대한 설명으로 옳은 것만을 〈보기〉에서 있는 대로 고른 것은? (단, 용액의 음이온 수는 일정하며, A~C는 임의의 원소 기호이다.)

┤보기├
ㄱ. 금속 A가 B보다 산화되기 쉽다.
ㄴ. 이온의 산화수는 A > C이다.
ㄷ. 원자량은 A > B이다.

① ㄱ   ② ㄴ   ③ ㄷ
④ ㄱ, ㄴ   ⑤ ㄱ, ㄴ, ㄷ

09 다음은 아황산(H_2SO_3)과 아이오딘(I_2)의 산화 환원 반응식이다. 수능 기출 변형

$$H_2SO_3(aq) + aI_2(s) + H_2O(l) \longrightarrow$$
$$H_2SO_4(aq) + bI^-(aq) + cH^+(aq)$$

이에 대한 설명으로 옳은 것만을 〈보기〉에서 있는 대로 고른 것은?

┤보기├
ㄱ. $a+b+c=5$이다.
ㄴ. I_2은 환원제이다.
ㄷ. S의 산화수는 $+4$에서 $+6$으로 증가한다.

① ㄱ ② ㄴ ③ ㄷ
④ ㄱ, ㄴ ⑤ ㄱ, ㄷ

10 다음은 과산화 수소(H_2O_2)와 관련된 화학 반응식이다. 교육청 기출 변형

$$(가)\ aH_2O_2 + bMnO_4^- + cH^+ \longrightarrow$$
$$aO_2 + bMn^{2+} + dH_2O$$
$$(나)\ H_2O_2 + 2HCl + 2I^- \longrightarrow 2H_2O + I_2 + 2Cl^-$$

이에 대한 설명으로 옳은 것만을 〈보기〉에서 있는 대로 고른 것은?

┤보기├
ㄱ. (가)에서 $c=16$이다.
ㄴ. (가)에서 Mn의 산화수는 $+7$에서 $+2$로 감소한다.
ㄷ. (나)에서 HCl은 산화제이다.

① ㄱ ② ㄴ ③ ㄷ
④ ㄱ, ㄷ ⑤ ㄱ, ㄴ, ㄷ

11 다음은 3가지 반응의 화학 반응식이다.

$$(가)\ CH_4(g) + 2O_2(g) \longrightarrow CO_2(g) + 2H_2O(g)$$
$$(나)\ C_6H_{12}O_6(aq) + 6O_2(g) \longrightarrow 6CO_2(g) + 6H_2O(l)$$
$$(다)\ HCl(aq) + NaOH(aq) \longrightarrow NaCl(aq) + H_2O(l)$$

위 반응의 공통점으로 옳은 것만을 〈보기〉에서 있는 대로 고른 것은?

┤보기├
ㄱ. 발열 반응이다.
ㄴ. 반응이 진행되면 주위의 온도가 높아진다.
ㄷ. 생성물의 에너지 합이 반응물의 에너지 합보다 크다.

① ㄱ ② ㄴ ③ ㄷ
④ ㄱ, ㄴ ⑤ ㄱ, ㄴ, ㄷ

12 그림은 고체 아이오딘(I_2)이 들어 있는 비커 위에 찬물이 들어 있는 증발 접시를 올려놓고 가열할 때, I_2이 고체에서 기체가 되었다가 다시 고체로 되는 모습을 나타낸 것이다. 평가원 기출 변형

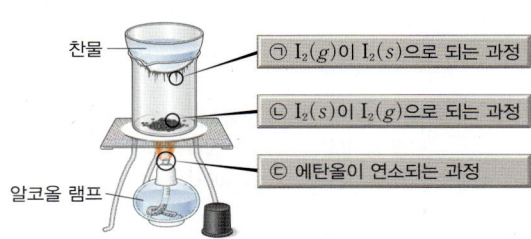

찬물
알코올 램프
㉠ $I_2(g)$이 $I_2(s)$으로 되는 과정
㉡ $I_2(s)$이 $I_2(g)$으로 되는 과정
㉢ 에탄올이 연소되는 과정

이에 대한 설명으로 옳은 것만을 〈보기〉에서 있는 대로 고른 것은?

┤보기├
ㄱ. ㉠은 발열 반응이다.
ㄴ. 물질이 가지고 있는 에너지는 $I_2(g) > I_2(s)$이다.
ㄷ. ㉢에서 주위의 온도는 높아진다.

① ㄱ ② ㄴ ③ ㄷ
④ ㄱ, ㄷ ⑤ ㄱ, ㄴ, ㄷ

기본 개념 확인

01 화합물에서 산소의 산화수는 대부분 [   ]이지만 H_2O_2와 같은 과산화물에서는 [   ]이고, 수소의 산화수는 대부분 [   ]이다.

01 다음은 3가지 반응의 화학 반응식이다.

> (가) $MnO_2 + 4HCl \longrightarrow MnCl_2 + 2H_2O + Cl_2$
> (나) $2H_2O_2 \longrightarrow 2H_2O + O_2$
> (다) $Ca(OH)_2 + CO_2 \longrightarrow CaCO_3 + H_2O$

이에 대한 설명으로 옳은 것만을 〈보기〉에서 있는 대로 고른 것은?

┤ 보기 ├
ㄱ. (가)에서 MnO_2은 환원제이다.
ㄴ. (나)에서 반응물과 생성물에 포함된 O의 산화수는 3가지이다.
ㄷ. (다)에서 C의 산화수는 반응 전보다 2만큼 증가한다.

① ㄱ   ② ㄴ   ③ ㄷ
④ ㄱ, ㄴ   ⑤ ㄱ, ㄴ, ㄷ

02 Cu가 Cu^{2+}으로 될 때, Cu의 산화수는 [   ]만큼 증가하고, NO_3^-이 NO로 될 때 N의 산화수는 [   ]에서 [   ]로 감소한다.

02 다음은 수용액에서 일어나는 어떤 산화 환원 반응의 알짜 이온 반응식이며, $a \sim c$는 알짜 이온 반응식의 계수이다.

> $a\text{Cu} + b\text{NO}_3^- + c\ \boxed{\quad (가) \quad} \longrightarrow a\text{Cu}^{2+} + b\text{NO} + 4\text{H}_2\text{O}$

이에 대한 설명으로 옳은 것만을 〈보기〉에서 있는 대로 고른 것은?

┤ 보기 ├
ㄱ. $a+b=5$이다.
ㄴ. (가)는 H^+이다.
ㄷ. $c=8$이다.

① ㄱ   ② ㄴ   ③ ㄱ, ㄴ
④ ㄱ, ㄷ   ⑤ ㄱ, ㄴ, ㄷ

03 (가)는 염산과 금속 M이 반응할 때의 화학 반응식이고, (나)는 25 ℃에서 충분한 양의 염산에 금속 M의 몰 수를 달리하여 반응시켰을 때 생성되는 수소(H_2)의 부피를 나타낸 것이다.

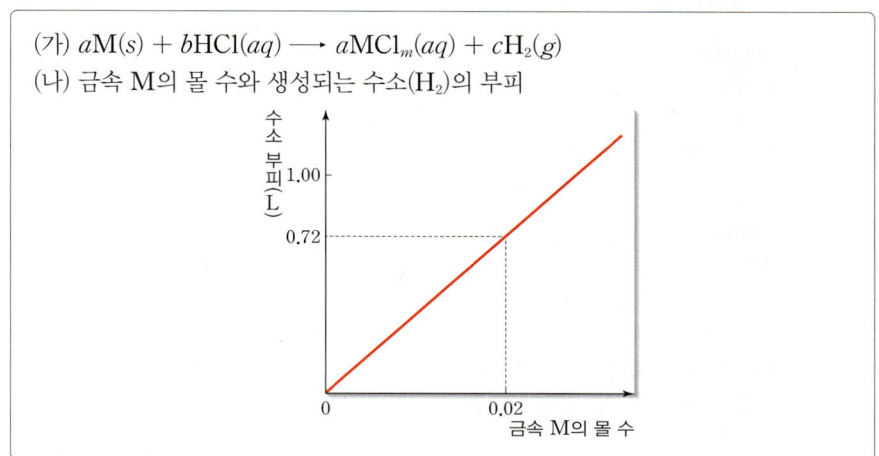

(가) $a\mathrm{M}(s) + b\mathrm{HCl}(aq) \longrightarrow a\mathrm{MCl}_m(aq) + c\mathrm{H}_2(g)$
(나) 금속 M의 몰 수와 생성되는 수소(H_2)의 부피

이에 대한 설명으로 옳은 것만을 〈보기〉에서 있는 대로 고른 것은? (단, 25 ℃에서 수소(H_2) 1몰의 부피는 24 L이고, M은 임의의 원소 기호이다.)

┤ 보기 ├
ㄱ. $\dfrac{b}{a} = \dfrac{3}{2}$이다.
ㄴ. M 이온의 산화수는 +3이다.
ㄷ. HCl은 산화제이다.

① ㄱ   ② ㄴ   ③ ㄷ
④ ㄴ, ㄷ   ⑤ ㄱ, ㄴ, ㄷ

○── **03** H_2 1몰의 부피가 24 L일 때, H_2 V(L)의 몰 수는 [   ]이다.
$2H^+ + 2e^- \longrightarrow H_2$이므로 생성된 H_2와 반응한 H^+의 몰 비는 [   ] : [   ]이다.

---

04 그림은 일정량의 금속 C 이온이 들어 있는 수용액을 두 용기에 넣고 금속 A, B를 각각 넣었을 때, 넣어 준 금속의 질량에 따른 용액의 $\dfrac{\text{양이온 수}}{\text{음이온 수}}$ 를 나타낸 것이다.

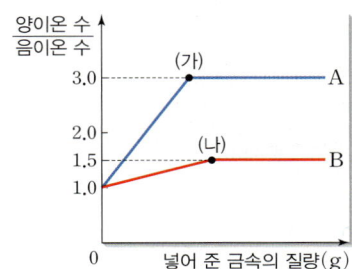

이에 대한 설명으로 옳은 것만을 〈보기〉에서 있는 대로 고른 것은? (단, 금속 이온 A~C의 산화수는 서로 다르고, 3이하의 정수이며, A~C는 임의의 원소 기호이다.)

┤ 보기 ├
ㄱ. C 이온과 금속 B는 2 : 3의 몰 비로 반응한다.
ㄴ. 금속 이온의 산화수는 B가 A보다 크다.
ㄷ. 용액의 밀도는 (나)가 (가)보다 크다.

① ㄱ   ② ㄴ   ③ ㄱ, ㄴ
④ ㄱ, ㄷ   ⑤ ㄱ, ㄴ, ㄷ

○── **04** 금속 C 이온이 금속 A와 모두 반응하여 양이온 수가 3배로 되면 C 이온과 금속 A는 [   ] : [   ]의 몰 비로 반응한다. 금속 C 이온이 금속 B와 모두 반응하여 양이온 수가 1.5배로 되면 C 이온과 금속 B는 [   ] : [   ]의 몰 비로 반응한다.

05 금속염 수용액에 포함된 금속 M_1 이온과 금속 M_2이 $n:m$의 개수비로 반응할 때, 두 금속 이온의 산화수 비는 $M_1:M_2=$ ☐ : ☐ 이다.

05 표는 금속 양이온 A^{a+}과 B^{b+}이 들어 있는 혼합 용액 (가)에 금속 C를 넣었을 때, 용액 속에 존재하는 C^{c+}의 몰 수와 수용액 중에 존재하는 양이온의 수의 비율을 나타낸 것이다. (가)에 금속 C 0.04몰을 넣었을 때, 금속 A만 석출된다.

혼합 용액	(가)	(나)	(다)
용액 속의 C^{c+}의 몰 수(몰)	0	0.04	0.06
양이온의 종류	A^{a+}, B^{b+}	B^{b+}, C^{c+}	B^{b+}, C^{c+}
양이온 수의 비율	$\frac{2}{3}$, $\frac{1}{3}$	$\frac{3}{4}$, $\frac{1}{4}$	$\frac{1}{2}$, $\frac{1}{2}$

이에 대한 설명으로 옳은 것만을 〈보기〉에서 있는 대로 고른 것은? (단, A~C은 임의의 원소 기호이고, 금속 이온 A~C의 산화수는 3이하의 정수이다.)

┤보기├
ㄱ. $a=2$, $b=1$이다.
ㄴ. (가)에 포함된 총 이온 수는 0.24몰이다.
ㄷ. (다)에 B^{b+}을 모두 석출시키기 위해 필요한 금속 C의 최소한의 몰수는 0.02몰이다.

① ㄱ   ② ㄴ   ③ ㄱ, ㄴ
④ ㄱ, ㄷ   ⑤ ㄱ, ㄴ, ㄷ

06 금속염 수용액과 금속이 반응할 때, 산화되는 금속이 내놓는 총 전자 수와 환원되는 금속 이온이 받는 총 전자 수는 같아야 한다. 따라서 C^{2+} n개와 금속 A, B가 반응하여 A^{a+}과 B^{b+}이 각각 m_1, m_2개 생성될 때 ☐ $=am_1+bm_2$이다.

06 다음은 금속 A와 B가 들어 있는 비커에 C^{2+}을 포함한 수용액의 부피를 달리하여 넣은 실험 I과 II에 관한 자료이다.

• 실험 I과 II에서 비커에 넣어 준 금속의 질량은 A Xg, B Yg이다.
• A가 모두 반응한 후 B가 반응한다.

실험	$C^{2+}(aq)$을 포함한 수용액의 부피(mL)	반응 후 용액 속의 금속 양이온	
		종류	수
I	400	A^{a+}, B^+	$6N$
II	600	A^{a+}, B^+	$12N$

이에 대한 설명으로 옳은 것만을 〈보기〉에서 있는 대로 고른 것은? (단, A~C은 임의의 원소 기호이고, a는 3이하의 정수이다.)

┤보기├
ㄱ. 실험 I에서 반응 전 C^{2+}을 포함한 수용액에 들어 있는 C^{2+}의 수는 $6N$이다.
ㄴ. $a=2$이다.
ㄷ. 실험 II에서 반응 후 혼합 용액에 들어 있는 B^+의 수는 $10N$이다.

① ㄱ   ② ㄴ   ③ ㄷ
④ ㄱ, ㄷ   ⑤ ㄱ, ㄴ, ㄷ

07 다음은 수산화 바륨 수화물(Ba(OH)₂·8H₂O)과 염화 암모늄(NH₄Cl)이 반응할 때의 화학 반응식과 주위의 온도 변화를 알아보기 위한 실험이다.

> [화학 반응식]
> $Ba(OH)_2 \cdot 8H_2O(s) + 2NH_4Cl(s) \longrightarrow BaCl_2(s) + 10H_2O(l) + 2NH_3(g)$
>
> [실험 과정 및 결과]
> (가) 나무판의 가운데 물을 10방울 정도 떨어뜨린다.
> (나) 삼각 플라스크에 수산화 바륨 수화물과 염화 암모늄을 넣는다.
> (다) (나)의 플라스크를 (가)의 나무판에 올려놓고, 몇 분 동안 유리 막대로 수산화 바륨 수화물과 염화 암모늄을 잘 저어 준다.
> (라) 삼각 플라스크를 들어 올리면 그림과 같이 나무판이 함께 들려 올라온다.

수산화 바륨 수화물과 염화 암모늄의 반응에 대한 설명으로 옳은 것만을 〈보기〉에서 있는 대로 고른 것은?

> ─┤ 보기 ├─
> ㄱ. 흡열 반응이다.
> ㄴ. 반응할 때 주위의 온도는 낮아진다.
> ㄷ. 생성물의 에너지 총합이 반응물의 에너지 총합보다 크다.

① ㄱ   ② ㄴ   ③ ㄱ, ㄴ
④ ㄱ, ㄷ   ⑤ ㄱ, ㄴ, ㄷ

07 흡열 반응은 화학 반응이 일어날 때 열을 [＿＿＿＿＿]하는 반응으로 주위의 온도가 [＿＿＿＿]지며, 발열 반응은 화학 반응이 일어날 때 열을 [＿＿＿＿]하는 반응으로 주위의 온도가 [＿＿＿＿]진다.

---

08 다음은 간이 열량계를 사용하여 수산화 나트륨(NaOH)의 몰 용해열(J/mol)을 구하는 실험 과정이다. 몰 용해열은 용질 1몰이 다량의 물에 용해될 때 발생하는 열량이다.

> [실험 과정]
> (가) 간이 열량계에 물 100 g을 넣고 온도를 측정한다.
> (나) (가)의 물에 수산화 나트륨(NaOH) 4 g을 넣고, 젓개로 저어 완전히 녹인 후 온도를 측정한다.
>
> [실험 결과]
> 물의 온도 변화(Δt) = 5 ℃

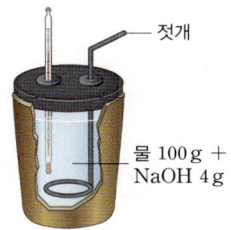

젓개
물 100 g + NaOH 4 g

수산화 나트륨(NaOH)의 몰 용해열(J/mol)로 옳은 것은? (단, 열손실은 없으며, 수산화 나트륨 수용액의 비열은 4 J/g℃이고, NaOH의 화학식량은 40이다.)

① $4 \text{ J/g}℃ \times 100 \text{ g} \times 5 ℃$
② $4 \text{ J/g}℃ \times 104 \text{ g} \times 5 ℃$
③ $0.1 \text{ mol} \times 4 \text{ J/g}℃ \times 100 \text{ g} \times 5 ℃$
④ $\dfrac{1}{0.1 \text{ mol}} \times 4 \text{ J/g}℃ \times 100 \text{ g} \times 5 ℃$
⑤ $\dfrac{1}{0.1 \text{ mol}} \times 4 \text{ J/g}℃ \times 104 \text{ g} \times 5 ℃$

08 수산화 나트륨이 물에 용해되면서 발생한 열은 수산화 나트륨 수용액의 비열× 수산화 나트륨 수용액의 [＿＿＿＿] ×온도 변화이다.

대단원 예상 적중 자료 정리

① 동적 평형

9강_ 88쪽 2번

그림 (가)는 진공 용기에 에탄올(C_2H_5OH)을 넣고 a초가 지났을 때의 수은 기둥의 높이를 나타낸 것이고, (나)는 밀폐 용기 내 에탄올의 증발 속도와 응축 속도를 나타낸 것이다. ㉠은 증발 속도와 응축 속도 중 하나이고, (가)에서 에탄올을 넣기 전 수은 기둥의 높이 차는 0이다.

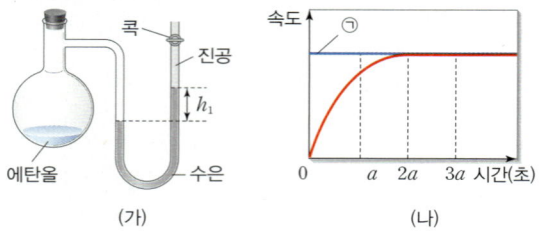

(가)   (나)

분석 포인트 ▶▶▶

밀폐 용기에 액체를 넣고 온도를 일정하게 유지하면 증발 속도는 일정하고, 응축 속도는 증발 속도와 같아질 때까지 증가하여 동적 평형에 도달한다.

자료 집중 분석

- 밀폐 용기에 액체를 넣고, 온도를 일정하게 유지했을 때 ① [   ] 속도는 일정하고, ② [   ] 속도는 증발 속도와 같아질 때까지 증가한다. 따라서 ㉠은 ③ [   ] 속도이다.
- 증발 속도와 응축 속도가 같은 상태를 ④ [   ]이라고 한다. ④ [   ] 상태에서는 증발과 응축이 일어나지 않는 것이 아니라, 속도가 같아서 겉보기에는 변화가 없는 것처럼 보인다.
- 수은 기둥의 높이는 시간에 비례하지 않는다. 왜냐하면 $C_2H_5OH(l)$의 증발 속도는 일정하지만, $C_2H_5OH(g)$의 ⑤ [   ] 속도는 증가하다가 충분한 시간이 지나면 일정해지기 때문이다.

② 물의 이온화 상수 및 pH

9강_ 89쪽 4번

다음은 용액 (가)~(다)에 관한 자료이다. $K_W = 1.0 \times 10^{-14}$이다.

- (가) : pH=3인 $HCl(aq)$ 1 L
- (나) : 0.01 M $HCl(aq)$ 100 mL
- (다) : (나)에 증류수를 넣어 500 mL로 희석시킨 $HCl(aq)$

분석 포인트 ▶▶▶

pH$= -\log[H_3O^+]$이고, 몰 농도가 M(M), 수용액의 부피가 V(L)인 $HA(aq)$에 포함된 H_3O^+의 몰 수는 MV몰이다.

자료 집중 분석

- (가)의 pOH : $K_W = 1.0 \times 10^{-14}$일 때, pH+pOH=14이므로 pH=3이면 pOH= ⑥ [   ]이다.
- (나)에 포함된 H_3O^+의 몰 수 : 0.01 M $HCl(aq)$ 100 mL에 포함된 H_3O^+의 몰 수는 0.01 M× ⑦ [   ] L= ⑧ [   ] 몰이다.
- (다)의 몰 농도 : $HCl(aq)$ 500 mL에 H_3O^+ 0.001몰이 들어 있을 때 수용액의 몰 농도는 ⑨ [   ] M이다.

③ 산 염기 중화 반응

10강_ 95쪽 3번

표는 0.1 M $HCl(aq)$과 x M $NaOH(aq)$을 각각 다른 부피로 혼합한 용액 (가)~(다)에 관한 자료이다.

혼합 용액	혼합 전 용액의 부피(mL)		혼합 용액 속 H^+, OH^- 중 많은 이온의 양(몰)
	0.1 M $HCl(aq)$	x M $NaOH(aq)$	
(가)	30	50	n
(나)	40	100	$2n$
(다)	30	100	yn

분석 포인트 ▶▶▶

산과 염기의 혼합 용액에 존재하는 H^+ 또는 OH^-의 몰 수는 산과 염기 수용액 각각에 포함된 H^+과 OH^-이 1 : 1로 반응하여 H_2O을 생성하고 남은 이온이다.

자료 집중 분석

- (가), (나)의 액성 : (가)의 액성은 ⑩ [   ]이고, 혼합 용액 속에는 ⑪ [   ]이 n몰 존재한다. (나)의 액성은 염기성이고, 혼합 용액 속에는 ⑫ [   ]이 $2n$몰 존재한다.
- $HCl(aq)$과 $NaOH(aq)$ 1 mL에 포함된 H^+, OH^-의 개수를 각각 a, b라 하면 (가)에서 $30a-50b=$ ⑬ [   ], (나)에서 $100b-40a=$ ⑭ [   ]이다. 따라서 $a=\dfrac{n}{5}$, $b=\dfrac{n}{10}$이다. $HCl(aq)$이 0.1 M이므로 $NaOH(aq)$는 ⑮ [   ] M이다.
- $a=\dfrac{n}{5}$, $b=\dfrac{n}{10}$이므로 $HCl(aq)$ 30 mL에는 H^+은 ⑯ [   ]n, $NaOH(aq)$ 100 mL에는 OH^-은 ⑰ [   ]n이 들어 있다. 따라서 $y=$ ⑱ [   ]이다.

④ 중화 반응과 이온 개수 변화

10강_ 97쪽 7번

표는 염산(HCl)과 수산화 바륨($Ba(OH)_2$) 수용액을 부피를 달리하여 혼합한 용액 (가)와 (나)에 대한 자료이다.

혼합 용액		(가)	(나)
혼합 전 용액의 부피(mL)	$HCl(aq)$	20	120
	$Ba(OH)_2(aq)$	20	40
단위 부피당 이온 모형			

분석 포인트 ▶▶▶

혼합 용액 (가), (나)의 총 부피는 각각 40 mL, 160 mL이다. 따라서 단위 부피를 (가)와 같은 40 mL로 하면 (나)에 포함된 실제 이온은 단위 부피당 이온의 4배가 된다.

자료 집중 분석

- 단위 부피를 40 mL로 하면 (나)에 포함된 실제 이온의 개수는 🟨, 🔴, ⭐는 각각 ⑲ [   ]개, ⑳ [   ]개, ㉑ [   ]개이다.
- 구경꾼 이온인 Cl^-과 Ba^{2+}의 개수는 각각 $HCl(aq)$과 $Ba(OH)_2(aq)$의 ㉒ [   ]에 비례한다. (나)에서 (가)의 6배인 🔴는 ㉓ [   ]이고, (나)에서 (가)의 2배인 🟨는 ㉔ [   ]이다.
- (가)에서 $HCl(aq)$ 20 mL와 $Ba(OH)_2(aq)$ 20 mL에 포함된 Cl^-과 Ba^{2+}의 개수가 같으므로 몰 농도 비는 ㉕ [   ]이다.

5 중화 반응에서 이온 개수 변화

10강_ 97쪽 8번

그림은 $HCl(aq)$ 40 mL에 $NaOH(aq)$을 조금씩 넣을 때, $NaOH(aq)$의 부피에 따른 혼합 용액의 단위 부피당 A, B 이온의 수를 나타낸 것이다.

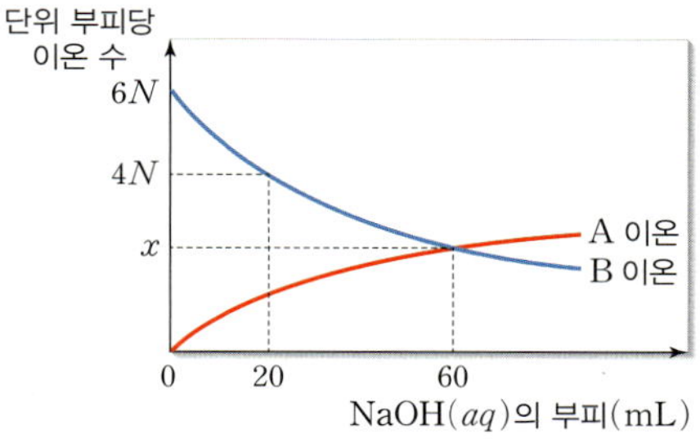

분석 포인트▸▸▸

(단위 부피당 이온 수×용액의 부피)를 통해 혼합 용액에 존재하는 B 이온의 실제 개수를 구한다. 이온 개수가 첨가한 $NaOH(aq)$의 부피와 관계없이 일정하게 유지되면 구경꾼 이온이다.

자료 집중 분석

- A 이온 : $HCl(aq)$에 $NaOH(aq)$을 넣을 때 이온의 개수가 증가하므로 A 이온은 [㉖] 이다.
- B 이온 : 단위 부피를 1 mL라고 할 때 반응 전 B 이온의 개수는 $6N$/mL × [㉗] mL = [㉘] N이고, $NaOH(aq)$ 20 mL를 넣을 때 $4N$/mL × (40+20)mL = $240N$으로 같다. 따라서 B 이온은 [㉙] 이다.
- x : $NaOH(aq)$을 넣어도 B 이온의 개수는 일정하므로, $240N = xN$/mL × [㉚] mL, x = [㉛] 이다.

6 산화 환원 반응식 완성하기

11강_ 104쪽 2번

다음은 수용액에서 일어나는 어떤 산화 환원 반응의 알짜 이온 반응식이며, a~c는 알짜 이온 반응식의 계수이다.

$$aCu + bNO_3^- + c\,\text{(가)} \longrightarrow aCu^{2+} + bNO + 4H_2O$$

분석 포인트▸▸▸

Cu와 N의 반응 전후 산화수를 구하여 증가하는 산화수와 감소하는 산화수가 같도록 계수를 정한다.

자료 집중 분석

- Cu의 산화수 변화 : Cu와 Cu^{2+}에서 Cu의 산화수는 각각 [㉜], [㉝] 이다. 따라서 산화수는 [㉞] 만큼 증가한다.
- N의 산화수 변화 : NO_3^-과 NO에서 N의 산화수는 각각 [㉟], [㊱] 이다. 따라서 산화수가 [㊲] 만큼 감소한다.
- a, b 정하기 : 증가한 산화수와 감소한 산화수가 같아야 한다.
  a×(Cu의 증가한 산화수)=b×(N의 감소한 산화수)
  따라서 a= [㊳] 이고, b= [㊴] 이다.
- c 정하기 : (가)는 [㊵] 이고, 반응 전후 H의 개수가 같아야 하므로 c= [㊶] 이다.

7 금속염 수용액과 금속의 반응

11강_ 105쪽 4번

그림은 일정량의 금속 C 이온이 들어 있는 수용액을 두 용기에 넣고 금속 A, B를 각각 넣었을 때, 넣어 준 금속의 질량에 따른 용액의 $\frac{\text{양이온 수}}{\text{음이온 수}}$를 나타낸 것이다.

분석 포인트▸▸▸

금속염 수용액의 양이온의 총 전하량은 일정하다. 따라서 금속 이온 M_1과 반응한 금속 M_2의 몰 비가 $n_1 : n_2$이면 금속 이온 M_1과 M_2의 산화수 비는 $n_2 : n_1$이 된다.

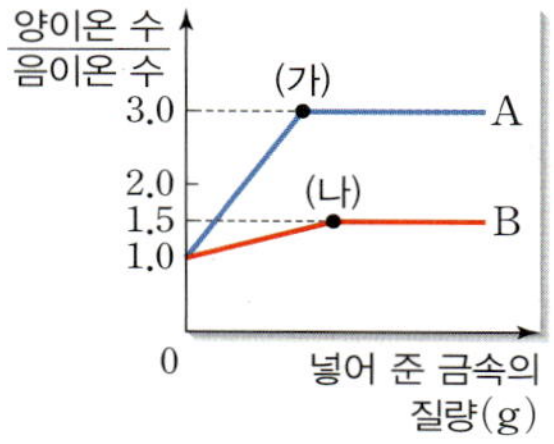

자료 집중 분석

- A의 산화수 정하기 : C 이온이 모두 금속 A와 반응하면 양이온 수가 3배가 된다. 따라서 C 이온과 금속 A는 [㊷] : [㊸] 의 몰 비로 반응하고, 양이온의 총 전하량이 같아야 하므로 C 이온과 A 이온의 산화수의 비는 [㊹] : [㊺] 이다.
- B의 산화수 정하기 : C 이온이 모두 금속 B와 반응하면 양이온 수가 1.5배가 된다. 따라서 C 이온과 금속 B는 [㊻] : [㊼] 의 몰 비로 반응하고, 양이온의 총전하량이 같아야 하므로 C 이온과 B 이온의 산화수의 비는 [㊽] : [㊾] 이다.

8 금속염 수용액과 금속의 반응

11강_ 106쪽 6번

표는 금속 A와 B가 들어 있는 비커에 C^{2+}을 포함한 수용액의 부피를 달리하여 넣은 실험 Ⅰ과 Ⅱ에 관한 자료이고, 금속 A가 모두 반응한 후, 금속 B가 반응한다.

실험	$C^{2+}(aq)$을 포함한 수용액의 부피(mL)	반응 후 용액 속의 금속 양이온	
		종류	수
Ⅰ	400	A^{a+}, B^+	$6N$
Ⅱ	600	A^{a+}, B^+	$12N$

분석 포인트▸▸▸

A와 B가 산화되면서 내놓는 총 전자 수와 C^{2+}이 환원되면서 받는 총 전자 수가 같아야 한다.

자료 집중 분석

- 실험 Ⅱ에서 추가로 생성된 이온의 종류 파악 : 금속 A와 B가 들어 있는 비커에 $C^{2+}(aq)$을 가했을 때, 금속 A가 모두 반응한 후, 금속 B가 반응하므로 실험 Ⅱ에서 추가로 생성된 $6N$은 [㊿] 이다.
- $C^{2+}(aq)$ 200 mL에 포함된 C^{2+}의 개수 파악 : 실험 Ⅰ과 Ⅱ에서 사용한 $C^{2+}(aq)$의 부피 차는 200 mL이다. $C^{2+}(aq)$ 200 mL에 포함된 C^{2+}의 총 전하량과 C^{2+}이 환원되면서 생성되는 B^+ $6N$의 총 전하량은 같아야 한다. $C^{2+}(aq)$ 200 mL에 포함된 C^{2+}의 개수는 [(51)] N이다.
- 실험 Ⅰ에서 A^{a+}과 B^+의 개수를 각각 x, y라 하면 $x+y=6N$이고, A와 B가 산화되면서 내놓는 총 전자 수와 C^{2+}이 환원되면서 받는 총 전자 수를 비교하면, $ax+y$= [(52)] N이다.
  이때 a가 1, 2일 때 성립하지 않는다. 따라서 a는 3이며, x는 $3N$, y는 $3N$이 된다.

MEMO

MEMO

MEMO

ON

고등 수학의 **모든 유형**을 켜다

유형 온

 # 빠진 유형無   **# 빠진 문항無**   **# 불필요한 문항無**

1권 필수 유형별 문제부터
시험 대비 **변별력 문제**까지 완벽 학습!

◦유형별 문제 ◦내신 잡는 종합 문제 ◦수능 녹인 변별력 문제

2권 맞힌 문제도 **다시 한번!**
틀린 문제는 꼭 **다시!**

◦유형별 유사문제 ◦기출&기출 변형 문제

531
PROJECT

효과 빠른 약점 처방전

과탐 화학 I S

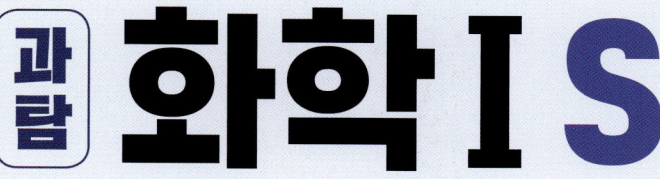

정답 및 해설

이투스북

531 PROJECT

효과 빠른 약점 처방전

과탐 화학 I S

정답 및 해설

Ⅰ. 화학의 첫걸음

01강 화학과 우리 생활

기출 변형 문제
08~09쪽

01 ⑤ **02** ⑤ **03** ③ **04** ⑤ **05** ① **06** ④ **07** ②
08 ⑤

01 ㄱ. 암모니아(NH_3)의 합성 과정에서 질소(N_2)와 반응하는 물질(㉠)은 수소(H_2)이다. 수소(H_2)는 2원자 분자이다.
ㄴ. 하버는 질소(N_2)와 수소(H_2)를 고온, 고압에서 촉매와 함께 반응시켜 암모니아(NH_3)를 대량으로 합성하는 방법을 개발하였다.
ㄷ. 암모니아(NH_3)를 대량으로 합성할 수 있게 되면서 암모니아를 원료로 한 화학 비료의 대량 생산이 가능해졌다.

02 화학 반응식을 완성하면 다음과 같다.
$$N_2 + 3H_2 \longrightarrow 2NH_3$$
$$CH_4 + 2O_2 \longrightarrow CO_2 + 2H_2O$$
따라서 ㉠은 암모니아(NH_3), ㉡은 메테인(CH_4)이다.
ㄱ. 암모니아를 원료로 한 화학 비료의 대량 생산은 인류의 식량 문제를 해결하는 데 기여하였다.
ㄴ. 메테인은 탄소(C)와 수소(H)로만 이루어진 탄화수소이다.
ㄷ. 암모니아와 메테인은 모두 25 ℃, 1기압에서 기체 상태이다.

03 (가)는 나일론, (나)는 플라스틱, (다)는 암모니아, (라)는 철이다.
ㄱ. 나일론은 화석 연료인 석유를 원료로 하는 탄소 화합물로, 최초의 합성 섬유이다.
ㄴ. 플라스틱은 탄소 화합물이므로 그 종류가 매우 다양하다.
오답 풀이 ㄷ. 암모니아(NH_3)는 2가지 원소로 이루어진 화합물이고, 철(Fe)은 원소이다.

04 ㄱ. ㉠은 철근 콘크리트이다. 철근 콘크리트는 건축 재료로 이용되어 인류의 주거 문제 해결에 기여하였다.
ㄴ. ㉡은 합성 섬유인 나일론이다.
ㄷ. ㉢은 철이다. 철은 단단하고 내구성이 뛰어나 건축 재료로 이용할 수 있다.

05 (가)~(다)는 각각 메테인(CH_4), 에탄올(C_2H_5OH), 아세트산(CH_3COOH)이다.
ㄱ. 메테인(CH_4)의 분자 구조는 C 원자 1개를 중심으로 H 원자 4개가 결합하고 있는 정사면체형이다.
오답 풀이 ㄴ. 에탄올(C_2H_5OH) 수용액은 중성이다.
ㄷ. 소독용 알코올의 원료로 이용되는 것은 에탄올(C_2H_5OH)이다.

06 물에 녹아 약한 산성을 나타내고 탄소 원자 수가 2이며, 식초의 성분인 탄소 화합물은 아세트산(CH_3COOH)이다.
오답 풀이 ① 메테인(CH_4)의 구조식이다.
③ 에탄올(C_2H_5OH)의 구조식이다.

07 (가)는 프로페인(C_3H_8)이고, (나)는 에탄올(C_2H_5OH)이다.
ㄷ. (가)와 (나)는 모두 탄소(C)와 수소(H)를 포함하는 탄소 화합물이므로 완전 연소시켰을 때 이산화 탄소(CO_2)와 물(H_2O)이 생성된다.
오답 풀이 ㄱ. 25 ℃, 1기압에서 (가)는 기체 상태, (나)는 액체 상태이다.
ㄴ. (가)는 물에 잘 녹지 않고, (나)는 물에 잘 녹는다.

08 ㄴ. 아세트산은 탄소(C)를 포함하므로 탄소 화합물이다.
ㄷ. 아세트산은 자연 상태에서 에탄올을 발효시켜 얻을 수 있다.
오답 풀이 ㄱ. 아세트산(CH_3COOH)은 C 원자 2개, H 원자 4개, O 원자 2개로 이루어져 있으므로 ㉠은 O 원자이다.

예상 적중 문제
10~11쪽

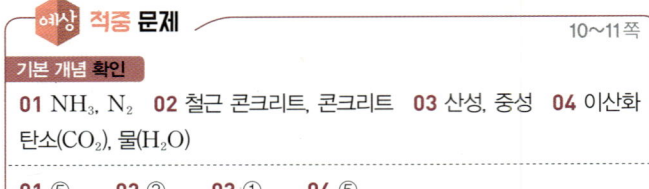

기본 개념 확인

01 NH_3, N_2 **02** 철근 콘크리트, 콘크리트 **03** 산성, 중성 **04** 이산화 탄소(CO_2), 물(H_2O)

01 ⑤ **02** ③ **03** ① **04** ⑤

01 하버는 질소(N_2) 기체와 수소(H_2) 기체를 고온, 고압에서 촉매와 함께 반응시켜 암모니아(NH_3)를 대량으로 합성하는 방법을 개발하였고, 화학 비료의 대량 생산을 가능하게 하여 인류의 식량 문제 해결에 기여하였다. 따라서 ㉠은 N_2, ㉡은 NH_3이다.
ㄴ. 암모니아 합성 반응의 화학 반응식은 $N_2(g) + 3H_2(g) \longrightarrow 2NH_3(g)$이다. 따라서 $b=3$, $c=2$이므로 $b+c=5$이다.
ㄷ. N_2와 NH_3는 모두 공유 결합으로 이루어진 분자이다.
오답 풀이 ㄱ. 분자당 질소 원자 수는 ㉠이 2, ㉡이 1이므로 ㉠>㉡이다.

02 화학 반응식을 완성하면 다음과 같다.
철의 제련 : $Fe_2O_3 + 3CO \longrightarrow 2Fe + 3CO_2$
요소(CH_4N_2O)의 합성 : $2NH_3 + CO_2 \longrightarrow CH_4N_2O + H_2O$
화석 연료의 연소 : $CH_4 + 2O_2 \longrightarrow CO_2 + 2H_2O$
ㄱ. ㉠은 철(Fe)이다. 철근 콘크리트는 콘크리트 속에 철근을 넣어 콘크리트의 강도를 높인 것이다.
ㄴ. ㉡은 암모니아(NH_3)이다. 암모니아(NH_3)는 질소(N_2)와 수소(H_2)를 반응시켜 얻을 수 있다.
오답 풀이 ㄷ. 화학 반응식으로부터 $a=3$, $b=2$, $c=2$이므로 $b+c>a$이다.

03 메테인(CH_4), 에탄올(C_2H_5OH), 아세트산(CH_3COOH)의 분자당 $\dfrac{H 원자 수}{C 원자 수}$는 각각 4, 3, 2이고, 액화 천연가스(LNG)의 주성분은 메테인(CH_4)이므로 (가)~(다)는 각각 에탄올(C_2H_5OH), 아세트산(CH_3COOH), 메테인(CH_4)이다.
ㄱ. 분자당 H 원자 수는 (가)가 6이고, (다)가 4이므로 (가)>(다)이다.
오답 풀이 ㄴ. 25 ℃, 1기압에서 (나)는 액체 상태이고, (다)는 기체 상태이다.
ㄷ. 수용액의 액성은 (가)가 중성, (나)가 산성이다.

04 ㄱ, ㄴ. 석회수가 뿌옇게 흐려지는 까닭은 이산화 탄소(CO_2)가 생성되었기 때문이고, 푸른색 염화 코발트 종이가 붉은색으로 변한 까닭은 물(H_2O)이 생성되었기 때문이다. 완전 연소시켰을 때 물(H_2O)이 생성된 것으로부터 X에 수소(H)가 포함되어 있음을 알 수 있다.

ㄷ. X를 완전 연소시켰을 때 이산화 탄소(CO_2)와 물(H_2O)이 생성되므로 X는 탄소(C)와 수소(H)를 포함하는 탄소 화합물이다. 따라서 에탄올(C_2H_5OH)은 X로 적절하다.

02 강 화학식량과 몰

기출 변형 문제   14~15쪽

01 ②   **02** ①   **03** ③   **04** ④   **05** ⑤   **06** ⑤   **07** ②
08 ①

01 ㄴ. 같은 온도와 압력에서 기체의 밀도비는 분자량 비와 같으므로 분자량 비는 (가) : (나) : (다) $= \dfrac{1.5}{V} : \dfrac{4.6}{2V} : \dfrac{12.8}{4V} = 15 : 23 : 32$이다. 따라서 X~Z의 원자량을 각각 x, y, z라고 하면 $(x+y) : (x+2y) : (2y+z) = 15 : 23 : 32$에서 $x : y : z = 7 : 8 : 16$이므로 원자량 비는 X : Y : Z $= 7 : 8 : 16$이다.

오답풀이 ㄱ. 같은 온도와 압력에서 기체의 분자 수비는 부피비와 같으므로 분자 수비는 (가) : (다) $= 1 : 4$이다.

ㄷ. 1g에 포함된 분자 수비는 (나) : (다) $= \dfrac{1}{23} : \dfrac{1}{32}$이고 (나)와 (다)의 분자당 원자 수는 모두 3이므로 1g에 포함된 원자 수비는 (나) : (다) $= \dfrac{3}{23} : \dfrac{3}{32} = 32 : 23$이다.

02 (가)의 전체 원자 수가 $1.5N_A$이고, (가)의 분자당 원자 수는 3이므로 (가)의 분자 수는 $0.5N_A$이다. 따라서 (가)의 양(mol)은 0.5몰이다. 분자당 B 원자 수비는 (가) : (나) $= 2 : 1$이고, B의 질량비는 (가) : (나) $= 2 : 1$이므로 (나)의 양(mol)도 0.5몰임을 알 수 있다.

ㄱ. (나) 0.5몰의 질량이 22g이므로 (나)의 분자량은 44이다. 이로부터 (가)의 분자량도 44이므로 (가)의 질량은 $44\,\text{g/mol} \times 0.5\,\text{mol} = 22\,\text{g}$이다. 따라서 $x = 22$이다.

오답풀이 ㄴ. (나)의 분자당 원자 수는 3이므로 $y = 0.5N_A \times 3 = 1.5N_A$이다.

ㄷ. (나) 0.5몰에는 B 원자 0.5몰이 포함되어 있고, 이때 B의 질량이 8g이므로 B의 원자량은 16이다. 따라서 A의 원자량은 12, C의 원자량은 14이므로 원자량은 B가 C보다 크다.

03 1g에 포함된 분자의 양(mol)은 분자량에 반비례하므로 XY_2 1g에 포함된 분자의 양(mol)을 a몰이라고 하면, 분자량이 2배인 X_2Y_4 1g에 포함된 분자의 양(mol)은 $0.5a$몰이다. 따라서 용기 내 전체 원자 수는 (가)에서 $(1 \times a \times 3) + (w \times 0.5a \times 6) = (3a + 3aw)$(몰)이고, (나)에서 $(2 \times a \times 3) + (4 \times 0.5a \times 6) = 18a$(몰)이다. 용기 내 전체 원자 수비가 (가) : (나) $= 2 : 3$이므로 $(3a + 3aw) : 18a = 2 : 3$에서 $w = 3$이다.

04 ㄴ. AB_2의 분자량이 M이므로 AB_2 1몰의 질량은 Mg이고, AB_2 wg의 부피가 VL이므로 AB_2 1몰의 부피는 $\dfrac{M}{w} \times V\,\text{L} = \dfrac{MV}{w}\,\text{L}$이다.

ㄷ. 1g에 포함된 분자 수가 N이므로 1몰의 질량인 Mg에 포함된 분자 수는 MN이고, 분자당 원자 수가 3이므로 1몰에 포함된 전체 원자 수는 $3MN$이다.

오답풀이 ㄱ. 분자당 B 원자 수는 2이므로 1g에 포함된 B 원자 수는 $2N$이다.

05 아보가드로수(N_A)는 1몰에 해당하는 입자 수이므로 (나)의 양(mol)은 1몰이다. 따라서 (가)~(다)에 포함된 수소(H) 원자의 양(mol)은 8몰이다.

ㄴ. (다)의 분자당 수소(H) 원자 수는 2이므로 (다)의 양(mol)은 4몰이다. 이로부터 기체 1몰의 부피는 $\dfrac{V}{4}$L이므로 (나)의 부피는 $\dfrac{V}{4}$L이다.

ㄷ. (다)에 포함된 질소(N) 원자의 양(mol)은 8몰, 즉 $8N_A$개이다.

오답풀이 ㄱ. (가)의 분자당 수소(H) 원자 수는 4이므로 (가)의 양(mol)은 2몰이다. (가)의 분자량은 16이므로 $x = 32$이다.

06 A와 B의 원자량을 각각 a, b라고 하면 (가)가 AB, (나)가 AB_2일 때 $\dfrac{2}{a+b} : \dfrac{3}{a+2b} = 21 : 22$이므로 $a : b = 25 : 19$이다. 원자량이 A > B가 되어 적절하지 않으므로 (가)는 AB_2, (나)는 AB이다. 따라서 $\dfrac{3}{a+2b} : \dfrac{2}{a+b} = 21 : 22$에서 $a : b = 3 : 4$이다.

ㄴ. 원자량 비가 A : B $= 3 : 4$이므로 분자량 비는 (가) : (나) $= 11 : 7$이다.

ㄷ. 분자당 B 원자 수는 (가)와 (나)가 각각 2, 1이므로 1g에 포함된 B 원자 수비는 (가) : (나) $= \dfrac{2}{11} : \dfrac{1}{7} = 14 : 11$이다.

오답풀이 ㄱ. (가)는 AB_2이다.

07 아보가드로수(N_A)는 1몰에 해당하는 입자 수이므로 (나)의 양(mol)은 2몰이다. 따라서 (나)의 분자량은 30이고, 분자식은 AB이다. $t\,°C$, 1기압에서 기체 1몰의 부피가 28L이므로 (다)의 양(mol)은 0.25몰이고, 이때 질량이 11g이므로 (다)의 분자량은 44이다. 따라서 (다)는 A_2B이므로 (가)는 AB_2이다.

ㄴ. 전체 원자 수비는 (가) : (나) : (다) $= (0.5 \times 3) : (2 \times 2) : (0.25 \times 3) = 6 : y : 3$이므로 $y = 16$이다.

오답풀이 ㄱ. (가)는 AB_2이므로 분자량이 46이고, (가)의 양(mol)은 0.5몰이므로 $x = 23$이다.

ㄷ. 분자당 A 원자 수는 (나)와 (다)가 각각 1, 2이므로 1g에 포함된 A 원자 수비는 (나) : (다) $= \dfrac{1}{30} : \dfrac{2}{44} = 11 : 15$이다.

08 ㄱ. 같은 온도와 압력에서 기체의 밀도비는 분자량 비와 같고, 두 기체는 서로 반응하지 않으므로 $A_nB_{2n}(g)$ $1.5w$g의 부피는 0.5L이다. 따라서 분자량 비는 $A_2B_4 : A_nB_{2n} = \dfrac{2w}{1\,\text{L}} : \dfrac{1.5w}{0.5\,\text{L}} = 2 : 3$이므로 A_nB_{2n}은 A_3B_6이고, $n = 3$이다.

오답풀이 ㄴ. 두 기체의 부피비로부터 분자 수비는 $A_2B_4(g) : A_3B_6(g)$

$=2:1$이므로 1L에 포함된 B 원자 수비는 (가):(나)$=\dfrac{4\times2}{1}$

$:\dfrac{(4\times2)+(6\times1)}{1.5}=6:7$이다.

ㄷ. 1g에 포함된 전체 원자 수비는 (가):(나)$=\dfrac{6\times2}{2w}:\dfrac{(6\times2)+(9\times1)}{3.5w}$

$=1:1$이므로 1g에 포함된 전체 원자 수는 (가)와 (나)가 같다.

예상 적중 문제   16~19쪽

기본 개념 확인

01 분자량, 분자당 원자 수   **02** 1몰, 분자량   **03** 아보가드로, 같다, 부피비, 10   **04** 아보가드로수, 아보가드로수, 반비례, B, A   **05** 분자량   **06** 0.25   **07** 2:1   **08** 36

01 ②   **02** ⑤   **03** ⑤   **04** ③   **05** ④   **06** ⑤   **07** ③
08 ⑤

---

01 (가)~(라)의 분자식은 각각 A_2B, AB, AB_2, A_2B_4이다.

ㄴ. 원자량 비는 A:B$=3:4$이므로 분자량 비는 (가):(라)$=10:22=$
$5:11$이다. 따라서 1g에 포함된 전체 원자 수비는 (가):(라)$=\dfrac{3}{5}:\dfrac{6}{11}$
$=11:10$이다.

오답풀이 ㄱ. 분자량 비는 (나):(라)$=7:22$이다.

ㄷ. 분자량 비는 (가):(다)$=10:11$이므로 같은 질량에 포함된 분자 수비는 (가):(다)$=11:10$이다. 따라서 (가)와 (다)를 같은 질량으로 혼합한 기체에서 원자 수비는 A:B$=\{(11\times2)+10\}:\{11+(10\times2)\}$
$=32:31$이므로 질량비는 A:B$=(32\times3):(31\times4)=24:31$이다.

02 아세트산의 분자식은 $C_2H_4O_2$이고, 포도당의 분자식은 $C_6H_{12}O_6$이다. 따라서 분자량은 포도당이 아세트산의 3배이다.

ㄴ. 아세트산의 분자량을 M이라고 하면 포도당의 분자량은 $3M$이므로 1g에 포함된 전체 원자 수비는 아세트산:포도당$=\dfrac{8}{M}:\dfrac{24}{3M}=1:1$
이다.

ㄷ. 분자당 $\dfrac{\text{H의 질량}}{\text{C의 질량}}$ 비는 아세트산:포도당$=\dfrac{4}{2}:\dfrac{12}{6}=1:1$이다.

오답풀이 ㄱ. 분자량은 포도당이 아세트산의 3배이고, 1g에 포함된 분자 수는 분자량에 반비례하므로 아세트산이 포도당의 3배이다.

03 같은 온도와 압력에서 모든 기체는 같은 부피에 같은 수의 분자를 포함하므로 용기 (가)~(다)에 들어 있는 기체의 양(mol)은 같고, 기체의 질량비는 분자량 비와 같다. 이로부터 A~C의 원자량을 각각 a, b, c라고 하면 $a+2b+c=26k$, $2b+2c=28k$, $a+2b=18.4k$이므로 $a:b:c=14:16:19$이다.

ㄱ. A의 원자량이 14이므로 B의 원자량은 16이다.

ㄴ. C의 원자량은 19이므로 AB_2C의 분자량은 65이다. 따라서 (가)에 들어 있는 기체의 양(mol)은 $\dfrac{26}{65}=0.4$(몰)이고, $t\,°C$, 1기압에서 기체 1

몰의 부피는 25L이므로 $x=0.4\times25=10$이다.

ㄷ. 1g에 포함된 전체 원자 수비는 (가):(나)$=\dfrac{4}{26}:\dfrac{4}{28}=14:13$이다.

04 1g에 포함된 원자 수$=\dfrac{\text{1몰에 해당하는 원자 수}}{\text{1몰의 질량}}$이고, 1몰에 해당하는 원자 수는 아보가드로수(N_A)이므로 1g에 포함된 원자 수$\times$1몰의 질량=아보가드로수(N_A)이다.

ㄱ. 1g에 포함된 원자 수비는 B:C$=2a:x=\dfrac{1}{w}:\dfrac{1}{2w}$이므로 $x=a$
이다.

ㄷ. CB_2 1몰의 질량은 $4w$g이므로 CB_2 $2w$g은 0.5몰에 해당한다. 따라서 CB_2 $2w$g에 들어 있는 B 원자 수는 1몰이다. 그런데 1g에 포함된 원자 수$\times$1몰의 질량=1몰에 해당하는 입자 수이므로 CB_2 $2w$g에 들어 있는 B 원자 수는 $2aw$이다.

오답풀이 ㄴ. 1g에 포함된 원자 수비는 A:B$=4:1$이므로 1몰의 질량비는 A:B$=1:4$이다. 따라서 $y=\dfrac{1}{4}w$이다.

05 ㄱ. 일정한 온도와 압력에서 기체의 부피비는 분자 수비와 같으므로 분자 수비는 $AB_2(g):B_3(g)=V:2V=1:2$이다.

ㄷ. 원자량 비가 A:B$=3:4$이므로 분자량 비는 $AB_2:B_3=11:12$이다. 따라서 1g에 포함된 전체 원자 수비는 $AB_2(g):B_3(g)=\dfrac{3}{11}:\dfrac{3}{12}$
$=12:11$이다.

오답풀이 ㄴ. 일정한 온도와 압력에서 기체의 밀도비는 분자량 비와 같다. 밀도비는 $AB_2(g):B_3(g)=\dfrac{x}{V}:\dfrac{24}{2V}=11:12$이므로 $x=11$이다.

06 두 기체는 서로 반응하지 않으므로 증가한 기체의 부피는 첨가한 기체의 부피와 같다. 따라서 $B_2(g)$ xg의 부피는 16L이고, $AB_4(g)$ xg의 부피는 2L이다.

ㄴ. $AB_4(g)$ 4g의 부피가 6L이고, $AB_4(g)$ xg의 부피가 2L이므로 $x=\dfrac{4}{3}$이다.

ㄷ. (나)에는 $AB_4(g)$ $\dfrac{1}{4}$몰과 $B_2(g)$ $\dfrac{2}{3}$몰이 들어 있고, (다)에는 $AB_4(g)$
$\dfrac{1}{4}+\dfrac{1}{12}=\dfrac{1}{3}$(몰)과 $B_2(g)$ $\dfrac{2}{3}$몰이 들어 있으므로 전체 기체의 원자 수비는 (나):(다)$=\left\{\left(\dfrac{1}{4}\times5\right)+\left(\dfrac{2}{3}\times2\right)\right\}:\left\{\left(\dfrac{1}{3}\times5\right)+\left(\dfrac{2}{3}\times2\right)\right\}=$
$31:36$이다.

오답풀이 ㄱ. 일정한 온도와 압력에서 기체의 밀도비는 분자량 비와 같고, 두 기체의 밀도비는 $AB_4(g):B_2(g)=\dfrac{x}{2}:\dfrac{x}{16}=8:1$이므로 분자량 비는 $AB_4:B_2=8:1$이다. 이때 $AB_4(g)$ 4g에 해당하는 기체의 양(mol)이 $\dfrac{1}{4}$몰이므로 AB_4의 분자량은 16이다. 따라서 B_2의 분자량은 2이므로 원자량 비는 A:B$=12:1$이다.

07 (가)와 (나)를 이루는 원소의 질량비를 원자량으로 나누면 각 분자를 구성하는 원자 수비를 구할 수 있다.

ㄱ. 1분자를 구성하는 원자 수비는 (가)에서 $N:O=\dfrac{7}{14}:\dfrac{12}{16}=2:3$, (나)에서 $N:O=\dfrac{7}{14}:\dfrac{4}{16}=2:1$이고, (가)와 (나)의 분자당 질소(N) 원자 수는 2로 같으므로 (가)와 (나)의 분자식은 각각 N_2O_3, N_2O이다.

ㄴ. 1 L당 질량비는 밀도비이고, 일정한 온도와 압력에서 기체의 밀도비는 분자량 비와 같다. (가)의 분자량은 76, (나)의 분자량은 44이므로 1 L당 질량비는 (가) : (나)$=19:11$이다.

오답 풀이 ㄷ. 1 g에 포함된 전체 원자 수비는 (가) : (나)$=\dfrac{5}{19}:\dfrac{3}{11}$ $=55:57$이므로 (나)$>$(가)이다.

08 분자량=분자 1몰의 질량이므로 단위 질량당 부피(L/g)$\times$분자량=기체 1몰의 부피이다. 따라서 $t\,^\circ\mathrm{C}$, 1기압에서 기체 1몰의 부피는 $18\times2=36(L)$이다.

ㄴ. $Y_2(g)$의 단위 질량당 부피는 $\dfrac{9}{8}$ L/g이므로 $\dfrac{9}{8}$ L/g$\times b$ g/mol$=$ 36 L/mol에서 $b=32$이고, 단위 질량당 원자 수비는 $X_2(g):Y_2(g)=$ $\dfrac{2}{2}:\dfrac{2}{32}=16:1$이므로 $a=16$이다. 따라서 $b=2a$이다.

ㄷ. $ZX_n(g)$의 단위 질량당 부피는 $\dfrac{9}{4}$ L/g이므로 $\dfrac{9}{4}$ L/g$\times c$ g/mol$=$ 36 L/mol에서 $c=16$이고, 단위 질량당 원자 수비는 $Y_2(g):ZX_n(g)$ $=\dfrac{2}{32}:\dfrac{n+1}{16}=1:5$이므로 $n=4$이다. 따라서 $n+c=20$이다.

오답 풀이 ㄱ. X_2의 분자량은 2, 단위 질량당 부피는 18 L/g이므로 $t\,^\circ\mathrm{C}$, 1기압에서 기체 1몰의 부피는 $18\times2=36(L)$이다.

03강 화학 반응식과 용액의 농도

기출 변형 문제
22~23쪽
01 ③ **02** ⑤ **03** ④ **04** ③ **05** ① **06** ③ **07** ⑤
08 ④

01 화학 반응식을 완성하면 다음과 같다.
(가) $CaCO_3(s)+2HCl(aq)\longrightarrow CaCl_2(aq)+H_2O(l)+CO_2(g)$
(나) $C_2H_4(g)+3O_2(g)\longrightarrow 2CO_2(g)+2H_2O(l)$

ㄱ. ㉠은 H_2O이다.

ㄴ. $a=3$, $b=2$, $c=2$이므로 $a+b+c=7$이다.

오답 풀이 ㄷ. (나)에서 반응물과 생성물의 계수 합이 4로 같으므로 반응 전후 물질의 양(mol)은 일정하다.

02 반응 몰비는 $MX_2:MX:X_2=2:2:1$이므로 MX_2 0.01몰을 모두 반응시켰을 때 생성된 MX와 X_2의 양(mol)은 각각 0.01몰, 0.005몰이다. 따라서 X의 원자량을 x라고 하면, X_2의 분자량은 $2x$이고 X_2 0.005몰의 질량이 w g이므로 $\dfrac{w}{2x}=0.005$에서 $x=100w$이다. 그리고 M의 원자량을 m이라고 하면, MX의 화학식량은 $m+100w$이고 MX 0.01몰의 질량이 0.65 g이므로 $\dfrac{0.65}{m+100w}=0.01$에서 $m=65-100w$이다. 따라서 M의 원자량은 $65-100w$이다.

03 (가)에서는 A가 모두 반응하므로 반응 전 A와 B의 양(mol)을 각각 1몰, 2몰이라고 하면 반응의 양적 관계는 다음과 같다.

$$aA(g)+bB(g)\longrightarrow aC(g)$$

	$aA(g)$	$+\,bB(g)$	$\longrightarrow aC(g)$
반응 전(몰)	1	2	
반응 (몰)	-1	$-\dfrac{b}{a}$	$+1$
반응 후(몰)	0	$2-\dfrac{b}{a}$	1

반응 후 몰비는 $B:C=\left(2-\dfrac{b}{a}\right):1=3:2$이므로 $a=2b$이다. 따라서 $a=2$, $b=1$이다. (나)에서는 B가 모두 반응하므로 반응 전 A와 B의 양(mol)을 각각 x몰, y몰이라고 하면 반응의 양적 관계는 다음과 같다.

$$2A(g)+B(g)\longrightarrow 2C(g)$$

	$2A(g)$	$+\,B(g)$	$\longrightarrow 2C(g)$
반응 전(몰)	x	y	
반응 (몰)	$-2y$	$-y$	$+2y$
반응 후(몰)	$x-2y$	0	$2y$

반응 후 몰비는 $A:C=(x-2y):2y=1:2$이므로 $x:y=3:1$이다. 따라서 $\dfrac{x}{y}=3$이다.

04 (가)에서는 실린더에 반응물만 존재하고, (다)에서는 실린더에 생성물만 존재하므로 (가)와 (다)의 부피비로부터 반응물과 생성물의 계수비를 알 수 있다.

ㄱ. (가)에서 $A(g)$의 양(mol)을 $2n$몰이라고 하면, (다)에서 $B(g)$의 양(mol)과 $C(g)$의 양(mol)의 합은 $5n$몰이다. 그리고 $A(g)$ $2n$몰이 모두 반응했을 때 생성된 $C(g)$의 양(mol)은 n몰이므로 (다)에서 $B(g)$의 양

(mol)은 $4n$몰이다. 따라서 $b=4$이다.

ㄷ. 화학 반응에서 질량 보존 법칙이 성립하므로 $(2 \times$ A의 분자량)$=$ $(4 \times$ B의 분자량)$+$C의 분자량이다. 따라서 A와 C의 분자량을 각각 $27M$, $8M$이라고 하면 B의 분자량은 $\dfrac{54M-8M}{4}=\dfrac{23M}{2}$이므로 분자량 비는 B : C$=23$: 16이다.

오답 풀이 ㄴ. (나)에서 생성된 B(g)의 양(mol)이 x몰이므로 반응의 양적 관계는 다음과 같다.

$$2A(g) \longrightarrow 4B(g) + C(g)$$

	$2A(g)$	$\longrightarrow$	$4B(g)$	$+$	$C(g)$
반응 전(몰)	$2n$				
반응 (몰)	$-\dfrac{1}{2}x$		$+x$		$+\dfrac{1}{4}x$
반응 후(몰)	$2n-\dfrac{1}{2}x$		x		$\dfrac{1}{4}x$

(나)에서 A(g)와 C(g)의 양(mol)이 같으므로 $2n-\dfrac{1}{2}x=\dfrac{1}{4}x$이다. 따라서 $x=\dfrac{8}{3}n$이고, (나)에서 혼합 기체의 양(mol)은 $2n+\dfrac{3}{4}x=4n$(몰)이다. 기체 $2n$몰의 부피가 2L이므로 (나)에서 혼합 기체의 부피는 4L이다.

05 몰 농도(M)$=\dfrac{\text{용질의 양(mol)}}{\text{용액의 부피(L)}}$이다.

ㄱ. 0.1M 포도당 수용액 500mL$(=0.5L)$에 녹아 있는 포도당의 양(mol)은 0.1mol/L$\times 0.5$L$=0.05$mol이고, 포도당 0.05mol의 질량은 0.05mol$\times 180$g/mol$=9$g이므로 $x=9$이다.

오답 풀이 ㄴ. 원하는 농도의 용액을 일정 부피만큼 만드는 데 사용하는 실험 기구는 부피 플라스크이다. 따라서 ㉠으로 적절한 것은 부피 플라스크이다.

ㄷ. 온도가 달라지면 용액의 부피가 달라지므로 몰 농도는 온도의 영향을 받는다. 따라서 온도를 높이면 몰 농도는 변한다.

06 35% HCl(aq) xmL의 질량은 xmL$\times d$g/mL$=xd$g이므로 여기에 녹아 있는 HCl의 질량은 $\dfrac{35}{100}xd$g이다. 그리고 0.7M HCl(aq) 1L에 녹아 있는 HCl의 질량은 0.7mol/L$\times 1$L$\times 36.5$g/mol$=(0.7 \times 36.5)$g이다. 용액을 묽혀도 용질의 질량은 일정하므로 $\dfrac{35}{100}xd=0.7 \times 36.5$에서 $x=\dfrac{73}{d}$이다.

07 몰 농도(M)$=\dfrac{\text{용질의 양(mol)}}{\text{용액의 부피(L)}}$이고, 퍼센트 농도$(\%)=\dfrac{\text{용질의 질량(g)}}{\text{용액의 질량(g)}}\times 100$이다.

ㄱ. (가)에 녹아 있는 A의 양(mol)은 0.1mol/L$\times 0.05$L$=0.005$mol 이므로 A의 질량은 0.005mol$\times 200$g/mol$=1$g이다. 그리고 (다)에 녹아 있는 A의 질량은 $\dfrac{1}{100}\times 10$g$=0.1$g이다. 따라서 녹아 있는 A의 질량은 (가)가 (다)의 10배이다.

ㄴ. 용액을 묽혀도 용질의 양은 일정하므로 (나)의 몰 농도는 $\dfrac{0.005\,\text{mol}}{0.1\,\text{L}}$

$=0.05$M이고, (라)의 퍼센트 농도는 $\dfrac{0.1\,\text{g}}{20\,\text{g}}\times 100=0.5\%$이다. 따라서 $x=0.05$이고 $y=0.5$이므로 $y=10x$이다.

ㄷ. 혼합 전후 용질의 양은 일정하므로 (나)와 (다)를 혼합한 용액에 녹아 있는 A의 양(mol)은 $0.005+0.0005=0.0055$(mol)이다. 따라서 혼합 용액의 몰 농도는 $\dfrac{0.0055\,\text{mol}}{0.55\,\text{L}}=0.01$M이다.

08 X(aq) 500mL에 녹아 있는 X의 양(mol)은 $\dfrac{x}{60}$ 몰이므로 $a=\dfrac{\dfrac{x}{60}\,\text{mol}}{0.5\,\text{L}}=\dfrac{x}{30}$ M이다. 그리고 X(aq) 200mL의 질량은 200mL$\times 1.01$g/mL$=202$g이므로 여기에 증류수 198g을 추가한 X(aq)의 질량은 $198+202=400$(g)이다. 한편, X(aq) 200mL에 녹아 있는 X의 질량은 $\dfrac{x}{30}$mol/L$\times 0.2$L$\times 60$g/mol$=\dfrac{2}{5}x$g이므로 $y=\dfrac{\dfrac{2}{5}x\,\text{g}}{400\,\text{g}}\times 100=\dfrac{x}{10}\%$이다. 따라서 $\dfrac{y}{a}=\dfrac{\dfrac{x}{10}}{\dfrac{x}{30}}=3$이다.

예상 적중 문제

24~28쪽

기본 개념 확인

01 8, 4, Y_2	**02** 원자, 2, $\dfrac{1}{2}x$	**03** 감소	**04** $a+b$	**05** 2	**06** A(g),
B(g), 3	**07** 용액	**08** 용질, 몰 농도	**09** 2, 0.005	**10** 120	

01 ⑤	**02** ②	**03** ③	**04** ②	**05** ①	**06** ③	**07** ⑤
08 ②	**09** ④	**10** ③				

01 반응 (가)와 (나)의 생성물은 각각 XY, X_2Y이므로 반응 (가)와 (나)의 화학 반응식은 다음과 같다.

(가) $X_2(g) + Y_2(g) \longrightarrow 2XY(g)$

(나) $2X_2(g) + Y_2(g) \longrightarrow 2X_2Y(g)$

ㄱ. 모형 1개를 분자 1몰이라고 하면 반응 전 기체의 양(mol)은 X_2와 Y_2가 4몰로 같다. (나)에서 반응 몰비는 X_2 : $Y_2=2$: 1이므로 (나)에서 남은 반응물은 Y_2 2몰이다.

ㄴ. (가)에서는 XY 8몰이 생성되고, (나)에서는 X_2Y 4몰이 생성된다. 따라서 생성물의 양(mol)은 (가)에서가 (나)에서의 2배이다.

ㄷ. 반응 전후 전체 기체의 질량은 (가)와 (나)에서 서로 같고, (가)에서는 XY 8몰이 생성되며 (나)에서는 X_2Y 4몰이 생성되고 Y_2 2몰이 남으므로 반응 후 전체 기체의 분자 수비는 (가) : (나)$=8$: $6=4$: 3이다. 따라서 반응 후 전체 기체의 밀도비는 (가) : (나)$=\dfrac{1}{4}$: $\dfrac{1}{3}=3$: 4이다.

02 반응 전후 원자의 종류와 수가 같도록 계수를 맞추어 화학 반응식을 완성하면 다음과 같다.

$$C_2H_4(g) + 3O_2(g) \longrightarrow 2CO_2(g) + 2H_2O(l)$$

ㄴ. 반응 몰비는 C_2H_4 : $O_2=1$: 3이고, C_2H_4과 O_2의 분자량은 각각 28, 32이므로 반응 질량비는 C_2H_4 : $O_2=(1 \times 28)$: $(3 \times 32)=7$: 24이

다. 따라서 $O_2(g)$ $16w$ g이 모두 반응하며, 이때 반응한 $C_2H_4(g)$의 질량은 $\frac{14}{3}w$ g이므로 반응 후 남은 $C_2H_4(g)$의 질량은 $7w-\frac{14}{3}w=\frac{7}{3}w$(g)이다.

오답 풀이 ㄱ. $a=2$, $b=2$이고, $x=4$이므로 $2x>a+b$이다.

ㄷ. 반응의 양적 관계는 다음과 같다.

$$C_2H_4(g) + 3O_2(g) \longrightarrow 2CO_2(g) + 2H_2O(l)$$

반응 전(몰)	$\frac{1}{4}w$	$\frac{1}{2}w$		
반응 (몰)	$-\frac{1}{6}w$	$-\frac{1}{2}w$	$+\frac{1}{3}w$	$+\frac{1}{3}w$
반응 후(몰)	$\frac{1}{12}w$	0	$\frac{1}{3}w$	$\frac{1}{3}w$

반응 전 기체의 양(mol)은 $\frac{1}{4}w+\frac{1}{2}w=\frac{3}{4}w$(몰)이고, 반응 후 기체의 양(mol)은 $\frac{1}{12}w+\frac{1}{3}w=\frac{5}{12}w$(몰)이므로 실린더 속 기체의 부피비는 반응 전 : 반응 후$=9:5$이다.

03 (가)에서 반응 후 전체 기체의 부피가 감소하므로 반응물의 계수 합이 생성물의 계수보다 크다는 것을 알 수 있다. 따라서 $b>1$이다.

ㄱ. 분자량 비가 A : B$=1:2$이므로 (가)에서 반응 전 기체의 몰비는 A : B$=\frac{w}{1}:\frac{2w}{2}=1:1$이다. 이때 $b>1$이므로 (가)에서는 B가 모두 반응한다. 따라서 반응 전 A와 B의 양(mol)을 각각 n몰이라고 하면 반응의 양적 관계는 다음과 같다.

$$A(g) + bB(g) \longrightarrow 2C(g)$$

반응 전(몰)	n	n	
반응 (몰)	$-\frac{1}{b}n$	$-n$	$+\frac{2}{b}n$
반응 후(몰)	$\left(1-\frac{1}{b}\right)n$	0	$\frac{2}{b}n$

전체 기체의 부피비($=$몰비)가 반응 전 : 반응 후$=4:3$이므로 $2n:\left(1+\frac{1}{b}\right)n=4:3$이다. 따라서 $b=2$이다.

ㄴ. (나)에서 반응 전 기체의 몰비는 A : B$=\frac{2w}{1}:\frac{2w}{2}=2:1$이므로 A와 B의 양(mol)을 각각 $2n$몰, n몰이라고 하면 반응의 양적 관계는 다음과 같다.

$$A(g) + 2B(g) \longrightarrow 2C(g)$$

반응 전(몰)	$2n$	n	
반응 (몰)	$-\frac{1}{2}n$	$-n$	$+n$
반응 후(몰)	$\frac{3}{2}n$	0	n

반응 전후 전체 기체의 양(mol)은 각각 $3n$몰, $\frac{5}{2}n$몰이므로 전체 기체의 부피비는 반응 전 : 반응 후$=6:5$이다. 따라서 $\frac{y}{x}=\frac{5}{6}$이다.

오답 풀이 ㄷ. (가)와 (나)에서 생성된 C의 양(mol)은 n몰로 같으므로 생성된 C의 질량은 (가)와 (나)에서 같다.

04 (가)에서 반응한 B의 질량을 w g이라고 하면, 반응 후 남은 B의 질량은 $(4-w)$ g, 생성된 C의 질량은 $(8+w)$ g이다. 따라서 (가)에서

$\frac{\text{C의 질량(g)}}{\text{남은 반응물의 질량(g)}}=\frac{8+w}{4-w}=5$이므로 $w=2$이다.

ㄴ. 반응 질량비는 A : B : C$=4:1:5$이고, 반응 몰비는 A : B : C$=2:1:2$이므로 분자량 비는 A : B : C$=\frac{4}{2}:\frac{1}{1}:\frac{5}{2}=4:2:5$이다.

오답 풀이 ㄱ. (나)에서는 반응 후 A 4g이 남고, C 20g이 생성된다. 따라서 $x=\frac{20}{4}=5$이다.

ㄷ. (가)에서 반응 후 B와 C의 질량은 각각 2g, 10g이고, (나)에서 반응 후 A와 C의 질량은 각각 4g, 20g이다. 분자량 비가 A : B : C$=4:2:5$이므로 반응 후 전체 기체 분자 수비는 (가) : (나)$=\left(\frac{2}{2}+\frac{10}{5}\right):\left(\frac{4}{4}+\frac{20}{5}\right)=3:5$이고, 일정한 온도와 압력에서 기체의 부피비는 분자 수비와 같으므로 $V_1:V_2=3:5$이다.

05 ㄱ. 화학 반응에서 질량 보존 법칙이 성립하므로 (가)에서 반응 후 남은 A와 생성된 C의 질량의 합은 반응 전 A와 B의 질량의 합과 같다. 반응 전 A와 B의 질량의 합은 $12w$ g이고, 질량비는 A : B$=2:1$이므로 A와 B의 질량은 각각 $8w$ g, $4w$ g이다. 반응 후 A w g이 남으므로 반응 질량비는 A : B : C$=7:4:11$이고, 반응 몰비는 A : B : C$=2:1:2$이므로 분자량 비는 A : B : C$=\frac{7}{2}:\frac{4}{1}:\frac{11}{2}=7:8:11$이다.

오답 풀이 ㄴ. (나)에서 C $22w$ g이 생성되므로 반응한 A와 B의 질량은 각각 $14w$ g, $8w$ g이고, 반응 후 B $2w$ g이 남으므로 반응 전 A와 B의 질량은 각각 $14w$ g, $10w$ g이다. 따라서 $x:y=7:5$이다.

ㄷ. 분자량 비는 A : B : C$=7:8:11$이므로 반응 후 전체 기체의 분자 수비는 (가) : (나)$=\left(\frac{w}{7}+\frac{11w}{11}\right):\left(\frac{2w}{8}+\frac{22w}{11}\right)=32:63$이다. 따라서 반응 후 전체 기체의 부피는 (나)에서가 (가)에서의 2배보다 작다.

06 넣어 준 B의 질량이 w g에서 $2w$ g으로 증가할 때와 $3w$ g에서 $4w$ g으로 증가할 때 반응 후 전체 기체의 부피(상댓값) 변화가 서로 다르므로 넣어 준 B의 질량이 $3w$ g에서 $4w$ g으로 증가할 때는 반응이 완결된 후 남은 B에 의해 전체 기체의 부피가 증가함을 알 수 있다. 따라서 B w g의 부피(상댓값)는 3이므로 B w g의 양(mol)을 3몰, A w g의 양(mol)을 n몰이라고 하면 반응의 양적 관계는 다음과 같다.

i) 넣어 준 B의 질량이 w g(3몰)일 때

$$A(g) + bB(g) \longrightarrow 2C(g)$$

반응 전(몰)	n	3	
반응 (몰)	$-\frac{3}{b}$	-3	$+\frac{6}{b}$
반응 후(몰)	$n-\frac{3}{b}$	0	$\frac{6}{b}$

ii) 넣어 준 B의 질량이 $2w$ g(6몰)일 때

$$A(g) + bB(g) \longrightarrow 2C(g)$$

반응 전(몰)	n	6	
반응 (몰)	$-\frac{6}{b}$	-6	$+\frac{12}{b}$
반응 후(몰)	$n-\frac{6}{b}$	0	$\frac{12}{b}$

iii) 넣어 준 B의 질량이 $3w$g(9몰)일 때

$$A(g) + bB(g) \longrightarrow 2C(g)$$

	A(g)	+	bB(g)	⟶	2C(g)
반응 전(몰)	n		9		
반응 (몰)	$-n$		$-bn$		$+2n$
반응 후(몰)	0		$9-bn$		$2n$

반응 후 전체 기체의 부피비는 $\left(n+\dfrac{3}{b}\right):\left(n+\dfrac{6}{b}\right):(9-bn+2n)=3:$

$4:7$이므로 이를 만족하는 $b=3$, $n=2$이다.

ㄱ. $b=3$이다.

ㄷ. 반응 몰비는 A:B:C=1:3:2이고, 반응 질량비는 A:B:C=

$1:2:3$이므로 분자량 비는 A:B:C=$\dfrac{1}{1}:\dfrac{2}{3}:\dfrac{3}{2}=6:4:9$이다. 따

라서 $\dfrac{\text{C의 분자량}}{\text{A의 분자량}}=\dfrac{3}{2}$이다.

오답 풀이 ㄴ. 넣어 준 B의 질량이 $2w$g(6몰)일 때는 A와 B가 모두 반응하므로 반응 후 실린더에 들어 있는 기체는 C 1가지이다.

---

07 ㄱ. 부피 플라스크의 표시선까지 증류수를 채워서 1L 수용액을 만든다.

ㄴ. 0.5 M KHCO₃ 수용액 1L에 녹아 있는 KHCO₃의 양(mol)은 $0.5\text{mol/L}\times1\text{L}=0.5\text{mol}$이다. KHCO₃ 0.5mol의 질량은 $0.5\text{mol}\times100\text{g/mol}=50\text{g}$이므로 $w=50$이다.

ㄷ. 퍼센트 농도는 $\dfrac{\text{용질의 질량(g)}}{\text{용액의 질량(g)}}\times100$이다. 수용액의 질량은 $1000\text{mL}\times1\text{g/mL}=1000\text{g}$이고, 녹아 있는 KHCO₃의 질량은 50g 이므로 퍼센트 농도는 $\dfrac{50\text{g}}{1000\text{g}}\times100=5\%$이다.

---

08 $a\%$ A(aq) xmL의 질량은 $x\text{mL}\times d\text{g/mL}=xd\text{g}$이므로 여기에 녹아 있는 A의 질량은 $\dfrac{axd}{100}$g이다. 그리고 1.0 M A(aq) 1L에 녹아 있는 A의 질량은 $1.0\text{mol/L}\times1\text{L}\times M\text{g/mol}=M\text{g}$이다. 용액을 묽혀도 용질의 질량은 일정하므로 $M=\dfrac{axd}{100}$에서 $x=\dfrac{100M}{ad}$이다.

---

09 (가) xg에 녹아 있는 NaOH의 질량은 $0.1x$g이고, (나)에 녹아 있는 NaOH의 양(mol)은 $0.1\text{mol/L}\times0.05\text{L}=0.005\text{mol}$이므로 NaOH $0.1x$g의 양(mol)이 0.005몰이다. 따라서 $\dfrac{0.1x}{40}=0.005$에서 $x=2$이다. 마찬가지로 (가) 20 g에 녹아 있는 NaOH의 질량은 $0.1\times20\text{g}=2\text{g}$이고, (다)에 녹아 있는 NaOH의 양(mol)은 $0.5\text{mol/L}\times\dfrac{y}{1000}\text{L}=\dfrac{y}{2000}\text{mol}$이므로 NaOH 2g의 양(mol)이 $\dfrac{y}{2000}$몰이다. 따라서 $\dfrac{2}{40}=\dfrac{y}{2000}$에서 $y=100$이므로 $\dfrac{y}{x}=\dfrac{100}{2}=50$이다.

---

10 ㄱ. (가)에 녹아 있는 NaOH의 양(mol)은 (나)에 녹아 있는 NaOH의 양(mol)과 같으므로 $0.5\text{mol/L}\times0.5\text{L}=0.25\text{mol}$이다.

ㄴ. (가)에는 NaOH 0.25몰이 녹아 있다. NaOH 0.25몰의 질량은 $0.25\text{mol}\times40\text{g/mol}=10\text{g}$이고, (가)의 질량은 $100\text{mL}\times1.2\text{g/mL}=120\text{g}$이므로 $\dfrac{10\text{g}}{120\text{g}}\times100=x$에서 $x=\dfrac{25}{3}$이다.

오답 풀이 ㄷ. (가)의 질량은 $100\text{mL}\times1.2\text{g/mL}=120\text{g}$이고, 이 중 NaOH의 질량은 10g이므로 용매의 질량은 110g이다. (나)의 질량은 $500\text{mL}\times1.05\text{g/mL}=525\text{g}$이고, 이 중 NaOH의 질량은 10g이므로 용매의 질량은 515g이다. 따라서 용매의 질량은 (나)가 (가)의 5배보다 작다.

대단원 예상 적중 자료 정리

29~30쪽

① 메테인(CH₄) ② 4 ③ 3 ④ 2 ⑤ CO₂ ⑥ H₂O ⑦ H ⑧ 3
⑨ 분자량 ⑩ 분자당 원자 수 ⑪ 1 ⑫ 분자량 ⑬ 26:28:18.4(=
13:14:9.2) ⑭ 14:16:19 ⑮ 0.4 ⑯ 10 ⑰ 14:13 ⑱ 36 ⑲ 32
⑳ 16 ㉑ 2 ㉒ 16 ㉓ 4 ㉔ 크다 ㉕ 4:3 ㉖ 1:1 ㉗ B ㉘ 2
㉙ 6:5 ㉚ w ㉛ 3 ㉜ 4 ㉝ 1:3:2 ㉞ 1:2:3 ㉟ 6:4:9
㊱ 0.005 ㊲ 0.2 ㊳ $0.1x$ ㊴ 2 ㊵ $0.02y$ ㊶ 100

04강 원자의 구조와 보어 원자 모형

01 ③　　**02** ①　　**03** ③　　**04** ⑤　　**05** ④　　**06** ⑤　　**07** ①
08 ⑤

01 톰슨은 음극선 실험으로 전자(X)를 발견하였고, 러더퍼드는 α 입자 산란 실험으로 원자핵(Y)을 발견하였다.

ㄱ. 음극선과 부딪힌 바람개비가 회전했으므로 음극선은 질량을 가진 입자의 흐름임을 알 수 있다.

ㄴ. Y는 원자핵이므로 (+)전하를 띤다.

오답 풀이 ㄷ. 대부분의 α 입자는 그대로 통과하고, 극히 일부의 α 입자만 크게 휘거나 튕겨 나왔으므로 원자핵의 부피는 매우 작고 원자 질량의 대부분을 차지함을 알 수 있다.

02 (가)는 톰슨 모형, (나)는 러더퍼드 모형, (다)는 보어 모형이다.

ㄱ. (+)전하가 고르게 분포된 공 모양의 원자 속에 (−)전하를 띤 전자가 띄엄띄엄 박혀 있는 (가)는 톰슨이 음극선 실험으로 전자를 발견한 후 제안한 모형이다.

오답 풀이 ㄴ. 수소 원자의 선 스펙트럼을 설명하기 위해서는 전자가 특정한 에너지를 가지는 궤도에만 존재해야 한다. (나)의 전자는 특정한 에너지를 가지는 궤도에 위치하지 않는다.

ㄷ. 전자의 위치를 확률 분포로 설명하는 모형은 현대의 원자 모형이다.

03 A는 양성자, B는 전자, C는 중성자이고, ^{23}X의 중성자수가 12이면 양성자수(a)는 11이고, 전자 수(b)도 11이다. ^{18}Y^{2-}의 양성자수가 8이면 전자 수(c)는 10이고, 중성자수(d)도 10이다.

ㄱ. A는 양성자이다.

ㄷ. $\dfrac{b}{a}=\dfrac{11}{11}=1$, $\dfrac{d}{c}=\dfrac{10}{10}=1$이므로 $\dfrac{b}{a}=\dfrac{d}{c}$이다.

오답 풀이 ㄴ. ^{18}Y^{2-}은 양성자수가 8이므로 2주기 원소이다.

04 $^1_1$H$^+$과 ㉠의 융합 반응으로 양성자수는 일정하고, 질량수만 1 증가하여 $^2_1$H$^+$이 생성되었으므로 ㉠은 중성자이고, ㉡은 양성자이다.

ㄱ. ㉠은 중성자이다.

ㄴ. $^2_1$H$^+$에서 중성자수만 1 증가한 입자 (가)는 $^3_1$H$^+$이다.

ㄷ. $^2_1$H$^+$에서 양성자수가 1 증가하면 질량수도 1 증가한다. 따라서 (나)는 $^3_2$He^{2+}이고, (가)와 (나)의 질량수는 3으로 같다.

05 동위 원소는 양성자수는 같고, 중성자수가 달라 질량수가 다른 원소이다.

ㄱ. ^{10}X와 ^{11}X는 동위 원소이므로 전자 수가 같다.

ㄴ. X의 평균 원자량은 $(10 \times 0.2)+(11 \times 0.8)=10.8$이다.

오답 풀이 ㄷ. X$_2$ 중 분자량이 21인 분자의 자연계 존재 비율은 $2 \times 0.2 \times 0.8 = 0.32$이다.

06 수소 원자의 보어 원자 모형에서 전자는 특정 에너지 준위의 전자

껍질에만 존재하고, 다른 전자 껍질로 전이할 때 에너지를 흡수하거나 방출하며, 전자 껍질이 원자핵에 가까울수록 에너지 준위가 낮다.

ㄱ. d는 $n=2$에서 $n=\infty$로의 전자 전이이므로 에너지를 흡수한다.

ㄴ. 에너지 준위가 같은 전자 껍질로 전자 전이할 때 방출하는 에너지는 전자 전이 전후 주 양자수(n) 차이가 클수록 크므로 a가 c보다 크다.

ㄷ. 수소 원자의 전자가 $n=1$인 전자 껍질에 위치할 때 가장 안정하고, 이를 바닥상태라고 한다.

07 양성자 1개의 전하량이 $+1.6 \times 10^{-19}$C이므로 핵전하량이 $+1.6 \times 10^{-19}$C, $+3.2 \times 10^{-19}$C일 때 양성자수는 각각 1, 2이다.

ㄱ. (가)와 (나)는 모두 양성자수가 1이므로 동위 원소의 원자핵이다.

오답 풀이 ㄴ. (나)의 양성자수는 1, 중성자수는 2이므로 (나)의 질량수는 3이다.

ㄷ. (다)는 양성자수가 2이므로 He이고, 중성자수가 2이므로 (다)의 질량수는 4이다. 따라서 (다)는 $^4_2$He^{2+}로 표기한다.

08 원자의 양성자수와 전자 수는 같고, 질량수는 양성자수와 중성자수의 합이다. 따라서 $\dfrac{\text{질량수}}{\text{전자 수}}=\dfrac{\text{양성자수}+\text{중성자수}}{\text{양성자수}}$이다.

원자	양성자수	중성자수	질량수
X($^{12}_{6}$C)	6	6	12
Y($^{14}_{7}$N)	7	7	14
Z($^{14}_{6}$C)	6	8	14

ㄱ. X와 Z는 양성자수가 같고 중성자수가 다르므로 동위 원소이다.

ㄴ, ㄷ. Y는 $^{14}_7$N이고, Z는 $^{14}_6$C이므로 Y와 Z의 질량수는 14로 같다.

기본 개념 확인

01 양성자, 전자, 작　**02** 중성자수　**03** 양성자수, 질량수, 6, 6　**04** 동위 원소, $1-x$, $mx+n(1-x)$

01 ④　　**02** ④　　**03** ⑤　　**04** ④

01 원자의 양성자수와 전자 수는 같고, +1가 양이온의 전자 수는 양성자수보다 1 작다. Z$^+$은 전자 수가 양성자수보다 1 작으므로 양성자수와 전자 수가 각각 $(b+1)$, b이거나 b, $(b-1)$이어야 한다. 만약 양성자수가 $(b+1)$, 전자 수가 b라고 하면 Y는 양성자수와 전자 수가 다르므로 제시된 자료에 부합하지 않는다. 따라서 양성자는 ㉡, 전자는 ㉢, 중성자는 ㉠이다.

ㄴ. Y의 양성자수와 전자 수는 같아야 하므로 $a=15$이다. 바닥상태 $_{15}$Y의 전자 배치는 $1s^2 2s^2 2p^6 3s^2 3p_x^1 3p_y^1 3p_z^1$이므로 홀전자 수는 3이다.

ㄷ. X의 양성자수와 전자 수는 같아야 하므로 $\dfrac{1}{2}(a+b)=13$에서 $a=15$이므로 $b=11$이다. 따라서 Z$^+$의 양성자수는 11, 중성자수는 12로 Z$^+$은 $^{23}_{11}$Na$^+$이다.

오답 풀이 ㄱ. ㉠은 중성자이다.

02 질량수는 양성자수와 중성자수의 합이고, H와 He의 양성자수는 각각 1, 2이며, $\frac{질량수}{양성자수} = \frac{양성자수+중성자수}{양성자수}$ 이다.

원자핵	A($_1^1$H$^+$)	B($_1^2$H$^+$)	C($_2^3$He^{2+})	D($_1^3$H$^+$)	E($_2^4$He^{2+})
중성자수	0	1	1	2	2
양성자수	1	1	2	1	2
질량수	1	2	3	3	4

ㄱ. A는 양성자수가 1, 중성자수가 0이므로 질량수는 1이다.

ㄷ. 양성자수는 D가 1, E가 2이므로 E가 D의 2배이다.

오답 풀이 ㄴ. 동위 원소는 양성자수는 같지만 중성자수가 달라 질량수가 다른 원소이다. B와 C는 양성자수가 다르므로 동위 원소의 원자핵이 아니다.

03 $_6^{12}$C, ^{a}Mg, ^{19}X$^-$ 중 ^{a}Mg의 원자 번호가 12이고, 질량수는 (가)가 (나)의 2배이므로 (가)는 ^{a}Mg($_{12}^{24}$Mg), (나)는 $_6^{12}$C이다. (다)는 ^{19}X$^-$인데, (가)의 이온과 (다)의 전자 배치가 Ne과 같으므로 (가)의 이온은 $_{12}^{24}$Mg^{2+}이며, 전자 수가 10이다. ^{19}X$^-$의 전자 수도 10이므로 X는 양성자수가 9인 플루오린(F), 즉 ^{19}X$^-$은 플루오린화 이온($_9^{19}$F$^-$)이다.

ㄱ. (나)의 질량수가 12이고, 질량수는 (가)가 (나)의 2배이므로 $a=24$이다.

ㄴ. ^{19}X$^-$($_9^{19}$F$^-$)의 중성자수는 10이다.

ㄷ. (나)는 $_6^{12}$C이므로 $\frac{중성자수}{양성자수} = \frac{6}{6} = 1$이다.

04 동위 원소인 $^{2a+1}$X와 $^{2a+3}$X의 자연계 존재 비율이 각각 $\frac{3}{4}$, $\frac{1}{4}$일 때 평균 원자량은 $35.5 = (2a+1) \times \frac{3}{4} + (2a+3) \times \frac{1}{4}$이므로 $a=17$이다.

ㄱ. X의 원자 번호가 17이므로 3주기 17족 원소인 염소(Cl)이고, X$^-$(Cl$^-$)의 전자 배치는 Ar과 같다.

ㄷ. 자연계에 존재하는 X$_2$ 1몰에는 ^{35}X^{35}X $\frac{9}{16}$몰, ^{35}X^{37}X $\frac{6}{16}$몰, ^{37}X^{37}X $\frac{1}{16}$몰이 존재한다. 따라서 자연계에 존재하는 X$_2$ 1몰에 포함된 중성자수는 $\left(36 \times \frac{9}{16}\right) + \left(38 \times \frac{6}{16}\right) + \left(40 \times \frac{1}{16}\right) = 37$(몰)이므로 37$N_A$이다.

오답 풀이 ㄴ. $^{2a+1}$X와 $^{2a+3}$X의 질량수는 각각 35, 37이고, 자연계 존재 비율이 각각 $\frac{3}{4}$, $\frac{1}{4}$이다. 따라서 X$_2$ 중 분자량이 72인 분자의 자연계 존재 비율은 $2 \times \frac{3}{4} \times \frac{1}{4} = \frac{3}{8}$이다.

05강 현대의 원자 모형과 전자 배치의 규칙

기출 변형 문제

01 보어의 원자 모형에서는 전자가 특정 에너지 준위를 갖는 전자 껍질에 위치하고, 현대의 원자 모형에서는 원자핵 주위에 전자가 발견될 확률 분포를 궤도 함수인 오비탈로 나타낸다.

ㄱ. (가)에서 에너지 준위가 가장 낮은 K 전자 껍질에 전자가 위치하므로 수소 원자는 바닥상태이다.

ㄷ. 2s 오비탈의 주 양자수(n)는 2, 부 양자수(l)는 0이다. 따라서 주 양자수(n)와 부 양자수(l)의 합은 2이다.

오답 풀이 ㄴ. 오비탈을 경계면 그림으로 나타냈을 때, 경계면 안쪽에서 전자가 발견될 확률은 90%이다. 따라서 경계면 밖에서 전자가 발견될 확률이 0은 아니다.

02 s 오비탈과 p 오비탈에서 각각 에너지 준위가 가장 낮은 오비탈은 1s 오비탈과 2p 오비탈이다.

ㄷ. (나)는 2p 오비탈이므로 (나)의 부 양자수(l)는 1이다.

오답 풀이 ㄱ. (가)와 (나)의 주 양자수(n)는 각각 1, 2이다.

ㄴ. p 오비탈에서 전자가 발견될 확률은 핵으로부터의 거리 및 방향에 따라 달라진다. 따라서 핵으로부터의 거리가 같아도 방향에 따라 전자가 발견될 확률이 달라진다.

03 파울리 배타 원리는 같은 오비탈에서 스핀 방향이 다른 전자가 최대 2개까지 배치된다는 규칙이고, 쌓음 원리는 에너지 준위가 낮은 오비탈부터 차례로 전자가 배치된다는 규칙이다.

ㄱ. (가)에서 1개의 오비탈에는 최대 2개의 전자가 배치되었고, 같은 오비탈에서 전자의 스핀 방향이 다르므로 파울리 배타 원리를 만족한다.

ㄴ. (나)에서 에너지 준위가 낮은 1s 오비탈과 2s 오비탈에 전자가 먼저 배치되었고, 2p 오비탈의 에너지 준위는 모두 같으므로 전자가 배치된 순서와 관계없이 쌓음 원리를 만족한다.

오답 풀이 ㄷ. (다)는 훈트 규칙을 만족하지 않으므로 들뜬상태이다.

04 바닥상태의 전자 배치에서 4개의 양자수가 모두 같은 전자는 존재하지 않아야 하며, 주 양자수(n)가 1인 경우에 가능한 부 양자수(l)는 0이고, 주 양자수(n)가 2인 경우에 가능한 부 양자수(l)는 0, 1이다.

ㄱ. (가), (나)는 모두 부 양자수(l)가 0이므로 s 오비탈의 전자이고, 따라서 자기 양자수(m_l)인 b와 c도 0으로 같다.

ㄴ. (가)와 (나)에서 부 양자수(l)와 자기 양자수(m_l)가 같고, 스핀 자기 양자수(m_s)도 $+\frac{1}{2}$로 같으므로 (가)와 (나)는 같은 오비탈에 들어 있을 수 없다. 따라서 파울리 배타 원리를 만족하기 위해서는 (가)의 주 양자수(n)는 1이어야 하므로 $a=1$이다.

ㄷ. 플루오린(F)은 2주기 원소이고, (다)의 부 양자수(l)가 1이므로 (다)는 2p 오비탈에 들어 있다.

05 하나의 오비탈에 스핀 방향이 서로 다른 전자가 최대 2개 배치되면 파울리 배타 원리를 만족한다.

ㄱ. 하나의 오비탈에 스핀 방향이 서로 다른 전자가 최대 2개 배치되면 4가지 양자수가 모두 같은 전자는 존재하지 않는다. 따라서 주어진 전자 배치는 파울리 배타 원리를 만족한다.

ㄴ. 2s 오비탈의 자기 양자수(m_l)는 0이다.

ㄷ. 2p_z 오비탈에 들어 있는 두 전자를 나타내는 스핀 방향이 다르므로

스핀 자기 양자수(m_s)는 서로 다르며, 그 합은 0이다.

06 A와 C는 3주기 원소이고, B와 D는 2주기 원소이다. A~D의 $\dfrac{p\ \text{오비탈의 전자 수}}{s\ \text{오비탈의 전자 수}}$가 각각 1, 1, 1.5, 1.5이므로 A~D의 바닥상태 전자 배치는 다음과 같다.

원자	바닥상태 전자 배치
A	$1s^22s^22p^63s^2$
B	$1s^22s^22p^4$
C	$1s^22s^22p^63s^23p^3$
D	$1s^22s^22p^6$

따라서 A~D는 각각 마그네슘(Mg), 산소(O), 인(P), 네온(Ne)이다.
ㄱ. A는 3주기 2족 금속 원소인 Mg이다.
ㄴ. 바닥상태에서 홀전자 수는 B와 C가 각각 2, 3이므로 B와 C의 홀전자 수 차는 1이다.
오답 풀이 ㄷ. D는 18족 원소이므로 원자가 전자 수가 0이다.

07 부 양자수(l)가 1인 오비탈은 p 오비탈이다. p 오비탈에 들어 있는 전자 수는 Y가 Z의 5배이고, 원자가 전자가 들어 있는 주 양자수(n)는 Y와 Z가 같으므로 바닥상태에서 전자 배치는 Y가 $1s^22s^22p^5$, Z가 $1s^22s^22p^1$이다. 바닥상태에서 X^+과 Y^-의 전자 배치가 같으므로 X의 전자 배치는 $1s^22s^22p^63s^1$이다. 따라서 X는 나트륨(Na), Y는 플루오린(F), Z는 붕소(B)이다.
ㄱ. X(Na)의 바닥상태 전자 배치는 $1s^22s^22p^63s^1$이므로 X는 3주기 원소이다.
ㄴ. Y(F)의 바닥상태 전자 배치가 $1s^22s^22p^5$이므로 Y에서 전자가 들어 있는 오비탈 수는 5이다.
ㄷ. 바닥상태에서 X~Z의 홀전자 수는 모두 1로 같다.

08 A~C는 2, 3주기 원소이고, 양성자수는 B가 A의 5배이므로 A는 Li($1s^22s^1$), B는 P($1s^22s^22p^63s^23p^3$)이다. 또한 C에서 $\dfrac{\text{전자가 들어 있는 }p\ \text{오비탈 수}}{\text{전자가 들어 있는 }s\ \text{오비탈 수}}=1$이므로 C의 바닥상태 전자 배치는 $1s^22s^22p^2$ 또는 $1s^22s^22p^63s^1$ 또는 $1s^22s^22p^63s^2$인데, A~C 중 같은 족 원소가 2가지이므로 C는 Na($1s^22s^22p^63s^1$)이다.
ㄴ. A와 C는 1족 원소이므로 A와 C의 원자가 전자 수는 1이다.
ㄷ. 바닥상태에서 B의 홀전자 수는 3이다.
오답 풀이 ㄱ. A~C 중 2주기 원소는 A(Li) 1가지이다.

 적중 문제

42~45쪽

기본 개념 확인

01 전자, 원자핵 **02** 파울리 배타 원리 **03** 10 **04** 주 양자수(n), 부 양자수(l), 자기 양자수(m_l), 스핀 자기 양자수(m_s) **05** 0, 1, -1, 0, 1, 0, 0, 1 **06** 탄소(C), 산소(O), 인(P) **07** $1s^22s^22p^1$ **08** 방위 양자수, s 오비탈, p 오비탈

01 ③ **02** ⑤ **03** ③ **04** ④ **05** ⑤ **06** ① **07** ④ **08** ④

01 톰슨의 원자 모형은 원자핵이 존재하지 않고, 보어의 원자 모형과 현대의 원자 모형에는 원자핵이 존재한다. 현대의 원자 모형에서는 전자의 존재를 전자가 발견될 확률 분포로 설명한다. 따라서 (가)는 현대의 원자 모형, (나)는 보어의 원자 모형이다.
ㄱ. 알파(α) 입자 산란 실험으로 원자핵의 존재가 발견되었으므로 ⊙으로 '알파(α) 입자 산란 실험의 결과를 설명할 수 있는가?'가 적절하다.
ㄷ. 보어의 원자 모형으로 수소 원자의 선 스펙트럼은 설명할 수 있지만 다전자 원자의 선 스펙트럼은 설명할 수 없다.
오답 풀이 ㄴ. 전자의 존재를 확률 분포로 설명할 수 있는 (가)는 현대의 원자 모형이다.

02 바닥상태는 쌓음 원리, 파울리 배타 원리, 훈트 규칙을 모두 만족하는 전자 배치이다.
ㄴ. (나)는 1개의 오비탈에 서로 다른 스핀 방향으로 전자가 최대 2개 배치되었으므로 파울리 배타 원리를 만족한다.
ㄷ. (다)는 쌓음 원리, 파울리 배타 원리, 훈트 규칙을 모두 만족한다. 1개의 오비탈에 서로 다른 스핀 방향으로 전자가 최대 2개 배치되었으며, 홀전자 수가 최대가 되도록 $2p$ 오비탈에 각각 전자 1개씩을 배치한 후, 4번째 전자는 에너지 준위가 같은 3개의 $2p$ 오비탈 중 어떤 오비탈에 배치되어도 쌓음 원리를 만족한다. 따라서 (다)는 바닥상태이다.
오답 풀이 ㄱ. (가)에서 $2s$ 오비탈에 전자가 모두 배치되지 않은 상태에서 $2p$ 오비탈에 전자가 배치되었으므로 (가)는 쌓음 원리를 만족하지 않는다.

03 2주기 바닥상태 원자 중 홀전자 수의 합이 4이고, 전자가 들어 있는 p 오비탈 수의 합이 5인 2가지 원소는 탄소(C)와 산소(O)이다. 탄소(C)와 산소(O)의 바닥상태 전자 배치는 각각 $1s^22s^22p^2$, $1s^22s^22p^4$이므로 홀전자 수는 모두 2이고, 전자가 들어 있는 p 오비탈 수는 각각 2, 3이다. 따라서 X는 산소(O), Y는 탄소(C)이다.
ㄱ. X는 16족 원소이므로 전자 2개를 얻은 X^{2-}은 Ne과 같은 전자 배치를 갖는다.
ㄷ. Y는 14족 원소이므로 Y의 원자가 전자 수는 4이다.
오답 풀이 ㄴ. YX_2는 CO_2이므로 공유 전자쌍 수는 4이다.

04 한 오비탈에 스핀 방향이 다른 2개의 전자는 서로 다른 화살표 방향으로 표시된다. 서로 같은 방향의 화살표(↑↑ 또는 ↓↓)라면 주 양자수(n), 부 양자수(l), 자기 양자수(m_l), 스핀 자기 양자수(m_s)가 모두 같으므로 파울리 배타 원리에 어긋난다.
X. (가)에서 $2s$ 오비탈에 들어 있는 2개의 전자는 화살표 방향이 같으므로 n, l, m_l, m_s가 모두 같다.
Y. (나)에서 $2s$ 오비탈에 들어 있는 2개 전자의 주 양자수(n)는 2, 부 양자수(l)는 0으로 서로 같다.
오답 풀이 Z. (나)에서 $2p_x$ 오비탈, $2p_y$ 오비탈, $2p_z$ 오비탈은 에너지 준위가 같으므로 서로 다른 오비탈 2개에 홀전자가 각각 1개씩 채워져도 쌓음 원리에 어긋나지 않는다.

05 부 양자수(l)가 0이면 자기 양자수(m_l)는 0이고, 주 양자수(n)가 1인 오비탈의 부 양자수(l)는 0만 가능하다.

ㄱ. A의 부 양자수(l)가 0이므로 자기 양자수(m_l)인 ㉠은 0이다. D는 주 양자수(n)가 2이고, 자기 양자수(m_l)가 +1이므로 $2p$ 오비탈의 전자이다. $2p$ 오비탈의 부 양자수(l)인 ㉢은 1이다. 따라서 ㉠+㉢=1이다.

ㄴ. A와 B는 $1s$ 오비탈의 전자이므로 파울리 배타 원리에 의해 스핀 자기 양자수(m_s)가 달라야 한다. 따라서 ㉡은 $-\dfrac{1}{2}$이다.

ㄷ. C와 D는 $2p$ 오비탈의 전자로, 두 전자가 들어 있는 오비탈의 에너지 준위가 서로 같다.

06 바닥상태에서 $\dfrac{\text{홀전자 수}}{s\text{ 오비탈의 전자 수}}=\dfrac{1}{2}$인 원자는 탄소(C), 산소(O), 인(P)이고, 각각의 전자 배치는 $1s^22s^22p^2$, $1s^22s^22p^4$, $1s^22s^22p^63s^23p^3$이다. 이 중 B보다 원자가 전자 수가 1 작고, 원자가 전자의 주 양자수(n)는 1 크며, 전자가 들어 있는 p 오비탈 수가 6인 3주기 원소 C는 인(P)이고, C(P)의 바닥상태 전자 배치는 $1s^22s^22p^63s^23p^3$이다. 따라서 $n=2$, $m=5$이고, A~D는 각각 질소(N), 산소(O), 인(P), 황(S)이다.

ㄱ. B(O)의 바닥상태 전자 배치는 $1s^22s^22p^4$이므로 B(O)와 같은 주기 원소이며, 원자가 전자 수가 1 작은 A는 바닥상태 전자 배치가 $1s^22s^22p^3$인 질소(N)이다.

오답 풀이 ㄴ. A는 질소(N)이고 15족 원소이므로 $m=5$이다.

ㄷ. B는 산소(O), D는 황(S)이므로 $\dfrac{\text{D(S)에서 }p\text{ 오비탈의 전자 수}}{\text{B(O)에서 }p\text{ 오비탈의 전자 수}}=\dfrac{10}{4}=2.5$이다.

07 바닥상태 W~Z의 홀전자 수와 $\dfrac{\text{전자가 들어 있는 }p\text{ 오비탈 수}}{\text{전자가 들어 있는 }s\text{ 오비탈 수}}$에 따른 원자의 전자 배치는 다음과 같다.

원자	$\dfrac{\text{전자가 들어 있는 }p\text{ 오비탈 수}}{\text{전자가 들어 있는 }s\text{ 오비탈 수}}$	홀전자 수	전자 배치
W(B)	0.5	1	$1s^22s^22p^1$
X(Mg)	1	0	$1s^22s^22p^63s^2$
Y(Na)	1	1	$1s^22s^22p^63s^1$
Z(C)	1	2	$1s^22s^22p^2$

ㄴ. X(Mg)의 원자가 전자 2개는 모두 $3s$ 오비탈에 들어 있는 전자이다. 따라서 각 원자가 전자의 주 양자수(n)는 3, 부 양자수(l)는 0이다.

ㄷ. Z(C)는 2주기 14족, W(B)는 2주기 13족 원소이므로 제1 이온화 에너지는 Z(C)>W(B)이다.

오답 풀이 ㄱ. 원자가 전자 수는 W(B)와 Y(Na)가 각각 3, 1이다.

08 부 양자수(l)가 1인 오비탈은 p 오비탈이다. 바닥상태에서 전자가 들어 있는 p 오비탈 수가 1이고, 홀전자 수가 1인 X의 전자 배치는 $1s^22s^22p^1$이다. 이때 X의 $\dfrac{p\text{ 오비탈의 전자 수}}{s\text{ 오비탈의 전자 수}}$(상댓값)은 1이므로 실제 값은 $\dfrac{1}{4}$에 해당한다. Y는 전자가 들어 있는 p 오비탈 수가 3이고, $\dfrac{p\text{ 오비탈의 전자 수}}{s\text{ 오비탈의 전자 수}}=\dfrac{3}{2}$이므로 바닥상태에서 Y의 전자 배치는 $1s^22s^22p^6$이다. Z는 전자가 들어 있는 p 오비탈 수가 6이고, 홀전자 수가 0이며, $\dfrac{p\text{ 오비탈의 전자 수}}{s\text{ 오비탈의 전자 수}}=\dfrac{3}{2}$이므로 바닥상태에서 Z의 전자 배

치는 $1s^22s^22p^63s^23p^64s^2$이다. 따라서 X는 붕소(B), Y는 네온(Ne), Z는 칼슘(Ca)이다.

ㄱ. 바닥상태에서 Y(Ne)의 전자 배치는 $1s^22s^22p^6$이므로 홀전자 수(㉠)는 0이다.

ㄷ. 양성자수는 X(B)와 Y(Ne)가 각각 5, 10이므로 Y(Ne)가 X(B)의 2배이다.

오답 풀이 ㄴ. Z는 칼슘(Ca)이므로 4주기 원소이다.

06강 원소의 주기율과 주기적 성질

기출 변형 문제 49~50쪽

01 ③   **02** ①   **03** ④   **04** ②   **05** ⑤   **06** ②   **07** ②
08 ①

01 주기율표의 가로줄은 주기로, 전자가 들어 있는 전자 껍질 수와 같다. 주기율표의 세로줄은 족으로, 1, 2족과 13~17족의 경우, 족의 끝 자리 수는 원자가 전자 수와 같다(단, 18족 원소는 원자가 전자 수가 0이다). (가)~(마)는 각각 H, Be, F, Ne, Mg이다.

X(Be) : 원자가 전자 수와 전자가 들어 있는 전자 껍질 수가 같은 금속 원소는 2주기 2족 원소인 (나)이다.

Y(F) : (다)의 원자가 전자 수는 7, 원자가 전자가 들어 있는 오비탈의 주 양자수(n)는 2이므로 원자가 전자 수가 원자가 전자가 들어 있는 오비탈의 주 양자수(n)보다 크다.

02 Ne과 전자 배치가 같은 이온의 반지름은 원자 번호가 증가할수록 작으므로 $O^{2-}>F^->Na^+>Mg^{2+}$이다. 따라서 A는 Na, B는 Mg, C는 O, D는 F이다.

ㄱ. B 이온은 Mg^{2+}이다.

오답 풀이 ㄴ. 원자가 전자가 느끼는 유효 핵전하는 같은 주기에서는 원자 번호가 증가할수록 커지지만, 주기가 증가하면 급격히 감소한다. 따라서 D(F)>A(Na)이다.

ㄷ. 제1 이온화 에너지는 D(F)>C(O)이다.

03 등전자 이온의 반지름은 원자 번호가 증가할수록 작아지고, Ar과 전자 배치가 같은 이온은 4주기 금속 원소 및 3주기 비금속 원소이다. A는 칼슘(Ca), B는 칼륨(K), C는 염소(Cl), D는 황(S)이다.

ㄴ. 원자가 전자가 느끼는 유효 핵전하는 주기가 증가하면 급격히 감소하므로 C(Cl)>B(K)이다.

ㄷ. 아르곤(Ar)과 같은 전자 배치를 갖는 A(Ca)와 C(Cl)의 이온은 각각 $A^{2+}(Ca^{2+})$, $C^-(Cl^-)$이므로 A와 C의 안정한 화합물은 $AC_2(CaCl_2)$이다.

오답 풀이 ㄱ. B(K)는 4주기 금속 원소, D(S)는 3주기 비금속 원소이므로 원자 반지름은 B(K)>D(S)이다.

04 금속 원소는 $\dfrac{\text{이온 반지름}}{\text{원자 반지름}}<1$이고, 비금속 원소는 $\dfrac{\text{이온 반지름}}{\text{원자 반지름}}>1$이므로 A와 B는 금속 원소, C는 비금속 원소이다. 같은 주기에서 원자 번호가 증가할수록 원자가 전자가 느끼는 유효 핵전하가 커지므로 이온 반지름은 K>Ca이고, 원자가 전자가 느끼는 유효 핵전하는 K<Ca이 므로 $\dfrac{\text{이온 반지름}}{Z^*}$은 K>Ca이다. 따라서 A는 칼슘(Ca), B는 칼륨(K), C는 염소(Cl)이다.

② B$^+$(K$^+$)의 전자 배치가 Ar과 같으므로 제2 이온화 에너지는 1족 원소인 B(K)가 가장 크다.

오답 풀이 ① 원자 반지름은 주기가 증가할수록, 같은 주기에서는 원자 번호가 감소할수록 커진다. 따라서 4주기 1족 원소인 B(K)의 원자 반지름이 가장 크다.

③ 바닥상태에서 B(K)의 홀전자 수는 1이다.

④ 원자가 전자가 느끼는 유효 핵전하는 A(Ca)가 B(K)보다 크다.

⑤ A(Ca)와 C(Cl)는 1:2로 결합하여 안정한 화합물인 염화 칼슘(CaCl$_2$)을 형성한다.

05 $\dfrac{\text{제2 이온화 에너지}}{\text{제1 이온화 에너지}}$가 가장 큰 C는 나트륨(Na)이다. 제1 이온화 에너지는 N>O이고, 제2 이온화 에너지는 N<O이므로 $\dfrac{\text{제2 이온화 에너지}}{\text{제1 이온화 에너지}}$는 N<O이다. 따라서 A는 질소(N), B는 산소(O)이다.

ㄱ. 원자 반지름은 3주기 원소인 C(Na)가 가장 크다.

ㄴ. 같은 주기에서 원자가 전자가 느끼는 유효 핵전하는 원자 번호가 증가할수록 커지므로 B(O)>A(N)이다.

ㄷ. 바닥상태에서 A(N)는 2p 오비탈의 세 전자가 모두 홀전자이고, B(O)는 2p 오비탈에서 전자쌍을 이루는 전자 사이의 반발력 때문에 A(N)보다 제1 이온화 에너지가 작다. 따라서 제1 이온화 에너지는 A(N)>B(O)이다.

06 바닥상태에서 A~D의 홀전자 수는 모두 다르므로 A~D에 N, O, Mg이 포함되고, 홀전자 수가 1로 같은 F, Na, Al 중 1가지가 포함되어야 한다. 등전자 이온의 반지름은 원자 번호가 커질수록 감소하므로 Al<Mg<Na<F<O<N이다. 같은 주기에서 제1 이온화 에너지는 2족 원소>13족 원소이므로 이온 반지름과 제1 이온화 에너지가 모두 작은 A는 Al이다. 따라서 B~D는 각각 N, O, Mg 중 하나인데, 제1 이온화 에너지가 N>O>Mg이므로 B~D는 각각 Mg, O, N이다. 따라서 원자가 전자가 느끼는 유효 핵전하는 원자 번호가 더 큰 C(O)가 D(N)보다 크고, 제2 이온화 에너지는 A(Al)>B(Mg)이다.

ㄷ. 제2 이온화 에너지는 A(Al)>B(Mg)이다.

오답 풀이 ㄱ. B는 마그네슘(Mg)이다.

ㄴ. 원자가 전자가 느끼는 유효 핵전하는 C(O)>D(N)이다.

07 원자에서 전자를 차례로 떼어 내다가 안쪽 전자 껍질에 위치한 전자를 떼어 낼 때 이온화 에너지가 크게 증가한다. 즉, 제n 이온화 에너지가 크게 증가하면 원자가 전자 수는 $(n-1)$이다.

ㄴ. 3주기 금속 원소의 제1 이온화 에너지는 X(Mg)>Y(Al)>Z(Na)이다. 따라서 $a>b$이다.

오답 풀이 ㄱ. X~Z는 모두 3주기 금속 원소이고, X는 2족 원소인 마그네슘(Mg), Y는 13족 원소인 알루미늄(Al), Z는 1족 원소인 나트륨(Na)이다.

ㄷ. 원자 반지름은 원자 번호가 증가할수록 작아지므로 X(Mg)>Y(Al)이다.

08 원자가 전자 수와 홀전자 수가 같은 원소는 1족 원소 또는 18족 원소이다. 만약 원자가 전자 수와 홀전자 수가 같은 원소가 18족 원소라면 원자가 전자 수가 가장 작은 B에서 $x-4=0$이고 $x=4$이므로 이때 A에 해당하는 원소가 존재하지 않는다. 즉, 원자가 전자 수와 홀전자 수가 같은 원소는 1족 원소이므로 원자가 전자 수가 가장 작은 B에서 $x-4=1$이고 $x=5$이다. 따라서 A는 F($1s^2 2s^2 2p^5$), B는 Na($1s^2 2s^2 2p^6 3s^1$), C는 P($1s^2 2s^2 2p^6 3s^2 3p^3$)이다.

원자	A	B	C
전자가 들어 있는 오비탈 수	$x(=5)$	$x+1(=6)$	$x+4(=9)$
원자가 전자 수	$x+2(=7)$	$x-4(=1)$	$x(=5)$

ㄴ. 원자 반지름은 B(Na)>C(P)이다.

오답 풀이 ㄱ. 이온 반지름은 A(F)>B(Na)이다.

ㄷ. 원자가 전자가 느끼는 유효 핵전하는 A(F)>B(Na)이다.

예상 적중 문제

51~54쪽

기본 개념 확인

01 플루오린(F), 1 **02** 크, 작, 크 **03** 감소, 작 **04** 플루오린(F), 나트륨(Na), 황(S) **05** 금속, 비금속 **06** 감소 **07** $n-1$ **08** 증가, 13, 2, 16, 15

01 ⑤ **02** ② **03** ④ **04** ⑤ **05** ① **06** ④ **07** ②
08 ③

01 빗금 친 영역의 원소 중 제2 이온화 에너지가 가장 큰 원소 X는 3주기 1족 원소인 나트륨(Na)이고, 전기 음성도가 가장 큰 Y는 2주기 17족 원소인 플루오린(F)이다. X(Na)의 바닥상태 전자 배치는 $1s^2 2s^2 2p^6 3s^1$이고, 바닥상태에서 p 오비탈에 들어 있는 전자 수가 X(Na)와 같은 Z는 마그네슘(Mg)이다.

ㄱ. 빗금 친 영역의 원소 중 제2 이온화 에너지가 가장 큰 원소는 Na이므로 X는 Na이다.

ㄴ. 원자가 전자가 느끼는 유효 핵전하는 주기가 증가하면 급격히 감소하므로 Y(F)>X(Na)이다.

ㄷ. 바닥상태에서 p 오비탈에 들어 있는 전자 수가 X(Na)와 같은 원소는 Mg이므로 Z는 Mg이며, Mg은 2족 원소로 바닥상태에서 홀전자 수가 0이다.

02 A와 D는 ㉠>㉡이고, B와 C는 ㉡>㉠이다. 이온의 전자 배치가 Ne과 같은 원소 중 제1 이온화 에너지가 상대적으로 큰 A와 D는 2주기 비금속 원소, 상대적으로 작은 B와 C는 3주기 금속 원소이다.

ㄷ. 3주기 금속 원소인 B와 C에서 제1 이온화 에너지, 원자 반지름, 이

온 반지름이 모두 B>C이므로 B는 마그네슘(Mg), C는 알루미늄(Al)이다. 원자가 전자가 느끼는 유효 핵전하는 같은 주기에서 원자 번호가 증가할수록 커지므로 C(Al)>B(Mg)이다.

오답 풀이 ㄱ. 금속 원소의 경우 이온 반지름이 원자 반지름보다 작고, B와 C에서 반지름은 ㉡>㉠이므로 ㉠은 이온 반지름이다.

ㄴ. 2주기 비금속 원소 중 질소(N)와 산소(O)는 제1 이온화 에너지, 원자 반지름, 이온 반지름이 모두 N>O이다. 따라서 A는 질소(N), D는 산소(O)가 적절하다.

03 원자 번호가 7, 8, 9, 11인 원자의 바닥상태 홀전자 수는 각각 3, 2, 1, 1이다. 홀전자 수가 1인 A와 B 중 네온(Ne)과 같은 전자 배치를 갖는 이온의 반지름이 B>A이므로 A~D는 각각 나트륨(Na), 플루오린(F), 산소(O), 질소(N)이다.

ㄴ. 원자가 전자가 느끼는 유효 핵전하는 B(F)>A(Na)이다.

ㄷ. A~D 중 전기 음성도가 가장 큰 원소는 B(F)이다.

오답 풀이 ㄱ. 제1 이온화 에너지는 B(F)>D(N)>C(O)>A(Na)이므로 ㉠으로 '제1 이온화 에너지'는 적절하지 않다.

04 2, 3주기 바닥상태 원자 중 $\dfrac{\text{전자가 들어 있는 } p \text{ 오비탈 수}}{\text{홀전자 수}}=1.5$인 W는 전자 배치가 $1s^2 2s^2 2p^4$인 산소(O), $\dfrac{\text{전자가 들어 있는 } p \text{ 오비탈 수}}{\text{홀전자 수}}=2.5$인 X는 전자 배치가 $1s^2 2s^2 2p^6 3s^2 3p^2$인 규소(Si)이다. $\dfrac{\text{전자가 들어 있는 } p \text{ 오비탈 수}}{\text{홀전자 수}}=3$인 원소는 바닥상태 전자 배치가 $1s^2 2s^2 2p^5$, $1s^2 2s^2 2p^6 3s^1$, $1s^2 2s^2 2p^6 3s^2 3p^4$이므로 플루오린(F), 나트륨(Na), 황(S)이 가능하다. 이 중 제1 이온화 에너지가 Y>W를 만족하는 Y는 플루오린(F)이고, 원자가 전자 수가 Z>X를 만족하는 Z는 황(S)이다. 따라서 W~Z는 각각 산소(O), 규소(Si), 플루오린(F), 황(S)이다.

ㄱ. W(O)와 Y(F)는 2주기 원소, X(Si)와 Z(S)는 3주기 원소이다.

ㄴ. 바닥상태에서 W~Z의 홀전자 수는 각각 2, 2, 1, 2이므로 홀전자 수의 합은 7이다.

ㄷ. WY_2는 OF_2이므로 W(O)의 산화수는 +2이다.

05 $\dfrac{\text{이온 반지름}}{\text{원자 반지름}}>1$인 A와 B는 비금속 원소이고, $\dfrac{\text{이온 반지름}}{\text{원자 반지름}}<1$인 C와 D는 금속 원소이다. 같은 주기에서는 원자 번호가 증가할수록 원자가 전자가 느끼는 유효 핵전하가 커지므로 A는 산소(O), B는 플루오린(F)이며, D는 마그네슘(Mg)이므로 D(Mg)보다 원자가 전자가 느끼는 유효 핵전하가 큰 C는 알루미늄(Al)이다.

ㄱ. 바닥상태에서 홀전자 수는 B(F)와 C(Al)가 1로 같다.

오답 풀이 ㄴ. 제1 이온화 에너지는 B(F)>A(O)이지만 제2 이온화 에너지는 A(O)>B(F)이다.

ㄷ. Ne과 전자 배치가 같은 이온의 반지름은 원자 번호가 증가할수록 작으므로 이온 반지름은 B(F)>D(Mg)이다.

06 바닥상태에서 홀전자 수의 합이 5인 3가지 원소의 홀전자 수의 조합은 (3, 1, 1) 또는 (3, 2, 0) 또는 (2, 2, 1) 중 하나이다. 이 중 p 오비탈 수의 합이 8이므로 14족 원소($1s^2 2s^2 2p^2$), 16족 원소($1s^2 2s^2 2p^4$), 17족 원소($1s^2 2s^2 2p^5$)가 가능하다.

ㄱ. 원자 반지름이 Y>Z>X이므로 X~Z는 각각 플루오린(F), 탄소(C), 산소(O)이다.

ㄷ. 원자가 전자가 느끼는 유효 핵전하는 Z(O)>Y(C), 원자 반지름은 Y(C)>Z(O)이므로 $\dfrac{\text{원자가 전자가 느끼는 유효 핵전하}}{\text{원자 반지름}}$는 Z(O)>Y(C)이다.

오답 풀이 ㄴ. 제1 이온화 에너지는 X(F)>Z(O)이다.

07 원자에서 전자를 차례로 떼어 내면 전자 사이의 반발력이 감소하므로 순차 이온화 에너지는 차수가 커질수록 증가한다. 특히, 안쪽 전자 껍질에 위치한 전자를 떼어 낼 때 이온화 에너지가 급격히 증가하므로 제n 이온화 에너지가 급격히 증가하면 원자가 전자 수는 $(n-1)$이다. 따라서 A는 1족, C는 2족, D는 13족 원소이다. A~E는 원자 번호가 연속인 원소이고, 제1 이온화 에너지는 B, E가 D보다 크므로 B는 2주기 17족, E는 2주기 18족 원소이며, A, C, D는 3주기 원소이다. 따라서 A~E는 각각 나트륨(Na), 플루오린(F), 마그네슘(Mg), 알루미늄(Al), 네온(Ne)이다.

ㄴ. B(F)와 C(Mg)의 안정한 화합물은 $CB_2(MgF_2)$이다.

오답 풀이 ㄱ. A~E 중 3주기 원소는 A(Na), C(Mg), D(Al) 3가지이다.

ㄷ. 양성자수에 의한 핵전하는 A(Na)>B(F)이지만 주기가 증가하면 원자가 전자가 느끼는 유효 핵전하가 급격히 감소하므로 B(F)>A(Na)이다.

08 A~D 이온의 전자 배치는 모두 Ne과 같으므로 원자 반지름이 큰 A와 B는 3주기 원소, 원자 반지름이 상대적으로 작은 C와 D는 2주기 원소이다. 같은 주기에서는 원자 번호가 증가할수록 원자 반지름이 작아지므로 원자 번호는 A>B이고, D>C이다. 또한 같은 주기에서 원자 번호가 커질수록 전기 음성도가 증가하므로 X는 전기 음성도이다. A와 B에서 원자 번호는 A>B인데, 제1 이온화 에너지(Y)는 B>A이므로 A는 알루미늄(Al), B는 마그네슘(Mg)이다. C와 D에서 원자 번호는 D>C인데, 제1 이온화 에너지는 C>D이므로 C는 질소(N), D는 산소(O)이다.

ㄱ. 이온화 에너지와 전기 음성도 중 원자 번호가 증가하면 반드시 증가하는 것은 전기 음성도이다. 따라서 X는 전기 음성도이다.

ㄴ. A는 알루미늄(Al), D는 산소(O)이므로 $A_2D_3(Al_2O_3)$는 A와 D의 안정한 화합물이다.

오답 풀이 ㄷ. 이온 반지름은 C(N)>B(Mg)이다.

대단원 예상 적중 자료 정리   55~56쪽

① 수소(H) ② 1 ③ 동위 원소 ④ $\dfrac{9}{16}$ ⑤ $\dfrac{6}{16}$ ⑥ $\dfrac{1}{16}$ ⑦ 0 ⑧ $-\dfrac{1}{2}$ ⑨ 1 ⑩ $1s^2 2s^2 2p^1$ ⑪ $1s^2 2s^2 2p^6$ ⑫ 0 ⑬ 작 ⑭ 이온 ⑮ 원자 ⑯ 3 ⑰ 2 ⑱ 1 ⑲ F^- ⑳ 나트륨(Na) ㉑ 플루오린(F) ㉒ 비금속 ㉓ 금속 ㉔ 알루미늄(Al) ㉕ 2 ㉖ 플루오린(F) ㉗ 네온(Ne)

07강 화학 결합

01 X는 이온 결합 물질이고, Y는 공유 결합 물질이다.

ㄱ. 이온 결합 물질인 X는 외부에서 힘을 가하면 쉽게 부서진다.

오답풀이 ㄴ. 이온 사이의 정전기적 인력에 의해 결합된 물질은 X이다.

ㄷ. 자유 전자는 금속에 존재한다.

02 $Na(s)$은 금속이고, $NaCl(s)$은 이온 결합 물질이다.

ㄱ. 이온 결합 물질인 $NaCl(s)$은 외부에서 힘을 가하면 쉽게 부서진다.

ㄴ. $Na(s)$과 $NaCl(s)$은 모두 불꽃 반응에서 노란색을 나타내므로 $Na(s)$과 $NaCl(s)$으로 (나)를 수행하면 결과가 같다.

오답풀이 ㄷ. 금속인 $Na(s)$은 액체 상태에서 전기 전도성이 있다.

03 ㄴ. $(-)$극에서는 수소(H_2) 기체가, $(+)$극에서는 산소(O_2) 기체가 발생하며, 발생한 기체의 질량비는 $H_2 : O_2 = 1 : 8$이다.

오답풀이 ㄱ. 물을 전기 분해하면 $(-)$극에서는 수소(H_2) 기체가, $(+)$극에서는 산소(O_2) 기체가 $2 : 1$의 부피비로 발생하므로 A극은 $(-)$극, B극은 $(+)$극이다.

ㄷ. 물을 전기 분해하면 $(-)$극인 A극에서는 전자를 얻는 반응이, $(+)$극인 B극에서는 전자를 잃는 반응이 일어난다.

자료 분석 물의 전기 분해

• 전체 반응: $2H_2O \longrightarrow 2H_2 + O_2$

• 각 전극에서 발생하는 기체의 부피비와 질량비

전극	$(-)$극 : $(+)$극
부피비(몰비)	$2 : 1$
질량비	$1 : 8$

$H_2(g)$ 발생 ─ ─ $O_2(g)$ 발생

---

04 ㄱ. A는 금속인 철이며, 금속은 액체 상태에서 전기 전도성이 있다.

ㄴ. B는 이온 결합 물질인 염화 나트륨$(NaCl)$이며, 이온 결합 물질은 외부에서 힘을 가하면 쉽게 부서진다.

오답풀이 ㄷ. C는 공유 결합 물질인 설탕이며, 양이온과 음이온으로 이루어진 물질이 아니다.

05 X는 $+1$가 양이온이 되는 3주기 금속 원소인 나트륨(Na)이고, Y는 -1가 음이온이 되는 3주기 비금속 원소인 염소(Cl)이다.

ㄱ. 원자 번호는 Y(Cl)가 X(Na)보다 크다.

ㄴ. XY$(NaCl)$는 이온 결합 물질이므로 뽑힘성(연성)이 없다.

오답풀이 ㄷ. X는 금속이므로 실온에서 고체 상태로 존재하고, Y_2는 실온에서 기체 상태로 존재한다. 따라서 녹는점은 X(Na)가 $Y_2(Cl_2)$보다 높다.

06 ㄴ. MgO에서 이온 사이의 거리는 CaO, SrO에서 이온 사이의 거리보다 가까우므로 녹는점은 MgO이 (가)보다 높다.

ㄷ. 이온 사이의 거리는 NaCl이 NaF보다 멀므로 NaCl의 녹는점은 (나)보다 낮다.

오답풀이 ㄱ. (가)는 (나)보다 이온의 전하량이 크고, 녹는점이 높으므로 ㉠으로 '이온의 전하량이 클수록 녹는점이 높다.'가 적절하다. 따라서 ㉠으로 '이온 사이의 거리가 가까울수록 녹는점이 높다.'는 적절하지 않다.

07 마그네슘 이온(Mg^{2+})과 염화 이온(Cl^-)은 $1 : 2$의 개수비로 결합하여 염화 마그네슘$(MgCl_2)$을 형성하므로 $x = 1$, $y = 2$이다. 산화 알루미늄(Al_2O_3)에서 음이온의 전하량 합은 $(-2) \times 3 = -6$이므로 양이온의 전하량 합은 $(+a) \times 2 = +6$이 되어야 한다. 따라서 $a = 3$이고, $\dfrac{x+y}{a} = \dfrac{1+2}{3} = 1$이다.

08 ㄱ. A는 리튬(Li), B는 염소(Cl), C는 수소(H), D는 산소(O)이다. 따라서 A(Li)와 D(O)는 모두 2주기 원소이다.

오답풀이 ㄴ. 공유 전자쌍 수는 $B_2(Cl_2)$가 1, $D_2(O_2)$가 2이다.

ㄷ. CB(HCl)는 공유 결합 물질이므로 액체 상태에서 전기 전도성이 없다.

09 ㄱ. A는 산소(O), B는 플루오린(F), C는 마그네슘(Mg)이므로 $m = 2$이다.

ㄴ. 원자가 전자 수는 B(F)가 7, C(Mg)가 2이므로 B(F)가 C(Mg)보다 크다.

ㄷ. 비공유 전자쌍 수는 $B_2(F_2)$가 6, $A_2(O_2)$가 4이므로 $B_2(F_2)$가 $A_2(O_2)$보다 크다.

10 ㄱ. ㉠과 ㉡은 각각 H_2O과 CO_2 중 하나이다. ㉠과 ㉡에 모두 포함된 원소는 산소(O)이므로 X는 O이고, 분자당 X 원자 수가 ㉡이 ㉠의 2배이므로 ㉠은 H_2O, ㉡은 CO_2이다.

오답풀이 ㄴ. ㉠(H_2O)은 공유 결합 물질이므로 액체 상태에서 전기 전도성이 거의 없다.

ㄷ. ㉡(CO_2)은 공유 결합 물질이므로 고체 상태에서 퍼짐성(전성)이 없다.

11 ㄷ. A는 수소(H), B는 탄소(C), C는 질소(N)이므로 제시된 반응의 화학 반응식은 $HCN + NH_3 \longrightarrow NH_4CN$이다. 따라서 (가)는 공유 결합 물질 NH_3이며, 고체 상태에서 전기 전도성이 없다.

오답풀이 ㄱ. 원자 번호는 B(C)가 6, C(N)가 7이다.

ㄴ. (가)는 $CA_3(NH_3)$이므로 B를 포함하지 않는다.

12 ㄱ. A는 나트륨(Na), B는 산소(O), C는 수소(H), D는 플루오린(F)이므로 제시된 반응의 화학 반응식은 다음과 같다.

$$NaOH + HF \longrightarrow NaF + H_2O$$

A는 금속인 나트륨(Na)이므로 고체 상태에서 전기 전도성이 있다.

ㄷ. ABC$(NaOH)$는 실온에서 고체 상태로 존재하는 이온 결합 물질이고, $B_2(O_2)$는 실온에서 기체 상태로 존재하는 공유 결합 물질이므로 녹는점은 ABC$(NaOH)$가 $B_2(O_2)$보다 높다.

오답풀이 ㄴ. C(H)는 1주기 원소, D(F)는 2주기 원소이다.

예상 적중 문제

기본 개념 확인

01 수소, 산소 **02** 금속 **03** 자유 전자 **04** 0 **05** CB **06** MgO
07 고체 **08** 높 **09** 18, 전자쌍 **10** CaO **11** 반발력 **12** 공유 결합 물질

01 ③	02 ③	03 ⑤	04 ②	05 ③	06 ③	07 ②
08 ①	09 ①	10 ④	11 ①	12 ②		

01 물을 전기 분해하면 (−)극에서 수소(H_2) 기체가, (+)극에서 산소(O_2) 기체가 발생한다. 이때 발생하는 기체의 부피비는 $H_2 : O_2 = 2 : 1$이고, 질량비는 $H_2 : O_2 = 1 : 8$이다.

ㄷ. 발생하는 기체의 질량비는 $A_2(O_2) : B_2(H_2) = 8 : 1$이므로 $A_2(O_2)$가 $B_2(H_2)$보다 크다.

오답풀이 ㄱ. A_2는 산소(O_2)이므로 산소(O_2) 기체가 발생하는 전극은 (+)극이다.

ㄴ. 다른 물질이 불에 잘 타도록 도와주는 성질(조연성)이 있는 기체는 산소(O_2)이다. B_2는 수소(H_2)이며, 불에 잘 타는 성질(가연성)이 있다.

02 이온 결합 물질은 고체 상태에서는 전류가 흐르지 않지만 액체 상태에서 전류가 흐르고, 금속은 고체와 액체 상태에서 모두 전류가 흐른다.

ㄱ. 산화 나트륨(Na_2O)은 이온 결합 물질이므로 영역 Ⅰ에 속한다.

ㄴ. 고체 상태에서 펴짐성(전성)이 있는 물질은 금속이므로 영역 Ⅱ에 속한다.

오답풀이 ㄷ. 양이온과 음이온으로 이루어진 물질은 이온 결합 물질이므로 영역 Ⅰ에 속한다.

03 양이온과 음이온으로 이루어진 물질인 (가)는 이온 결합 물질이고, 분자로 이루어진 물질인 (나)는 공유 결합 물질이며, 금속 양이온(㉠)과 자유 전자로 이루어진 물질인 (다)는 금속이다.

ㄱ. (다)는 자유 전자가 존재하므로 금속이고, ㉠은 금속 양이온으로 (+)전하를 띤다.

ㄴ. (가)는 이온 결합 물질이므로 고체 상태에서 전기 전도성이 없고, 공유 결합 물질인 (나)는 고체와 액체 상태에서 모두 전기 전도성이 없다. 따라서 ㉡과 ㉢은 모두 '없음'이다.

ㄷ. 분자로 이루어진 (나)는 공유 결합 물질이다.

04 고체 상태에서 전류가 흐르지 않고 액체 상태에서 전류가 흐르는 물질은 이온 결합 물질이다.

ㄴ. (가)는 고체 상태이고, 이온 결합 물질은 고체 상태에서 양이온과 음이온이 결합한 상태로 존재한다.

오답풀이 ㄱ. 구성 원자들이 전자쌍을 공유하여 결합을 형성한 물질은 공유 결합 물질이다.

ㄷ. 외부에서 힘을 가하면 넓게 펴지는 성질(전성)을 가진 물질은 금속이다.

05 A^+과 D^-의 전자 배치는 각각 $1s^2 2s^2 2p^6$이므로 A는 나트륨(Na), D는 플루오린(F)이고, B^-과 C^+의 전자 배치는 각각 $1s^2 2s^2 2p^6 3s^2 3p^6$

이므로 B는 염소(Cl), C는 칼륨(K)이다. 이온 사이의 거리가 가장 가까운 (나)는 AD이고, 이온 사이의 거리가 가장 먼 (다)는 CB이다. 물질 AB, (가)~(다)는 모두 이온 결합 물질이므로 (가)는 CD이다.

ㄱ. (가)는 CD, (다)는 CB이므로 (가)와 (다)에 포함된 양이온의 종류는 같다.

ㄷ. (다)에 포함된 양이온은 C^+이고, (나)에 포함된 양이온은 A^+이다. A와 C는 모두 1족 원소이므로 같은 족에서 원자 번호가 큰 C가 A보다 이온 반지름이 크다.

오답풀이 ㄴ. (가)는 CD, (나)는 AD이므로 음이온은 D^-으로 같다.

06 A는 플루오린(F), B는 산소(O), C는 나트륨(Na), D는 마그네슘(Mg)이다.

ㄱ. 원자 번호는 A(F)가 9, B(O)가 8이므로 A(F)가 B(O)보다 크다.

ㄴ. 원자 반지름은 C(Na)가 D(Mg)보다 크다.

오답풀이 ㄷ. 이온 결합 물질의 녹는점은 이온 사이의 거리가 가까울수록, 이온의 전하량이 클수록 정전기적 인력이 크므로 높다. 이온 사이의 거리는 CA(NaF)가 DB(MgO)보다 멀고, 이온의 전하량은 DB(MgO)가 CA(NaF)보다 크므로 녹는점은 DB(MgO)가 CA(NaF)보다 높다.

07 X는 탄소(C), Y는 알루미늄(Al), Z는 산소(O)이다.

ㄴ. Y는 금속인 알루미늄(Al)이므로 액체 상태에서 전기 전도성이 있다.

오답풀이 ㄱ. XZ_2는 공유 결합 물질인 이산화 탄소(CO_2)이므로 고체 상태에서 전기 전도성이 없다.

ㄷ. Y_2Z_3는 이온 결합 물질인 산화 알루미늄(Al_2O_3)이며, 실온에서 고체 상태로 존재한다.

08 b는 이온 결합이 형성되는 지점이며, 에너지가 가장 낮을 때 이온 결합이 형성된다.

ㄴ. k가 클수록 이온 결합이 강하므로 이온 결합 물질의 녹는점이 높다.

오답풀이 ㄱ. a에서 이온 사이의 반발력이 이온 사이의 인력보다 우세하다.

ㄷ. 이온의 전하량 곱이 같을 때, l이 클수록 이온 사이의 거리가 멀므로 이온 결합 물질의 녹는점이 낮다.

09 제시된 반응의 화학 반응식은 다음과 같다.

$$NH_4Cl + NaOH \longrightarrow NH_3 + NaCl + H_2O$$

따라서 (가)는 H_2O이다.

ㄱ. H_2O의 구성 원소는 H와 O 2가지이다.

오답풀이 ㄴ. H_2O은 공유 결합 물질이므로 양이온과 음이온의 정전기적 인력으로 결합된 물질이 아니다.

ㄷ. H_2O은 25 ℃, 1기압에서 액체 상태로 존재한다.

10 고체 상태에서 양이온과 음이온이 존재하는 물질은 CaO이다. 외부에서 힘을 가하면 구부러지는 물질은 Ca이고, 액체 상태에서 전류가 흐르는 물질은 Ca과 CaO이다.

ㄴ. (가)가 Ⅱ이면 ㉠은 Ca이고, 만약 (나)가 Ⅲ이면 Ca과 CaO은 모두 액체 상태에서 전류가 흐르므로 ㉡과 ㉢으로 분류할 수 없다. 따라서 (나)가 Ⅰ일 때 ㉡은 CaO, ㉢은 CO_2이므로 (가)가 Ⅱ이면 (나)는 Ⅰ이

가능하다.

ㄷ. ㉠이 CaO이면 (가)는 CaO이 해당하지 않는 기준이 되어야 하므로 Ⅱ이다.

오답 풀이 ㄱ. (가)가 Ⅰ이면 ㉠은 CaO이다.

11 A는 이온 결합 물질, B는 금속, C는 공유 결합 물질이다.

ㄱ. 고체 상태에서 전류가 흐르는 물질은 B 1가지이다.

오답 풀이 ㄴ. 외부에서 힘을 가했을 때 구부러지는 물질은 B 1가지이다.

ㄷ. 금속과 이온 결합 물질은 액체 상태에서 전하를 띤 입자의 이동이 자유로우므로 전류가 흐른다.

12 염화 나트륨(NaCl)과 설탕은 물에 녹고, 철가루와 유리 가루는 물에 녹지 않는다.

ㄷ. F는 유리 가루이며, 고체 상태에서 전기 전도성이 없다.

오답 풀이 ㄱ. D는 염화 나트륨(NaCl)과 설탕의 혼합물이다.

ㄴ. E는 철가루이므로 금속이다.

---

08 강 분자의 구조와 성질

기출 변형 문제   73~75쪽

| 01 ⑤ | 02 ⑤ | 03 ⑤ | 04 ③ | 05 ③ | 06 ② | 07 ④ |
| 08 ④ | 09 ④ | 10 ④ | 11 ④ | 12 ③ | | |

01 ㄱ. (가)는 N_2, (나)는 OF_2이므로 X는 질소(N), Y는 산소(O), Z는 플루오린(F)이다. 따라서 $Y_2(O_2)$에는 2중 결합이 있다.

ㄴ. (가)는 X(N) 원자 사이에 3중 결합이 있으므로 무극성 공유 결합이 있다.

ㄷ. (가)는 무극성 분자, (나)는 극성 분자이므로 분자의 쌍극자 모멘트는 (나)가 (가)보다 크다.

02 ㄱ. (가)는 C_2F_2, (나)는 ONF이고, W~Z는 각각 플루오린(F), 탄소(C), 산소(O), 질소(N)이다. 공유 전자쌍 수는 (가)가 5, (나)가 3이므로 (가)가 (나)보다 크다.

ㄴ. 비공유 전자쌍 수는 (가)와 (나)가 6으로 같다.

ㄷ. (가)는 무극성 분자, (나)는 극성 분자이므로 분자의 쌍극자 모멘트는 (나)가 (가)보다 크다.

03 ㄴ. (가)는 FCN, (나)는 ONF이고, (나)에서 N 원자에는 비공유 전자쌍이 있다.

ㄷ. 전기 음성도는 F>O>N>C이므로 (나)에서 N 원자는 F 또는 O와의 결합에서 모두 부분적인 양전하(δ^+)를 띤다.

오답 풀이 ㄱ. (가)는 극성 분자이므로 분자의 쌍극자 모멘트가 0이 아니다.

04 ㄷ. (가)는 H_2O, (나)는 N_2H_4, (다)는 CH_4이다. 결합각은 H_2O이 104.5°, CH_4이 109.5°이므로 (다)가 (가)보다 크다.

오답 풀이 ㄱ. (가)는 H_2O이므로 극성 분자이다.

ㄴ. (나)는 N_2H_4이므로 단일 결합만으로 이루어져 있다.

자료 분석 질소(N)의 수소 화합물의 구조식

분자식	NH_3	N_2H_4	N_2H_2
구조식	H-N̈-H ㅣ H	H-N̈-N̈-H ㅣ ㅣ H H	H-N̈=N̈-H

05 ㄱ. (가)는 C_2F_2, (나)는 OF_2이므로 비공유 전자쌍 수는 (가)가 6, (나)가 8이다.

ㄴ. (가)는 무극성 분자, (나)는 극성 분자이므로 분자의 쌍극자 모멘트는 (나)가 (가)보다 크다.

오답 풀이 ㄷ. (가)는 직선형 구조, (나)는 굽은 형 구조이므로 결합각은 (가)가 (나)보다 크다.

06 영역 Ⅰ~Ⅲ에 속하는 분자는 각각 (H_2O, CO_2), H_2O_2, O_2이다.

ㄴ. 영역 Ⅱ에 속하는 분자는 극성 공유 결합과 무극성 공유 결합이 모두 있어야 하므로 H_2O_2만 해당한다.

오답 풀이 ㄱ. O_2는 같은 원소 사이의 무극성 공유 결합으로 이루어진 분자이므로 영역 Ⅲ에 속한다.

ㄷ. 영역 Ⅲ에 속하는 분자는 O_2뿐이고, 비공유 전자쌍 수는 4, 공유 전자쌍 수는 2이므로 $\dfrac{비공유\ 전자쌍\ 수}{공유\ 전자쌍\ 수}=2$이다.

07 ㄴ. (나)는 무극성 분자, (다)는 극성 분자이므로 분자의 쌍극자 모멘트는 (다)가 (나)보다 크다.

ㄷ. (다)는 극성 분자이므로 기체 상태인 (다)에 전기장을 걸어 주었을 때 일정한 방향으로 배열된다.

오답 풀이 ㄱ. (가)는 CO_2, (나)는 CF_4, (다)는 COF_2이므로 입체 구조는 (나) 1가지이다.

08 3중 결합이 있는 분자는 C_2H_2, FCN, N_2 3가지이고, 극성 공유 결합이 있는 분자는 C_2H_2, $COCl_2$, FCN 3가지이다. 분자의 쌍극자 모멘트가 0인 분자는 C_2H_2과 N_2이므로 A가 (다)이고, B가 (나)일 때 ㉠은 C_2H_2, ㉡은 N_2로 분류된다. C가 (가)일 때 ㉢은 FCN, ㉣은 $COCl_2$로 4가지 물질이 각각 ㉠~㉣로 분류된다.

09 ㄱ. (가)는 FCN, (나)는 OF_2, (다)는 CO_2이다. CO_2에서 C 원자는 $a=0$, $b=2$이고, 2개의 O 원자는 각각 $a=2$, $b=1$이므로 $x=2$, $y=1$이다. 따라서 $\dfrac{x}{y}=2$이다.

ㄷ. $a=2$인 원자 수는 (나)가 1, (다)가 2이므로 (다)가 (나)보다 크다.

오답 풀이 ㄴ. (가)의 분자 구조는 직선형, (나)는 굽은 형이므로 결합각은 (가)가 (나)보다 크다.

자료 분석 각 원자의 비공유 전자쌍 수(a)와 각 원자에 결합한 원자 수(b)

구조식	$:\!\ddot{F}\!-\!C\!\equiv\!N\!:$			$:\!\ddot{F}\!-\!\ddot{O}\!-\!\ddot{F}\!:$			$\ddot{O}\!=\!C\!=\!\ddot{O}$		
a	3	0	1	3	2	3	2	0	2
b	1	2	1	1	2	1	1	2	1
$a+b$	4	2	2	4	4	4	3	2	3

10 ㄴ. W는 플루오린(F), X는 탄소(C), Y는 산소(O), Z는 질소(N)이다. ZW_3은 NF_3이므로 극성 분자이고, XW_4는 CF_4이므로 무극성 분자이다. 따라서 분자의 쌍극자 모멘트는 $ZW_3(NF_3)$이 $XW_4(CF_4)$보다 크다.

ㄷ. $Y_2(O_2)$와 $Z_2W_2(N_2F_2)$의 $\dfrac{\text{비공유 전자쌍 수}}{\text{공유 전자쌍 수}}$는 각각 $\dfrac{4}{2}$, $\dfrac{8}{4}$이므로 2로 같다.

오답풀이 ㄱ. α는 약 120°, β는 약 109.5°이므로 $\alpha > \beta$이다.

11 ㄱ. X~Z는 각각 C, O, F이고, (가)~(라)는 각각 CO_2, OF_2, CF_4, COF_2이다. (다)의 분자당 원자 수(x)는 5이고, (라)의 공유 전자쌍 수는 4, 비공유 전자쌍 수는 8이므로 $y=2$이다. 따라서 $x+y=7$이다.

ㄷ. (가)의 분자 구조는 직선형이고, (라)의 분자 구조는 평면 삼각형이므로 결합각은 (가)가 (라)보다 크다.

오답풀이 ㄴ. 다중 결합이 있는 분자는 (가)와 (라) 2가지이다.

12 ㄱ. CH_4의 분자 구조는 정사면체형, NH_3의 분자 구조는 삼각뿔형이므로 '입체 구조이다.'는 (가) 영역에 해당한다.

ㄴ. CH_4과 CO_2는 무극성 분자이므로 '분자의 쌍극자 모멘트가 0이다.'는 (나) 영역에 해당한다.

오답풀이 ㄷ. CH_4은 공유 전자쌍 수가 4, 비공유 전자쌍 수가 0이고, NH_3는 공유 전자쌍 수가 3, 비공유 전자쌍 수가 1이며, CO_2는 공유 전자쌍 수가 4, 비공유 전자쌍 수가 4이다. 따라서 $\dfrac{\text{비공유 전자쌍 수}}{\text{공유 전자쌍 수}}$는 CH_4이 0, NH_3가 $\dfrac{1}{3}$, CO_2가 1이므로 '$\dfrac{\text{비공유 전자쌍 수}}{\text{공유 전자쌍 수}} < 1$이다.'는 (다) 영역에 해당하지 않는다.

예상 적중 문제

76~80쪽

기본 개념 확인

01 2	02 3	03 N_2F_4	04 4	05 ONF	06 0	07 5	08 $2c+2$
09 2	10 무극성						

01 ③	02 ④	03 ①	04 ④	05 ⑤	06 ②	07 ①
08 ②	09 ⑤	10 ②				

01 모든 원자가 옥텟 규칙을 만족하므로 구성 원자 수가 3인 분자는 총 24개의 원자가 전자가 필요하다. (가)는 원자가 전자 수의 합이 20이

므로 부족한 4개의 전자는 전자쌍으로 공유해야 한다. 따라서 (가)는 공유 전자쌍 수가 2이고, 구조식은 $Y\!-\!\ddot{X}\!-\!Y$이다. 구성 원자 수가 4인 분자는 총 32개의 원자가 전자가 필요하다. (나)는 원자가 전자 수의 합이 26이므로 부족한 6개의 전자는 전자쌍으로 공유해야 한다. 따라서 (나)의 구조식은 $Y\!-\!\overset{\displaystyle |}{\underset{\displaystyle Y}{\ddot{Z}}}\!-\!Y$이다. X~Z는 각각 O, F, N이다.

ㄱ. 원자 번호는 X(O)가 8, Z(N)가 7이므로 X(O)가 Z(N)보다 크다.

ㄷ. 비공유 전자쌍 수는 (가)가 8, (나)가 10이므로 비공유 전자쌍 수의 비는 (가) : (나)=4 : 5이다.

오답풀이 ㄴ. (나)에는 단일 결합만 있다.

02 입체 구조인 분자는 CCl_4와 NCl_3이고, 무극성 분자는 BCl_3와 CCl_4이다. 따라서 ㉠~㉣은 각각 CCl_4, NCl_3, BCl_3, Cl_2O이다.

ㄴ. ㉡은 NCl_3, ㉢은 BCl_3이므로 ㉡과 ㉢의 분자당 공유 전자쌍 수는 3으로 같다.

ㄷ. ㉣은 Cl_2O이므로 공유 전자쌍 수는 2, 비공유 전자쌍 수는 8이고, $\dfrac{\text{비공유 전자쌍 수}}{\text{공유 전자쌍 수}}=4$이다.

오답풀이 ㄱ. ㉠은 CCl_4이므로 중심 원자에 비공유 전자쌍이 없다.

03 (나)는 FCN이고, 공유 전자쌍 수가 4, 비공유 전자쌍 수가 4이므로 $\dfrac{\text{비공유 전자쌍 수}}{\text{공유 전자쌍 수}}=1$이다. (가)는 $\dfrac{\text{비공유 전자쌍 수}}{\text{공유 전자쌍 수}}=\dfrac{14}{5}$이고, (다)는 $\dfrac{\text{비공유 전자쌍 수}}{\text{공유 전자쌍 수}}=\dfrac{6}{5}$이므로 (가)는 N_2F_4, (다)는 C_2F_2이다. 따라서 X~Z는 각각 N, F, C이고, 분자 (가)~(다)의 구조식은 각각 다음과 같다.

$$:\!\ddot{\underset{\ddot{F}:}{F}}\!\!-\!\!\ddot{N}\!\!-\!\!\ddot{N}\!\!-\!\!\ddot{\underset{:\ddot{F}}{F}}:\qquad :\!N\!\equiv\!C\!-\!\ddot{F}\!:\qquad :\!\ddot{F}\!-\!C\!\equiv\!C\!-\!\ddot{F}\!:$$

(가)　　　　　　(나)　　　　　(다)

ㄱ. X는 질소(N), Y는 플루오린(F)이므로 원자 번호는 Y(F)가 X(N)보다 크다.

오답풀이 ㄴ. (가)는 N_2F_4이므로 단일 결합만 있다.

ㄷ. (나)와 (다)는 직선형 구조이므로 결합각이 180°로 서로 같다.

04 (가)는 H_2O, (나)는 H_3O^+, (다)는 OH^-이다.

ㄱ. X(O)가 수소(H)보다 전기 음성도가 크므로 (가)에서 X 원자는 부분적인 음전하(δ^-)를 띤다.

ㄴ. (나)와 (다)가 반응할 때 화학 반응식은 다음과 같다.

$$H_3O^+ + OH^- \longrightarrow 2H_2O$$

따라서 (나) 1개와 (다) 1개가 반응하면 (가) 2개가 생성된다.

오답풀이 ㄷ. (가)는 비공유 전자쌍 수가 2, 공유 전자쌍 수가 2이므로 결합각은 104.5°이고, (나)는 비공유 전자쌍 수가 1, 공유 전자쌍 수가 3이므로 결합각이 104.5°보다 크다. 따라서 결합각은 (나)가 (가)보다 크다.

05 분자의 쌍극자 모멘트는 CO_2가 0이고, ONF와 FCN은 0보다 크다. 분자당 공유 전자쌍 수는 ONF가 3, CO_2가 4, FCN이 4이고,

분자당 비공유 전자쌍 수는 ONF가 6, CO_2가 4, FCN이 4이다. 따라서 (가)는 CO_2, (나)는 FCN, (다)는 ONF이다.

ㄱ. (가)는 CO_2이므로 C 원자와 O 원자 사이의 2중 결합이 2개 있다.

ㄴ. (나)는 FCN이므로 결합각은 180°이다.

ㄷ. 비공유 전자쌍 수는 (가)(CO_2)가 4, (다)(ONF)가 6이므로 (다)>(가)이다. 따라서 ㉠은 (다)이다.

06 W는 마그네슘(Mg), X는 플루오린(F), Y는 탄소(C), Z는 산소(O)이고, (가)는 C_2F_2, (나)는 COF_2, (다)는 OF_2이다.

ㄷ. 분자의 쌍극자 모멘트가 0이 아닌 것은 극성 분자이므로 (나), (다) 2가지이다.

오답풀이 ㄱ. (가)는 직선형, (나)는 평면 삼각형, (다)는 굽은 형 구조이므로 (가)~(다)는 모두 평면 구조이다.

ㄴ. 다중 결합이 있는 것은 (가)와 (나) 2가지이다.

07 (가)~(다)는 분자를 구성하는 원자 수의 비(X~Z : F)가 모두 1 : 2이다. X~Z가 2주기 원소이므로 이에 해당하는 분자는 C_2F_4, N_2F_4, OF_2이다. 공유 전자쌍 수는 C_2F_4가 6, N_2F_4가 5, OF_2가 2이므로 (가)는 OF_2, (나)는 C_2F_4, (다)는 N_2F_4이고, $a=1$, $b=c=2$이다.

ㄴ. (나)는 C_2F_4이므로 C 원자 사이에 무극성 공유 결합이 있다.

오답풀이 ㄱ. $a=1$, $c=2$이므로 $c>a$이다.

ㄷ. (다)는 N_2F_4이므로 단일 결합만 있다.

08 X_2Y_2의 구조식 (가)~(다)로부터 X는 공유 전자쌍 수가 3, 비공유 전자쌍 수가 1이므로 원자가 전자 수는 5이고, Y는 공유 전자쌍 수가 2, 비공유 전자쌍 수가 2이므로 원자가 전자 수는 6이다. 따라서 $a=5$, $b=6$, $c=3$, $d=2$이므로 $\dfrac{a}{b}+\dfrac{c}{d}=\dfrac{5}{6}+\dfrac{3}{2}=\dfrac{7}{3}$이다.

09 모든 원자가 옥텟 규칙을 만족하므로 ㉠에는 전자 4개가 있어야 하며, ㉡에는 전자 2개가 있어야 한다. 따라서 (가)는 CO_2, (나)는 ONF, (다)는 OF_2이다.

ㄱ. ㉠은 전자 4개, ㉡은 전자 2개이므로 전자의 수는 ㉠에서가 ㉡에서보다 크다.

ㄴ. 분자의 쌍극자 모멘트가 0이 아닌 것은 (나)와 (다) 2가지이다.

ㄷ. 중심 원자에 비공유 전자쌍이 있는 것은 (나)와 (다) 2가지이다.

10 극성 물질은 극성 용매에 녹고, 무극성 물질은 무극성 용매에 녹는다. (가)~(마)를 순서대로 수행했을 때, 사염화 탄소(CCl_4)와 물은 섞이지 않고, 물과 사이클로 헥세인(C_6H_{12})도 섞이지 않았으므로 사염화 탄소(CCl_4)와 사이클로 헥세인(C_6H_{12})은 무극성 용매이며, 물은 극성 용매이다. 아이오딘(I_2)은 무극성 용매인 사염화 탄소(CCl_4)에 녹아 보라색을 나타내고, 황산 구리($CuSO_4$)는 극성 용매인 물에 녹아 푸른색을 나타낸다. 각 단계 순서를 (가)-(다)-(라)-(나)-(마) 순으로 수행하면 아이오딘(I_2)은 사이클로 헥세인(C_6H_{12})에 녹아 보라색을 나타내며,

황산 구리($CuSO_4$)는 사이클로 헥세인(C_6H_{12})을 통과하여 물 층에 녹아 푸른색을 나타낸다. 따라서 아랫층은 무색(사염화 탄소), 중간층은 푸른색(물+$CuSO_4$), 윗층은 보라색(사이클로 헥세인+I_2)을 나타낸다.

대단원 예상 적중 자료 정리   81~82쪽

① 2 : 1　② 조연성　③ 환원　④ 산화　⑤ 이온의 전하량　⑥ 이온 사이의 거리　⑦ 낮은　⑧ 다원자 이온　⑨ 원자　⑩ H_2O　⑪ 공유　⑫ 2　⑬ 4　⑭ 3　⑮ 3　⑯ $\dfrac{14}{5}$　⑰ 1　⑱ 평면 삼각형　⑲ 굽은 형　⑳ 무극성　㉑ 극성　㉒ 5　㉓ 6　㉔ 극성　㉕ 4　㉖ 3　㉗ 2　㉘ 아이오딘　㉙ 황산 구리　㉚ 무극성　㉛ 무극성　㉜ 극성

Ⅳ. 역동적인 화학 반응

09 강 동적 평형

01 가역 반응은 반응 조건(온도, 농도, 압력)에 따라 정반응과 역반응이 모두 일어날 수 있는 반응이다.

ㄱ. 냄비 뚜껑에 물방울이 맺히는 현상은 $H_2O(g)$이 열을 방출하면서 액화되기 때문이다.

ㄴ. $H_2O(l)$은 열을 흡수하여 $H_2O(g)$로 기화된다.

ㄷ. 물의 상태 변화는 가역 반응이다.

02 (가)는 연소 반응으로 비가역 반응이고, (나)는 염화 코발트와 물이 반응하여 염화 코발트 육수화물을 생성하는 반응으로 가역 반응이다.

ㄴ, ㄷ. (나)는 $CoCl_2$(푸른색) + $6H_2O$ $\rightleftharpoons$ $CoCl_2 \cdot 6H_2O$(붉은색)으로 가역 반응이다. 붉은색 염화 코발트 종이를 건조시키면 물이 증발되면서 푸른색($CoCl_2$)을 띤다.

오답 풀이 ㄱ. 연소 반응은 비가역 반응이므로, 메테인의 연소 반응식은 $CH_4(g) + 2O_2(g) \longrightarrow CO_2(g) + 2H_2O(g)$이다.

03. ㄱ, ㄴ. (가)는 고체 양초가 액체 상태인 촛농이 되고, 다시 촛농이 굳어 양초로 되는 가역 반응이다. (나)는 연소 반응으로 비가역 반응이고, 연소 반응에서 반응물은 연료와 산소이다.

ㄷ. 연소 반응의 반응물은 연료인 양초와 산소이다.

04 온도가 일정할 때, 밀폐 용기 안의 액체의 증발 속도는 일정하다. 밀폐 공간에서 증발에 의해 에탄올 기체의 양이 증가함에 따라 액체 표면에서 일어나는 응축 속도가 빨라져 증발 속도와 응축 속도가 같아진다. ② 증발 속도는 일정하고, 평형 상태에 도달할 때까지 응축 속도는 빨라진다.

05 밀폐 용기에 물을 넣고 충분한 시간이 지났을 때, 증발하는 물 분자 수와 응축하는 물 분자 수가 같은 상태를 동적 평형 상태라고 한다.

ㄱ. (가)~(다)에서 증발하는 물 분자 수는 모두 같으므로 증발 속도는 일정하다.

ㄴ. (다)는 증발하는 물 분자 수와 응축하는 물 분자 수가 같으므로 동적 평형 상태이다.

오답 풀이 ㄷ. 동적 평형에 도달하기 전까지는 응축 속도가 점점 빨라지지만 동적 평형 상태에 도달하면 응축 속도는 일정하게 유지된다.

06 설탕이 물에 용해될 때 용해와 석출이 동시에 일어난다. 단, 포화 상태 이전까지는 용해 속도가 석출 속도보다 빠르고, 포화 상태에서는 용해 속도와 석출 속도가 같아진다.

ㄷ. (나)는 포화 상태의 설탕물이다. 설탕의 용해 속도와 석출 속도가 같으므로 설탕물의 농도는 일정하게 유지된다.

오답 풀이 ㄱ. (가)에 설탕을 더 넣으면 용해되므로 (가)는 불포화 용액이다. 따라서 설탕의 용해 속도가 석출 속도보다 빠르다.

ㄴ. (나)에서 겉보기에는 녹지 않은 설탕의 양에 변화가 없으나 실제로는 용해와 석출이 같은 속도로 끊임없이 진행된다.

07. $25\,°C$에서 물의 이온화 상수(K_w)=$[H_3O^+][OH^-]$=1.0×10^{-14}이고, pH=$-\log[H_3O^+]$이다.

ㄱ. (나)에서 $[H_3O^+][OH^-]$=$[H_3O^+] \times 1.0 \times 10^{-4}$=$1.0 \times 10^{-14}$이므로 ㉠은 1.0×10^{-10}이다.

ㄷ. (가)에서 $[H_3O^+]$는 1.0×10^{-3} M이므로, pH는 3이고, (나)에서 $[H_3O^+]$은 1.0×10^{-10} M이므로 pH는 10이다.

오답 풀이 ㄴ. (가)에서 $[H_3O^+] > [OH^-]$이므로 (가)는 산성이다.

08 ㄱ. (가)에서 pH=12이므로 $[H_3O^+]$=1.0×10^{-12} M이고, $[OH^-]$=1.0×10^{-2} M이다.

ㄴ. 0.01 M $NaOH(aq)$ 10 mL에 포함된 OH^-의 몰 수는
$$\frac{0.01몰}{1000\ mL} \times 10\ mL = 1.0 \times 10^{-4}몰이다.$$

ㄷ. 수용액 1 L에 OH^- 1.0×10^{-4}몰이 녹아 있는 $NaOH(aq)$의 몰 농도는 1.0×10^{-4} M이다. 따라서 pOH=4이다.

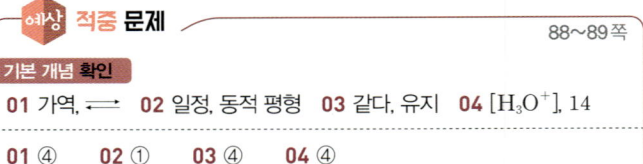

01 ㄱ. (가)는 석회수($Ca(OH)_2$)와 이산화 탄소(CO_2)가 반응하여 탄산 칼슘($CaCO_3$)이 생성되는 반응으로, 비가역 반응이다.

ㄴ. (나)는 석회 동굴의 생성 과정으로, 탄산 칼슘($CaCO_3$)이 지하수, 이산화 탄소와 반응하여 물에 잘 녹는 탄산수소 칼슘($Ca(HCO_3)_2$)이 된다. (다)는 종유석과 석순이 생성되는 반응으로, (나)의 역반응이다. 즉, 석회 동굴이 생성되는 반응은 가역 반응이다.

오답 풀이 ㄷ. (다)는 석회 동굴 내부의 $Ca(HCO_3)_2$에서 물과 이산화 탄소가 분리되면서 $CaCO_3$이 주성분인 종유석이 생성되는 과정이다.

02 온도가 일정한 밀폐 용기 안 액체의 증발 속도는 일정하고, 응축 속도는 동적 평형에 도달할 때까지 증가한다.

ㄱ. 시간이 지나도 속도가 일정한 ㉠은 에탄올의 증발 속도를 나타낸 것이다.

오답 풀이 ㄴ. $2a$초가 지났을 때 용기 내부의 $C_2H_5OH(g)$의 몰 수는 a초일 때보다 크다. 따라서 수은 기둥의 높이 차는 h_1보다 크다.

ㄷ. $3a$초일 때는 동적 평형 상태이다. 수은 기둥의 높이가 변하지 않는 것은 증발과 응축이 일어나지 않기 때문이 아니라 증발 속도와 응축 속도가 같기 때문이다.

03 포화 상태인 (가)에 용질을 더 넣었을 때, 용해 속도와 석출 속도가 같기 때문에 (가)와 (나)의 수용액에 녹아 있는 Cl^-의 몰 수는 같다. $^{39}KCl(s)$가 녹아 있는 포화 용액에 $^{41}KCl(s)$을 더 넣으면 동적 평형 상태를 유지한다. 따라서 (가)의 수용액에 녹아 있는 $^{39}K^+$의 몰 수와 (나)의 수용액에 녹아 있는 $^{39}K^+$과 $^{41}K^+$의 몰 수의 합은 같다.

오답풀이 (가)와 (나)의 수용액은 모두 동적 평형 상태인 포화 용액이다. 따라서 용해되는 $^{39}KCl(s)$ 또는 $^{41}KCl(s)$이 없는 것이 아니라 용질의 용해 속도와 석출 속도가 같기 때문에 겉보기에는 변화가 없는 것처럼 보인다.

04 25 ℃에서 pH+pOH=14이고, 몰 농도가 M, 부피가 V(L)인 $HA(aq)$에서 용해된 H_3O^+의 몰 수는 MV(몰)이다.

ㄱ. pH+pOH=14이므로 pH=3이면, pOH=11이다.

ㄷ. (나)에서 0.01 M $HCl(aq)$ 100 mL에 포함된 H_3O^+의 몰 수는 0.01 M × 0.1 L=0.001몰이다.

(다)는 (나)에 증류수를 넣어 용액의 부피를 0.5 L로 만들었으므로, (다)의 몰 농도는 $\frac{0.001몰}{0.5\,L}$=0.002 M이다. 따라서 pH=$-\log(2 \times 10^{-3})$=$3-\log2$=2.7이다.

오답풀이 ㄴ. (다)의 몰 농도는 0.002 M이다.

기출 변형 문제   92~93쪽

01 ④   **02** ⑤   **03** ①   **04** ⑤   **05** ⑤   **06** ④   **07** ①
08 ①

01 브뢴스테드-로리의 산은 H^+을 주는 물질이고, 염기는 H^+을 받는 물질이다.

ㄱ. HA는 수용액에서 이온화하여 H^+을 내놓으므로 아레니우스 산이다.

ㄴ. HA와 H_2O의 반응에서 H_2O은 H^+을 받아 H_3O^+이 되므로, H_2O은 브뢴스테드-로리 염기이다.

$$HA + H_2O \rightleftharpoons A^- + H_3O^+$$

오답풀이 ㄷ. BOH은 물에서 이온화하여 OH^-을 내놓으므로 수용액은 염기성이다. 따라서 pOH<7이다.

02 ㄱ. 아레니우스 산은 물에 녹아 이온화하여 H^+을 내놓은 물질이다. $HCl(g)$는 물에 녹아 H^+을 내놓으므로 아레니우스 산이다.

ㄴ. NH_3가 물에 녹으면 OH^-이 생성되므로 NH_3 수용액은 염기성이다.

ㄷ. 브뢴스테드-로리 산은 H^+을 주는 물질이고, 염기는 H^+을 받는 물질이다. NH_3는 H^+을 받으므로 브뢴스테드-로리 염기이다.

03 ㄱ. (가)에서 HBr는 물에서 이온화하여 H^+을 내놓으므로 아레니우스 산이다.

오답풀이 ㄴ. (나)에서 H_2O은 CH_3COO^-에게 H^+을 주므로 브뢴스테드-로리 산이고, CH_3COO^-은 H_2O로부터 H^+을 받으므로 브뢴스테드-로리 염기이다.

ㄷ. (다)에서 H_2O은 NH_2^-에게 H^+을 주므로 브뢴스테드-로리 산이고, NH_2^-은 H_2O로부터 H^+을 받으므로 브뢴스테드-로리 염기이다.

04 ㄴ. ⓒ인 H_2SO_4은 물에서 이온화하여 H^+을 내놓으므로 아레니우스 산이다. 즉, ⓒ은 영역 Ⅱ에 속한다.

ㄷ. ㉠인 $HCOO^-$은 H_2O로부터 H^+을 받으므로 브뢴스테드-로리 염기이고, ㉣인 NH_3는 H_3O^+로부터 H^+을 받으므로 브뢴스테드-로리 염기이다. 즉, 영역 Ⅲ에 속하는 물질은 2가지이다.

오답풀이 ㄱ. ⓛ인 HF는 물에서 이온화하여 H^+을 내놓으므로 아레니우스 산이다. 즉, ⓛ은 영역 Ⅱ에 속한다.

05 ㄱ. H_2SO_4이 이온화하여 생성된 H^+과 SO_4^{2-}의 개수 비는 2 : 1이므로 a는 H^+이고, b는 SO_4^{2-}이다.

ㄴ. A를 넣을 때, H^+ 1개가 감소하고 c 1개가 생성된다. 따라서 A는 양이온과 음이온의 비가 1 : 1인 $NaOH(aq)$이고, B는 $Ba(OH)_2(aq)$이다. B를 넣은 (나)에서는 H^+ 2개와 SO_4^{2-} 1개가 감소한다. $Ba(OH)_2$는 양이온과 음이온의 비가 1 : 2이고, Ba^{2+}은 SO_4^{2-}과 반응하여 앙금인 $BaSO_4$을 생성한다.

ㄷ. (가)에서 H^+ 1개가 감소하고 (나)에서 H^+ 2개가 감소하므로, 생성된 H_2O 분자 수의 비는 1 : 2이다.

06 ㄱ. $KOH(aq)$에 $HCl(aq)$을 넣을 때 감소하는 이온 A는 OH^-

이다.

ㄴ. KOH(aq)에 HCl(aq)을 넣을 때, KOH(aq)에 포함된 OH⁻이 모두 HCl(aq)의 H⁺과 반응해야 중화점에 도달하므로 $n_1 M_1 V_1 = n_2 M_2 V_2$이다. OH⁻의 개수가 0이 되는 지점이 중화점이며, 중화 반응의 양적 관계에서 $1 \times 0.1 \times 50 = 1 \times x \times 100$, $x = 0.05$이다.

오답풀이 ㄷ. (가)와 (나)는 중화점에 도달하기 이전이므로 수용액 속의 총 이온 수는 같다.

07 HA(aq)와 BOH(aq)의 혼합 용액에서 혼합 용액에 존재하는 총 이온 수는 수용액의 액성이 산성이면 혼합 전 HA(aq)의 총 이온 수와 같고, 염기성이면 혼합 전 BOH(aq)의 총 이온 수와 같다.

ㄱ. 실험 Ⅰ에서 혼합 용액의 액성이 염기성이므로 NaOH(aq) 50 mL의 총 이온 수는 15N이고, 실험 Ⅱ에서 혼합 용액이 산성이므로 HCl(aq) 50 mL의 총 이온 수는 10N이다. 따라서 HCl(aq)과 NaOH(aq)의 몰 농도 비는 2 : 3이다.

오답풀이 ㄴ. HCl(aq)과 NaOH(aq)의 몰 농도 비는 2 : 3이므로 각 수용액 10 mL에 포함된 H⁺과 OH⁻을 각각 2N, 3N이라고 하면 실험 Ⅰ과 Ⅱ에서는 각각 4N과 6N의 H₂O이 생성된다. 따라서 실험 Ⅰ과 Ⅱ에서 생성된 물 분자 수의 비는 2 : 3이다.

ㄷ. 실험 Ⅰ에서는 HCl(aq) 20 mL와 NaOH(aq) 50 mL를 혼합하므로, 수용액에 존재하는 Na⁺과 Cl⁻의 개수 비는 $3N \times 5 : 2N \times 2 = 15 : 4$이다.

08 0.2 M H₂SO₄(aq) 50 mL에 포함된 H⁺은 0.02몰, 0.1 M NaOH(aq) 200 mL에 포함된 OH⁻은 0.02몰, 0.1 M HCl(aq) 100 mL에 포함된 H⁺은 0.01몰이다.

ㄱ. (나)에서 반응 후 OH⁻ 0.01몰이 남는다. (나)에 H⁺ 0.02몰을 가한 수용액 (가)의 액성은 산성이다.

오답풀이 ㄴ. (나)에서 H₂O 0.01몰이 생성되고, (다)에서 H₂O 0.02몰이 생성된다. 따라서 생성된 물 분자 수는 (나) < (다)이다.

ㄷ. (나)는 염기성, (다)는 중성이므로 pH는 (나) > (다)이다.

01 아레니우스 산은 물에서 이온화하여 H⁺을 내놓은 물질이고, 아레니우스 염기는 물에서 이온화하여 OH⁻을 내는 물질이다.

(가)에서 HCOOH은 물에서 이온화하여 H⁺을 내놓으므로 아레니우스 산이다.

(나)에서 암모니아(NH₃) 수용액에 OH⁻이 존재하므로 수용액은 염기성이다.

오답풀이 암모니아 수용액에는 OH⁻이 존재하지만 NH₃가 이온화하여 OH⁻을 내놓은 것이 아니므로 NH₃는 아레니우스 염기가 아니다.

02 ㄴ. x M HCl(aq) 100 mL를 1 M NaOH(aq)으로 적정하여 중화점까지 50 mL를 넣었을 때, x M HCl(aq) 100 mL에 포함된 H⁺의 개수와 1 M NaOH(aq) 50 mL에 포함된 OH⁻의 개수는 같다.
즉, $1 \times x \times 100 = 1 \times 1 \times 50$에서 $x = 0.5$이므로 HCl(aq)의 몰 농도는 0.5 M이다.

ㄷ. 과정 (나)에서 삼각 플라스크에 NaOH(aq)을 조금씩 떨어뜨리므로 혼합 용액의 pH는 점점 증가한다.

오답풀이 ㄱ. 실험에 사용한 표준 용액은 1 M NaOH(aq)이고, 표준 용액으로 적정할 때는 정밀한 부피 측정 기구인 뷰렛을 사용한다.

03 ㄱ, ㄴ. 0.1 M HCl(aq) 1 mL에 존재하는 H⁺의 개수를 a, x M NaOH(aq) 1 mL에 존재하는 OH⁻의 개수를 b라고 하자.
(가)와 (나)가 모두 산성이면 $30a - 50b = n$, $40a - 100b = 2n$인데, 두 식은 성립하지 않는다. 염기성인 경우에도 마찬가지이다. 따라서 (가)는 산성이고, (나)는 염기성이다.

(가)에서 $30a - 50b = n$, (나)에서 $100b - 40a = 2n$이 된다. 따라서 $a = \frac{n}{5}$, $b = \frac{n}{10}$이므로 HCl(aq)과 NaOH(aq)의 몰 농도 비는 2 : 1이다.

HCl(aq)의 몰 농도가 0.1 M이므로 NaOH(aq)의 몰 농도는 0.05 M이다. 따라서 x는 0.05이다.

오답풀이 ㄷ. $a = \frac{n}{5}$, $b = \frac{n}{10}$이므로 HCl(aq) 30 mL에 포함된 H⁺은 6n, NaOH(aq) 100 mL에 포함된 OH⁻은 10n으로 두 용액을 혼합하면 물 6n이 생성되고, OH⁻ 4n이 남게 된다. 따라서 y는 4이다.

04 ㄱ. (가)와 (나) 모두 이온 수의 비가 2 : 1 : 1이므로 (가)는 산성, (나)는 염기성이다. 즉, (가)는 Cl⁻ : H⁺ : Na⁺ = 2 : 1 : 1이고, (나)는 Na⁺ : OH⁻ : Cl⁻ = 2 : 1 : 1이다.

(가)에서 1 M HCl(aq) 10 mL에 x M NaOH(aq) 10 mL를 넣었을 때 Cl⁻ : H⁺ : Na⁺ = 2 : 1 : 1이므로, 중화점은 x M NaOH(aq) 20 mL를 넣었을 때이다. 따라서 $x = 0.5$이다.

오답풀이 ㄴ. HCl(aq)과 NaOH(aq)의 혼합 용액에서 혼합 용액에 존재하는 총 이온 수는 수용액의 액성이 산성이면 혼합 전 HCl(aq)의 총 이온 수와 같고, 염기성이면 혼합 전 NaOH(aq)의 총 이온 수와 같다.
(가)는 산성이므로 총 이온 수는 1 M HCl(aq) 10 mL에 들어 있는 이온 수와 같고, (나)는 염기성이므로 총 이온 수는 0.5 M NaOH(aq) 40 mL에 들어 있는 이온 수와 같다.
따라서 총 이온 수는 (가) : (나) = 1 M × 10 mL : 0.5 M × 40 mL = 1 : 2이다.

ㄷ. (나)에서 1 M HCl(aq) 10 mL에는 H⁺ 0.01몰이 들어 있고, 0.5 M NaOH(aq) 40 mL에는 OH⁻ 0.02몰이 들어 있다. 따라서 (나)에 존재하는 OH⁻은 0.01몰이다. 1 M HCl(aq) 10 mL에 들어 있는 H⁺은

0.01몰이므로, (나)에 1 M HCl(aq) 10 mL를 넣으면 혼합 용액은 중성이 된다.

05 HCl(aq)과 NaOH(aq)의 반응에서 중화점까지는 총 이온 수가 일정하고, 중화점을 지나면 총 이온 수가 증가한다.
ㄱ. 실험 Ⅰ에서 중화점까지 넣어 준 x M NaOH(aq)은 5 mL이다. 따라서 $1 \times 0.1\,\text{M} \times 20\,\text{mL} = 1 \times x\,\text{M} \times 5\,\text{mL}$, $x = 0.4$이다.
실험 Ⅱ에서 중화점까지 넣어 준 y M NaOH(aq)은 10 mL이다. 따라서 $1 \times 0.1\,\text{M} \times 20\,\text{mL} = 1 \times y\,\text{M} \times 10\,\text{mL}$, $y = 0.2$이다.
ㄴ. Na$^+$은 구경꾼 이온이므로 Na$^+$의 개수 비는 (가) : (나) $= 0.4\,\text{M} \times 10\,\text{mL} : 0.2\,\text{M} \times 20\,\text{mL} = 1 : 1$이다.
오답풀이 ㄷ. (가)와 (나)에 존재하는 OH$^-$의 수는 같지만 혼합 용액의 부피가 다르므로 pOH는 서로 다르다.

06 중화 반응에서 혼합 용액의 양이온 수는 혼합 용액의 액성이 산성이면 혼합 전 산 수용액에 포함된 H$^+$ 수와 같고, 염기성이면 혼합 전 염기 수용액에 포함된 양이온 수와 같다.
(가)를 산성이라고 가정하면 H$_2$SO$_4$(aq) 10 mL에는 H$^+$ $4N$이 들어 있으며, (나)에서 H$_2$SO$_4$(aq) 20 mL이므로 H$^+$ $8N$이 들어 있어야 한다. 하지만 (나)의 혼합 용액의 양이온 수는 $2N$이므로 (가)는 산성이 될 수 없다. 따라서 (가)는 염기성이다.
(나)를 염기성이라고 가정하면 KOH(aq) 20 mL에는 K$^+$ $2N$이 들어 있으며, (다)에서 KOH(aq) 40 mL이므로 K$^+$ $4N$이 들어 있고, NaOH(aq) 60 mL에는 Na$^+$ $4N$이 들어 있다. 하지만 (다)의 혼합 용액의 양이온 수는 $5N$이므로 (나)는 염기성이 될 수 없다. 따라서 (나)는 산성이다.
(가)는 염기성이므로 NaOH(aq) 60 mL에는 Na$^+$ $4N$이 들어 있다.
(나)는 산성이므로 H$_2$SO$_4$(aq) 20 mL에는 H$^+$ $2N$이 들어 있다.
(다)에서 H$_2$SO$_4$(aq) 30 mL에는 H$^+$ $3N$이 들어 있고 NaOH(aq) 60 mL에는 Na$^+$ $4N$이 들어 있다. 그런데 혼합 용액의 양이온 수는 $5N$이므로 KOH(aq) 40 mL에는 K$^+$ $1N$이 들어 있음을 알 수 있다. 즉 (다)는 염기성이다.
ㄴ. 혼합 용액 (가)에서는 H$^+$ N과 OH$^-$ $4N$이 반응하여 H$_2$O N이 생성되고, 혼합 용액 (나)에서는 H$^+$ $2N$과 OH$^-$ $0.5N$이 반응하여 H$_2$O $0.5N$이 생성된다. 따라서 생성된 물 분자의 개수 비는 (가) : (나) $= 2 : 1$이다.
오답풀이 ㄱ. (가)는 염기성이므로, pH는 7보다 크다.
ㄷ. H$_2$SO$_4$(aq) 20 mL에는 H$^+$ $2N$이 들어 있지만 H$_2$SO$_4$ 1분자가 H$^+$ 2개를 생성한다. KOH(aq) 40 mL에는 K$^+$ $1N$이 들어 있다. 따라서 H$_2$SO$_4$(aq)과 KOH(aq)의 몰 농도 비는 $\left(\dfrac{1}{2} \times \dfrac{2N}{20} \right) : \dfrac{N}{40} = 2 : 1$이다.

07 HCl(aq)과 Ba(OH)$_2$(aq)의 혼합 용액에서 Cl$^-$과 Ba^{2+}의 개수는 각각 HCl(aq)과 Ba(OH)$_2$(aq)의 부피에 비례한다. (가)는 혼합 용액의 총 부피가 40 mL이고, (나)는 160 mL이다. 따라서 단위 부피를 40 mL라 하면 (가)에 포함된 이온은 🟨 2개, 🟠 2개, 🔷 2개이고, (나)에 포함된 이온은 🟨 4개, 🟠 12개, ⭐ 4개이다.

ㄱ. HCl(aq)의 부피는 (가)와 (나)에서 각각 20 mL, 120 mL이다. 따라서 🟠는 (가)와 (나)에서 각각 2개, 12개이므로 Cl$^-$이다.
Ba(OH)$_2$(aq)의 부피는 (가)와 (나)에서 각각 20 mL, 40 mL이다. 따라서 (가)와 (나)에서 각각 2개, 4개인 🟨는 Ba^{2+}이다.
(가)에는 있으나 (나)에는 없는 🔷는 OH$^-$이고, (나)에만 존재하는 ⭐는 H$^+$이다.
오답풀이 ㄴ. (가)에서 HCl(aq)과 Ba(OH)$_2$(aq)의 부피가 20 mL로 같고, Cl$^-$과 Ba^{2+}의 수도 2개로 같으므로 몰 농도는 같다.
ㄷ. Ba(OH)$_2$(aq) 20 mL에 포함된 이온은 Ba^{2+} 2개, OH$^-$ 4개이다. 따라서 H$^+$ 4개가 포함된 (나)에 Ba(OH)$_2$(aq) 20 mL를 가하면 중성이 된다.

08 ㄱ. NaOH(aq)를 넣을 때 점점 증가하는 A 이온은 Na$^+$이다.
단위 부피를 1 mL라고 할 때 반응 전 B 이온의 개수는 $6N/\text{mL} \times 40\,\text{mL} = 240N$이고, NaOH($aq$) 20 mL를 넣을 때는 $4N/\text{mL} \times (40+20)\,\text{mL} = 240N$으로 같다. 따라서 B 이온은 Cl$^-$이다.
ㄴ. Na$^+$과 Cl$^-$의 개수가 같은 지점이 중화점이며, Cl$^-$의 개수는 일정하므로 중화점에서도 $240N$이다. 따라서 $240N = xN/\text{mL} \times (40+60)\,\text{mL}$, $x = 2.4$이다.
ㄷ. NaOH(aq) 60 mL에는 Na$^+$ $240N$, OH$^-$ $240N$이 들어 있으므로, NaOH(aq) 160 mL에는 Na$^+$ $640N$, OH$^-$ $640N$이 들어 있다. 수용액의 액성이 염기성이므로 혼합 용액에 존재하는 이온의 총 개수는 $1280N$이며, 단위 부피당 총 이온 수는 $\dfrac{1280N}{200\,\text{mL}} = 6.4N/\text{mL}$이다.

11강 산화 환원 반응과 화학 반응에서 출입하는 열

기출 변형 문제

101~103쪽

01 ⑤ **02** ④ **03** ② **04** ③ **05** ④ **06** ③ **07** ③
08 ⑤ **09** ④ **10** ② **11** ④ **12** ⑤

01 ㄱ. (가)에서 C가 O_2를 얻어 CO_2가 되므로 C는 산화된다. O_2에서 O의 산화수는 0인데, CO_2에서 O의 산화수는 -2이므로 O의 산화수는 감소한다. 따라서 O_2는 환원된다.
ㄴ. (나)에서 Fe_2O_3은 산소를 잃어 Fe로 환원되고, CO는 산소를 얻어 CO_2로 산화된다. 산화제는 다른 물질을 산화시키고 자신은 환원되는 물질이므로, Fe_2O_3은 산화제이다.
ㄷ. (다)의 $C_6H_{12}O_6$에서 C의 산화수는 0이고, CO_2에서 C의 산화수는 $+4$이므로, C의 산화수는 증가한다. 따라서 $C_6H_{12}O_6$은 산화된다.

02 화합물을 이루는 각 원자의 산화수의 합은 0이다.
ㄴ. $CaCO_3$에서 Ca의 산화수는 $+2$, O의 산화수는 -2이므로, C의 산화수를 x라고 하면 $(+2) \times 1 + x \times 1 + (-2) \times 3 = 0$에서 $x = +4$이다. 따라서 $CaCO_3$에서 C의 산화수는 $+4$이다.
ㄷ. HClO는 H—O—Cl이고 전기 음성도가 O>Cl이므로 Cl의 산화수는 $+1$이다. 따라서 Cl_2, HCl, HClO에서 Cl의 산화수는 각각 0, -1, $+1$이다.
오답 풀이 ㄱ. (나)는 각 원자들의 산화수 변화가 없으므로 산화 환원 반응이 아니다. 산화 환원 반응은 (가)와 (다)로, 2가지이다.

03 ㄴ. (가)의 NH_3에서 N의 산화수는 -3이고, N_2에서 N의 산화수 0이므로, NH_3는 산화된다. 즉, NH_3는 자신이 산화되면서 다른 물질을 환원시키는 환원제이다.
오답 풀이 ㄱ. (가)의 NO, NO_2, NH_3, N_2에서 N의 산화수는 각각 $+2$, $+4$, -3, 0이다. 따라서 (최고 산화수$-$최저 산화수)$=+4-(-3)=7$이다.
ㄷ. (나)에서 H_2SO_4을 이루는 H, S, O의 산화수는 반응 전후 변화가 없으므로, H_2SO_4은 산화제나 환원제가 아니다. H_2O_2는 환원되므로 산화제이고, KI은 산화되므로 환원제이다.

04 산화되는 물질과 환원되는 물질 사이에 이동하는 전자 수는 같으므로 알짜 이온 반응식은 $2Ag^+ + Fe \longrightarrow 2Ag + Fe^{2+}$이다.
ㄷ. Ag^+ 2몰이 환원되면 Fe^{2+} 1몰이 생성되므로 수용액 속 양이온 수는 반응 전이 반응 후보다 크다.
오답 풀이 ㄱ. Ag^+ 2몰이 전자 2몰을 받고, Fe 1몰은 전자 2몰을 내놓으므로 $a = 2$이다.
$$2AgNO_3(aq) + Fe(s) \longrightarrow 2Ag(s) + Fe(NO_3)_2(aq)$$
ㄴ. Fe은 전자를 잃고 Fe^{2+}으로 산화되므로, Fe은 자신은 산화되고, $AgNO_3$을 환원시키는 환원제이다.

05 금속 양이온과 금속의 산화 환원 반응에서 양이온과 음이온의 총 전하량 합은 0이므로, 양이온의 총 전하량에는 변화가 없다.

ㄱ. XNO_3 수용액에서 X 이온은 $+1$가이다. (가)에서 X^+과 금속 Y의 반응 개수비가 $3 : 1$이므로 Y 이온은 $+3$가이다. 따라서 Y의 산화수는 $+3$이다.
ㄷ. (가)에 금속 Z를 넣어주면 XNO_3의 X^+은 전자를 얻어 환원되고, Z는 전자를 잃고 산화된다. 따라서 XNO_3는 자신은 환원되면서 다른 물질을 산화시키는 산화제이다.
오답 풀이 ㄴ. $XNO_3(aq)$에 금속 Y를 넣어주면 X^+과 Y가 반응하므로 Y가 X보다 산화되기 쉽다. (가)에 금속 Z를 넣었을 때 X^+과 Z가 반응하므로 Z가 X보다 산화되기 쉽다. 그러나 (나)에서 금속 Z가 남아 있어도 Y^{3+}이 반응하지 않으므로 Y가 Z보다 산화되기 쉽다.
따라서 산화되기 쉬운 정도는 Y>Z>X이다.

06 반응물과 생성물에 있는 원자의 종류와 개수가 같도록 화학 반응식을 완성하면 다음과 같다.
$$3Ag_2S + 2Al \longrightarrow 6Ag + Al_2S_3$$
ㄷ. 0.03몰의 Ag_2S과 반응하는 Al은 0.02몰이다. Al의 원자량이 27이므로 Al 0.02몰은 0.54 g이 된다.
오답 풀이 ㄱ. a는 3, b는 2, c는 6, d는 1이므로, $a+c=9$이다.
ㄴ. Ag_2S에서 Ag의 산화수는 감소하므로 Ag_2S은 환원된다. 따라서 Ag_2S은 자신은 환원되면서 다른 물질을 산화시키는 산화제이다.

07 ㄷ. (가)에서 반응한 B 원자 수는 $2N$이고, 전체 이온 수는 $4N$이므로 남아 있는 A 이온은 $2N$이다. 그런데 반응 전 A 이온은 $8N$이므로 금속 B $2N$과 A 이온 $6N$이 반응함을 알 수 있다.
A 이온과 금속 B가 $3 : 1$의 개수 비로 반응하므로, A 이온과 B 이온의 산화수 비는 $1 : 3$이다.
오답 풀이 ㄱ. 이온 A를 포함한 수용액에 금속 B를 넣었을 때, 전체 금속 이온 수가 감소하므로 A 이온은 전자를 얻어 환원되고, 금속 B는 전자를 잃고 산화된다. 따라서 금속 B는 자신은 산화되면서 다른 물질을 환원시키는 환원제이다.
ㄴ. (가)에서 금속 B $2N$과 A 이온 $6N$이 반응하므로 석출된 금속 A는 $6N$이다.

08 금속염 수용액에 금속 막대를 넣었을 때, 금속 막대의 질량 변화나 금속염 수용액의 밀도 변화 또는 색 변화 등이 나타날 때는 산화 환원 반응이 진행된 것이다.
ㄱ. B 이온이 녹아 있는 수용액에 금속 A 막대를 넣었을 때, 이온의 개수는 일정하지만 금속 A 막대의 질량은 감소한다. 따라서 A가 B보다 산화되기 쉽다.
ㄴ. (가)에서 혼합 용액의 전체 이온 수가 일정하므로 A 이온과 B 이온의 산화수는 같다. (나)에서 혼합 용액의 전체 이온 수가 감소하므로 B 이온의 산화수는 C 이온의 산화수보다 크다. 따라서 A 이온의 산화수는 C 이온의 산화수보다 크다.
ㄷ. (가)에서 A 이온과 B 이온의 산화수는 같은데, 금속 B가 석출되어 달라붙는 금속 A의 질량은 감소한다. 따라서 원자량은 A>B이다.

09 산화 환원 반응식에서 증가한 산화수와 감소한 산화수는 같아야

한다.

ㄱ. H_2SO_3과 I_2의 산화 환원 반응식은 다음과 같다.
$$H_2SO_3 + I_2 + H_2O \longrightarrow H_2SO_4 + 2I^- + 2H^+$$
따라서 $a=1$, $b=2$, $c=2$이므로, $a+b+c=5$이다.

ㄷ. H_2SO_3에서 S의 산화수는 $+4$이고, H_2SO_4에서 S의 산화수는 $+6$이다.

오답풀이 ㄴ. I_2은 I^-으로 환원되므로, I_2은 자신은 환원되면서 다른 물질을 산화시키는 산화제이다.

10 (가)의 화학 반응식을 완성시키면 다음과 같다.
$$5H_2O_2 + 2MnO_4^- + 6H^+ \longrightarrow 5O_2 + 2Mn^{2+} + 8H_2O$$
ㄴ. (가)의 MnO_4^-에서 Mn의 산화수를 x라 하면 $x \times 1 + (-2) \times 4 = -1$, $x=+7$이다. 따라서 Mn의 산화수는 $+7$에서 $+2$로 감소한다.

오답풀이 ㄱ. $a=5$, $b=2$, $c=6$, $d=8$이다.
ㄷ. (나)의 HCl에서 H와 Cl의 산화수는 변화가 없으므로, 산화제나 환원제가 아니다. (나)의 H_2O_2는 환원되므로 산화제이고, I^-은 산화되므로 환원제이다.

11 (가)는 연소, (나)는 호흡, (다)는 중화 반응이다.
ㄱ. 연소, 호흡, 중화 반응은 모두 발열 반응이다.
ㄴ. 발열 반응이 일어날 때 열을 방출하므로 주위의 온도가 높아진다.

오답풀이 ㄷ. 발열 반응에서는 생성물의 에너지 합이 반응물의 에너지 합보다 작다.

12 ㄱ. 기체가 고체로 승화할 때는 에너지를 방출하므로 주위의 온도가 높아지고, 고체가 기체로 승화할 때는 에너지를 흡수하여 주위에 온도가 낮아진다. 즉, ㉠은 발열 반응, ㉡은 흡열 반응이다.
ㄴ. $I_2(g)$이 $I_2(s)$으로 될 때 열을 방출하므로, $I_2(g)$의 에너지가 $I_2(s)$의 에너지보다 크다.
ㄷ. ㉢에서 에탄올이 연소하면서 주위의 온도는 높아진다.

 적중 **문제**

104~107쪽

기본 개념 확인

01 -2, -1, $+1$ **02** 2, $+5$, $+2$ **03** $\dfrac{V}{24}$, 1, 2 **04** 1, 3, 2, 3 **05** m, n **06** $2n$ **07** 흡수, 낮아, 방출, 높아 **08** 질량

01 ② **02** ⑤ **03** ④ **04** ⑤ **05** ④ **06** ① **07** ⑤
08 ⑤

01 ㄴ. (나)의 H_2O_2, H_2O, O_2에서 산소(O)의 산화수는 각각 -1, -2, 0이다.

오답풀이 ㄱ. (가)의 MnO_2에서 Mn의 산화수는 $+4$이고, $MnCl_2$에서 Mn의 산화수는 $+2$이므로, MnO_2은 환원된다. 즉, MnO_2은 자신은 환원되면서 다른 물질을 산화시키는 산화제이다.

ㄷ. (다)의 CO_2에서 O의 산화수는 -2이므로, C의 산화수는 $+4$이다. $CaCO_3$에서 Ca의 산화수는 $+2$, O의 산화수는 -2이므로, C의 산화수를 x라고 하면 $(+2) \times 1 + x \times 1 + (-2) \times 3 = 0$에서 $x=+4$이다. 따라서 $CaCO_3$에서 C의 산화수는 $+4$이다.

02 ㄱ. 산화 환원 반응식에서 증가하는 산화수의 합과 감소하는 산화수의 합이 같아야 한다. Cu가 Cu^{2+}으로 될 때 Cu의 산화수는 2만큼 증가하고, NO_3^-이 NO가 될 때 N의 산화수는 3만큼 감소한다. 따라서 Cu의 계수 a는 3이고 NO_3^-의 계수 b는 2이다. 따라서 $a+b=5$이다.
ㄴ, ㄷ. 산화 환원 반응식을 완성하는 과정에서 증가하는 산화수와 감소하는 산화수가 같도록 계수를 정하고, H_2O을 이용하여 O의 계수를 맞추며, 반응 전 H^+을 이용하여 수소 원자의 개수가 같도록 한다. 따라서 (가)는 H^+이고, $c=8$이다.
$$3Cu + 2NO_3^- + 8H^+ \longrightarrow 3Cu^{2+} + 2NO + 4H_2O$$

03 ㄴ. 주어진 그래프에서 금속 M 0.02몰이 반응할 때 생성되는 수소(H_2)의 부피는 0.72 L이다. H_2 24 L가 1몰이므로 H_2 0.72 L는 0.03몰이며, H_2 0.03몰이 생성되기 위해 필요한 H^+은 0.06몰이다. 금속 M과 H^+이 1 : 3으로 반응하므로 M 이온의 산화수는 $+3$이다.
ㄷ. HCl에서 H의 산화수가 감소하므로, HCl은 환원된다. 따라서 HCl은 자신은 환원되면서 다른 물질을 산화시키는 산화제이다.

오답풀이 ㄱ. M 0.02몰과 H^+ 0.06몰이 반응하므로 $\dfrac{b}{a}=3$이다.
$$2M(s) + 6HCl(aq) \longrightarrow 2MCl_3(aq) + 3H_2(g)$$

04 ㄱ. 주어진 그래프의 (가)에서 C 이온이 모두 금속 A와 반응하면 양이온 수가 3배가 된다. 이것으로 C 이온과 금속 A는 1 : 3의 몰 비로 반응하며, C 이온과 A 이온의 산화수의 비는 3 : 1이다.
$$C^{3+} + 3A \longrightarrow C + 3A^+$$
마찬가지로 (나)에서 C 이온이 모두 금속 B와 반응하면 양이온 수가 1.5배가 된다. 이것으로 C 이온과 금속 B는 2 : 3의 몰 비로 반응하며, C 이온과 B 이온의 산화수의 비는 3 : 2이다.
$$2C^{3+} + 3B \longrightarrow 2C + 3B^{2+}$$
ㄴ. 금속 이온의 산화수는 A는 $+1$, B는 $+2$, C는 $+3$이다.
ㄷ. (가)와 (나)에서 C 이온은 모두 석출되고 A와 B가 각각 전자를 잃고 이온이 된다. C 이온이 모두 반응할 때까지 넣어준 금속의 질량은 (나)$>$(가)이므로 용액의 밀도는 (나)가 (가)보다 크다.

05 주어진 자료의 (다)에서 C^{c+}의 몰 수는 0.06몰이고, 양이온 수의 비율을 보면 1 : 1이므로, B^{b+}과 C^{c+}은 각각 0.06몰인 것을 알 수 있다. 그런데 (나)에서 (다)로 될 때 C^{c+}이 증가하고, B^{b+}은 감소하는데, (나)에서 C^{c+}의 몰 수가 0.04몰이므로 B^{b+}은 0.12몰이 된다. 문제의 조건에서 금속 C 0.04몰을 넣었을 때 금속 A만 석출되며, 이때 C^{c+} 0.04몰이 생성된다. 즉, (나)에서 금속 C는 A^{a+}과 모두 반응하고, B^{b+}과는 반응하지 않는다. 따라서 (가)와 (나)에서 B^{b+}의 몰 수는 같다는 것을 알 수 있다.
(가)에서 B^{b+}의 몰 수가 0.12몰이라면 A^{a+}의 몰 수는 0.06몰 또는 0.24

몰 중 하나이다. 그런데 금속 이온은 산화수가 3이하이며 C^{3+}과 0.04몰과 모두 반응하기 위해서는 A^{a+}의 몰수는 0.06몰이어야 한다.

(가)	(나)	(다)
B^{b+} 0.12몰 / A^{a+} 0.06몰	B^{b+} 0.12몰 / C^{c+} 0.04몰	B^{b+} 0.06몰 / C^{c+} 0.06몰

ㄱ. (나)에서 금속 A^{a+} 0.06몰이 C 0.04몰과 모두 반응하므로 A 이온의 산화수는 +2이고, C 이온의 산화수는 +3이다. (다)에서 B^{b+} 0.06몰이 C 0.02몰과 모두 반응하므로 B 이온의 산화수는 +1이다. 따라서 a는 2, b는 1, c는 3이다.

ㄷ. 금속 C의 산화수는 +3이므로, (다)의 B^+ 0.06몰을 모두 석출시키기 위해 필요한 금속 C의 최소한의 몰수는 0.02몰이다.

오답 풀이 ㄴ. (가)에는 A^{2+} 0.06몰과 B^+ 0.12몰이 존재한다.

06 ㄱ. 주어진 조건에서 금속 A가 모두 반응한 후 B가 반응하는데, 실험 I의 반응 후 용액 속에 A^{a+}과 B^+이 모두 들어 있으므로, 실험 I에서는 금속 A는 모두 반응하고, 금속 B의 일부가 반응함을 알 수 있다. 실험 I과 II를 비교하면 $C^{2+}(aq)$ 200 mL가 증가하고, 용액 속 금속 양이온 B^+도 $6N$만큼 증가한다. 실험 II에서는 금속 B만 반응하므로 $C^{2+}(aq)$ 200 mL에 들어 있는 C^{2+}의 수는 $3N$이다.

$$2B + \underset{3N}{C^{2+}} \longrightarrow \underset{6N}{2B^+} + C$$

즉, 실험 I에서 반응 전 C^{2+}을 포함한 수용액 400 mL에 들어 있는 C^{2+}의 수는 $6N$이다.

오답 풀이 ㄴ. 실험 I에서 A^{a+}과 B^+의 개수를 각각 x, y라 하면 $x+y=6N$이고, A와 B가 산화되면서 내놓는 총 전자 수와 C^{2+}이 환원되면서 받는 총 전자 수는 같아야 하므로, $ax+y=2\times 6N$이다. 이때 a가 1이면 등식이 성립하지 않고, a가 2이면 x가 $6N$이 되므로 주어진 조건을 만족하지 않는다. 따라서 a는 3이며, x는 $3N$, y는 $3N$이 된다.

ㄷ. 실험 I의 혼합 용액 중에는 A^{3+} $3N$, B^+ $3N$이 들어 있으므로 실험 II의 혼합 용액에 들어 있는 B^+의 수는 $9N$이다.

07 ㄱ, ㄴ. 화학 반응이 일어날 때 주위의 온도가 낮아지면 그 화학 반응은 주위의 열을 흡수하는 반응이다. 나무판의 물이 얼었다는 것은 온도가 낮아졌다는 것이므로, 이 반응은 흡열 반응이다.

ㄷ. 흡열 반응에서는 생성물의 에너지 총합이 반응물의 에너지 총합보다 크다.

08 수산화 나트륨이 물에 용해되면서 발생한 열은 모두 수산화 나트륨 수용액 흡수했다는 가정하에 $Q=cm\Delta t$를 이용하여 열을 구한다. 이때 c는 수산화 나트륨 수용액의 비열이고, m은 수산화 나트륨 수용액의 질량이며, Δt는 온도 변화이다. 그리고 몰 용해열은 수산화 나트륨 1몰이 다량의 물에 용해될 때 발생하는 열이다. 따라서 수산화 나트륨의 몰 용해열은 $\dfrac{1}{0.1\ \text{mol}} \times 4\ \text{J/g}\,^\circ\text{C} \times 104\ \text{g} \times 5\,^\circ\text{C}$이다.

⬡ 대단원 예상 적중 자료 정리   108~109쪽

① 증발 ② 응축 ③ 증발 ④ 동적 평형 ⑤ 응축 ⑥ 11 ⑦ 0.1
⑧ 0.001 ⑨ 0.002 ⑩ 산성 ⑪ H^+ ⑫ OH^- ⑬ n ⑭ $2n$
⑮ 0.05 ⑯ 6 ⑰ 10 ⑱ 4 ⑲ 4 ⑳ 12 ㉑ 4 ㉒ 부피 ㉓ Cl^-
㉔ Ba^{2+} ㉕ 1 : 1 ㉖ Na^+ ㉗ 40 ㉘ 240 ㉙ Cl^- ㉚ 100 ㉛ 2.4
㉜ 0 ㉝ +2 ㉞ 2 ㉟ +5 ㊱ +2 ㊲ 3 ㊳ 3 ㊴ 2 ㊵ H^+
㊶ 8 ㊷ 1 ㊸ 3 ㊹ 3 ㊺ 1 ㊻ 2 ㊼ 3 ㊽ 3 ㊾ 2 ㊿ B^+
⑤① 3 ⑤② 12

MEMO

MEMO

MEMO

MEMO

MEMO

MEMO